超越論哲学の次元 1780-1810

# 超越論哲学の次元

## 1780–1810

シュテフェン・ディーチュ著
長島　隆／渋谷繁明訳

知泉書館

# まえがき

ドイツ古典哲学は、現代における、生き生きとした哲学的思考の理論的源泉に数えられる。カントの超越論哲学とヘーゲルの理性の観念論のあいだにある、この古典的思考形式の発展を再構成するとき、ますますあの——リヒャルト・クローナー以来のドイツで——みがきあげられた解釈の決まり文句、「カントからヘーゲルへ」は克服される。(1) この一元論的なみかたは、時点として、ヘーゲルの絶対的観念論をとりあげ、それと四つの体系部分が、継起したり、あるいは相互に合流するというように考えることになる。このみかたは、市民的なドイツ古典哲学の総過程を歴史的に正確に了解することにとってかわられる。このような了解は、思考様式の革命であるのと同じように革命の思考様式である。またこのような了解は、おおくの個々の哲学的体系構想の諸結果として、ならびに文学的、政治的そして個別科学的な認識を遂行する諸結果として、認識することができ、把握することができる。この総体過程のうちにある個々の体系、ないしは体系の試みに固有の様式、そしてその相互関係における区別は（それどころか、両立不可能性は）、それらの体系ないしは体系の試みを「現実に相互にたいして共約不可能な選択肢として見ること」(2) を要求する。

本書の研究は、このドイツ古典哲学の生成過程と取りくむ。この研究は、次のような自己了解のもとで行われる。カントが超越論哲学的な思考を（その認識批判的な主要著作、『純粋理性批判』によって）はじめ、この新しい哲学的思考が引き起こした若干の精神的―実践的結果の問題の把握に寄与することである。そのさい、認識作用にかんする批判的な追思考のうちにある若干の新しい傾向が、すなわち自然と社会が指示される。このような新しい傾向は、超越論哲学上の方法論の要請のもとにある。

本書の研究は、カント主義の（カントの死にいたるまでの最初の段階における）歴史の体系的な再構成を叙述するのではない。そうではなく、超越論的な思想の展開が有する、この哲学史的な過程の発展の線が合流する典型的な結節点をきわだたせる。あるいはそこから新種の哲学的な諸観念と諸構成が出発する典型的な結節点をきわだたせる。

そのとき明らかになるのは、超越論哲学的な思考様式の革命が認識理論の領域に制限されているのではけっしてないことである。そして、カントの認識批判が――またそれは、革命時代の精神的な兆候であるが、――哲学批判と科学批判をこえていき、自然、社会そして思考にかんする構成を制約するものについての包括的な新しい意味を生み出すことである。

マルクスにいたる哲学史的過程を刻印する世界観的な指導理念のひとつは、超越論的思考様式から生じる。その指導理念に、この研究は注目させようとする。この指導理念は、超越論哲学の精神から生じる歴史性の理念の展望をひらく変容である。

「超越論哲学の問題は、まさしく世界の問題である、あるいはよりよく表現すれば、世界の問題を……人間の世界としての真の次元につれもどすことである。超越論的哲学者は、客観的経験をその発生論的な遂行によって基礎づけ、正当化しようとする(3)」。

超越論哲学的な思想にもとづいて働いているさまざまの哲学者、自然科学者そして文学者たちは理性と歴史性が交換可能であることを捉えようとした。そのためのプログラム上の解釈と諸成果がもたらす業績と限界は、さまざまである。ここではこれらを研究の対象とする。これらの成果と限界とは、さらにその歴史的な影響のなかに合流する。ないしは、大きな哲学的な体系の発展によって、すなわちヘーゲルの『精神現象学』によって、また彼の『エンチクロペディー』によって廃棄される。

この見通しにおいては、本書の研究は、当然ただ市民的ドイツ古典哲学の総体過程を将来、体系的に叙述するための序論として理解されるにすぎない。

# 目次

# 超越論哲学の次元　一七八〇—一八一〇

# 序論　超越論的なものの概念について

だが私は虹を愛する。
私にちょうど証明してくれる場合に、
ただ私の目のうちにあることを。
私の目は現実の存在者ではなく
そのために私には現象は現実的ではないのか。
ルートヴィッヒ・ティーク
（ウィリアム・ローヴェル、I, 2, Nr. 2）

## 序論　超越論的なものの概念について

スタール夫人は、一八〇三年にナポレオンの支配するパリを離れざるをえなかった。――この移住の結果として、ゲーテ時代の心性にかんするもっとも重要な同時代の記録の一つである「ドイツについて」〔『ドイツ論全三巻』邦訳、鳥影社〕が刊行されたことをわたしたちは感謝する。そのとき、彼女は、古典時代のワイマールで、彼女の時代のもっとも重要な文学上の、また哲学上の発展を知ることになった。シラーとの対話において、彼女は、とりわけ新哲学にかんする解明のために努力していた。「彼女は、超越論的という言葉が何を意味するのかを問いました。そこで回答はこうでした。この言葉を理解するものは、またカントの教説も理解すると[1]」。

こうして、実際、超越論的原理によって、概念史的に、ならびに体系的に、カント哲学の中心的な事態が表明されている。すなわち人間的主観性の構成的能力の発生と妥当性にかんする解明である。なぜなら、「超越論哲学は、諸対象を考察するのではなく、人間の心情のうちでアプリオリな認識が由来する源泉にしたがって、その人間的心情を考察し、その限界を考察するから」。したがって、「感覚世界の彼岸にあるわたしたちに良く知られていない領域ではなく、わたしたち自身の悟性の暗い空間を」[2]考察するから。

それゆえ、哲学的思考を革命化するこの問いは、人間的主観への方法論的転回を含んでいる。この転回は、それにそくしてみれば、同時に社会諸関係の内部で主観性の新しい位置を反省し、一八世紀の最後の三分の一年間――個人主義の世紀（マルクス）――において市民的、資本主義的諸関係の出現によって刻印されていた。

超越論的原理は――もっぱら客観性の人間的源泉を問いながら――人間の構成的諸力を指示する。それによって、ここカントのもとでは、新しいしかたで、人間的主観性の決定的構造が注目させられる。すなわち、人間的主観性の個人相互間の、相互主観的な性格である。なぜなら、次のようにカントは書いているから。「超越論的意識と経験的意識とは、十分に区別されなければならない。前者は、私は考えるという意識である。そしてこの意識が経験をはじめて可能にすることによって、いっさいの経験に先行する。……したがって、こうして経験的意識は、超越論的意識を前提する」[3]と。したがって、超越論的原理においては、カントの場合、主観性のこのような構造が詳細に吟味されている。その構造のうちに、そのつど経験的である主観の客観性、必然性そして拘束性にたいする可能性が、相互のもとで相互にたいしてつねにすでに根源を持っている。差別化された主観―概念の諸帰結は、明白である。そこまで哲学によってさらに自律的として考えられ、記述された主観的なもの、個人的なものは、ハイブリッドとして認識される。もちろん、それ自身実在的につねにすでに相互主観的諸個人として、すなわち社会的諸個人として構成されている諸個人の個人相互の間における作用連関は、ここでは超越論的原理によって、当然まだその具体的―社会的な規定性において把握されない。それで、超越論的なものは、これらの諸根拠のために、なるほど依然として社会的なものの省略を意味する。しかし、この超越論的なものは、豊かな展望を持つが、カント自身によってはまだまったく汲み出されなかった、理論的で方法論的に多層の次元を持っている。

古典的な超越論的思考形式と交流したとき、市民的な、とりわけドイツの学校哲学は大部分窮地に陥っていた。けれども、市民的ドイツの学校哲学は、ここで弁証法的な思考の「細胞形式」に衝突した。この弁証法的思考にたいして、この市民的ドイツの学校哲学は、それ自身この超越論的思考形式をさまざまに自分にあったように変えて〔訳注〕さまざまなタイプを現示した。これは、同様に新カント主義（新カント主義は、おそらく真正の超越論主義とはみなされることができないだろう）にたいしてもあてはまる。また例えば、フッサールの現象学にもあてはまる。フッサールの現象学は、もちろんそれ自身超越論的思考の領域にあるように見えた。そのとき、現象学の進展とともに、今日に至るまでもますます超越論的思考からの逸脱が現れた。すなわち、超越論的なものの概念と超越論的な事柄の許すことができない用語法上の拡大である。このような拡大は、根源的にこの思考の形而上学―批判的で、科学を基礎づける要請の平板化を引き起こした。現在、この場合に、ほとんどインフレ化した超越論的モデルの下落が確証されざるを得ない(4)。

けれども、最近、逆方向の諸傾向を確証することができる。この傾向は、――とりわけ、古典的な超越論哲学的な思考の源泉の状況をめぐる編集の努力の周辺から生じている。すなわち、フィヒテのアカデミー版全集から生じている――とりわけカントとフィヒテに関連して超越論哲学の革新を探求する傾向である(5)。

このように超越論的な思考の根源的な位置まで遡及して考えることは、あきらかに、現実的なものを指示し、また理性と変化、科学と真理を目指す哲学という構想の計画性と体系性において、まだ解決されていないものを指示する。

カントの超越論的な思考には、伝統的な哲学概念における変革が結びつけられていた。このことは、はじめから、——論争の余地があるとしても——ひとつの常套句としてあてはまった。「超越論的なもの」によるこの革命化はさしあたって、批判の基礎づけとして現われた。——そしてとりわけ、伝統的な認識概念の批判である。超越論哲学的な問いは、それにしたがって、「いっさいのアプリオリな純粋認識が獲得され、現実に生じさせられる(6)」諸原理の可能性の諸条件に向かっている。

超越論的なものという概念によって、伝統的な形而上学（合理主義的な、あるいは感覚論的なタイプ）にたいするメタ批判が可能になる。というのも、ここで認識の妥当性がすでに——合理主義的あるいは感覚論的に——あらかじめ決定されていたのではなく、この認識の妥当性がその発生にかんして（まさにその可能性の諸条件から見て）問題化されているのを見るからである。

ところで、普遍的な基礎づけの審級は、もちろん、つねにすでに「超越論的」という用語に含まれていた。なぜなら、「超越論的なもの」（存在、本質、真理、善、数多性）によって、ある程度哲学的な諸規則のカテゴリーにたいして、存在論的な基礎がカント以前の形而上学において準備されているからである。「超越論的」という用語をカントが新しく把握する道で、この基礎づけ連関は、そのとき首尾一貫して脱存在論化され、そのさい、カントは、とりわけクリスティアン・ヴォルフの理論的な業績に依拠することができる。——「超越論的であることは今や……個別化された、盲目的な経験にたいするアプリオリな普遍性のうちに根ざしている(7)」。アプリオリであることという現象を過剰に強調するさいに、アプリオリはともにすでにカント哲学にたいする題目概念の役割に進んでいるが、この過度の強調は、ヴォルフの概念諸規定の引き続く影響下で（密かな影響下で）、古典的市民的ドイツ哲学の内部で基礎づけられている。

ところで、カントは、その超越論的なものという概念によって、対象的な、ないしは理論的な現実性を記述することができる、このようなアプリオリな形成物（諸概念）をうみだす可能性を問うている。したがって、それによって、カント的な意味で超越論的であることは、結局、人間的経験の可能性の諸条件を把捉する。この人間的な経験空間（学、政治学など）の理論的な把捉が、したがって、カントにおける超越論的という概念の課題と権限である。そしてこれは、超越論的なものの伝統的な了解にたいする新しい課題設定である。

したがってこの超越論的な領域は、カントによれば、（認識―）主観を超越する、形而上学的な「超世界」ではない。そうではなく、活動のうちに存する主観性の新しい構造形式である。つまり、超越論的なものという概念によって、カントは人間の（認識―）主観の持つ二重性格に注目させようとする。すなわち、主観は、いつもそのつど経験的な主観として、同時に普遍的で超越論的な主観でもあるということである。――「超越論的なものと経験的なものの区別は、したがって、ただ認識の批判にのみ属し、認識のその対象にたいする関係にかかわらない(8)」。

主観は、超越論主義の動機がそれに注目させようとするが、自己創出的な母型に組み込まれている。それによって、個々の主観には、認識作用と行動における客観的な実在性の可能性の諸条件が媒介される。それは、産物が商品としてのその承認をそれ自身として（主観的な遂行として、すでに）持つことができるのではなく、これをただ他の主観との連鎖においてのみ（市場で）証明できるのとほとんど同じである。

超越論的であることにかんするカントの考えによれば、ただ相互主観的で対象的な経験を可能にするその能力との関連でのみ、諸概念は構成されることができ、あるいは利用されることができる。したがってこのようなカントの考えは、こうしてまたもちろん、市民社会のなかで普遍的なものが個人的な意識に対立するといういっさいの矛盾性をともなう、社会性の理論にも寄与している。

したがって、超越論的なものという概念にとって、人間的な経験の対象性を構成する諸条件が問題である。超越論的なものという概念は、客観性にかんする厳格な形式を引き起こす。それで、ある省察において、カントは、これと関連して、かつてこう記した。「テーテンスは、純粋理性の諸概念をたんに主観的にのみ（人間的本性）研究する。私は客観的に研究する。テーテンスの分析は経験的であり、私の分析は超越論的である[9]」。

超越論的な原理の受容史は、とりわけ、ドイツの学校哲学においては、超越論的なものという概念にかんして、疎遠な不十分さを証明する。超越論的なものという概念は、とりわけ一九世紀と二〇世紀初頭には、依然として大きな用語法的な謎のひとつであった。

超越論哲学の標準的な継続（フィヒテ、シェリング）の外部で、カントの生存中に、哲学的な同業者のなかに、超越論的なものの概念にたいする心理学的、主観主義的そして進化論的な誤解が広まっていた。

それらは起こりうる誤解であるが、それにもかかわらず、超越論哲学的な思考様式はもちろん、まもなくすでに広く社会的な意識への入口を見いだした。

超越論哲学的な分析論は、したがって、そのつどの知の可能性の諸条件を問うことは、非常にすみやかに多くの経験領域にとって興味あるものとなり、しばしば流行しさえした。実際、これまですでに自然科学（とりわけ物理学と医学）において、ならびにまた法学においても、詩学あるいは社会的領域——要するに、労働とサロンのあいだで——においても、そのつどの構成根拠、ないしは妥当性根拠の由来がその可能化の諸条件にしたがって、多層的に問われる。したがって、ラインホルトという超越論的思考の最初の影響力ある開拓者が言うように、「定義を辞めざるを得なくなってから、考察することが始められた[10]」。

結果は、反省文化、方法意識、方法の山のような異常な普及であった。わけても、かの激動する時代において公共的な生活を刻印する諸現象として批判能力の普及が見られたのである。この時代の公共生活は、大きな社会的変動の刻印のなかで営まれていた。

# 第一章　イマヌエル・カントの超越論哲学の理念
## ――『純粋理性批判』にたいする『プロレゴーメナ』の解明――

あるもの自体が存しているのか、
あるいはいっさいがただ言葉と息でしかなく、
また多くは空想でしかないのか。
ヴォナベントゥーラ『夜警』（第14の夜警）

一七九一年のベルリン科学アカデミーの懸賞論文においては、総じて、ライプニッツとヴォルフ以来の形而上学の進歩がどこにあったのかが問われた。この懸賞論文にたいする回答において、カントは、かれの超越論哲学的な形而上学批判の意味を一度明確にした。かれは、こう書いた。「超越論哲学の最高の課題は、こうである。どのようにして経験は可能であるか」と。(1) H・ファイヒンガーは、正当にも、啓蒙哲学における経験の問題性の発展を視野にいれて、これを「方法的な問題の転換」(2)と名づける。

カント（一七二四―一八〇四年）は、十分ながい年月を最初の大きな体系的な作品にかけた。――そのあいだにも、かれはプロイセンの大学で定められた、A・G・バウムガルテン（一七一四―一七七二年）の形而上学の補習教材のいくつかのパラグラフを大学の教壇で一生懸命教え込んでいた。――その一方で、かれは、近代ヨーロッパ哲学の、そこまでにいたるもっとも根源的な形而上学批判を秘密裡に書き物台で構想していた。ついで、一七八一年の前半に、『純粋理性批判』が刊行されたとき、一般には当惑に満ちた沈黙が支配的であった。カントは、ともかくも、もう二年後には、「多くのまったく通常ではない、たとえ必然的にそれにふさわしいとしても、新しい言語を生み出さざるをえない幻惑が消滅する(3)」ことを期待した。だが、やはりかれは、この言葉の新しさに根本的に欺かれているのを見た。かれの理性批判のある書評者は、ソロモンの裁きのように、こう判定した。この著作は、「その内容が大多数の読者には理解できないとしても、やはり人間理性の精緻さときわめて繊細な思考力の記念碑として(4)」見られるべきであると。この判断は、全体として『純粋理性批判』の刊行の瞬間における、それにたいする世論を要約している。より狭い哲学的専門サークルにおいても、困惑しきっていた。たとえば、モーゼス・メンデルスゾーン（一七二九―一七八六年）は、――カントがとくに驚きをもって報告するように、――「わたしの本を隅まで読んだ(5)」。同様に、『純粋理性批判』の最初の評釈者（にして崇拝者）のJ・シュルツ（一七三九―一八〇五年）は「克服しがたい曖昧さと不可解さ」をなげき、『純粋理性批判』は、ほとんど「封印された本だと見られる、誰も開くことができない本である(6)」と言っている。たとえカントが哲学的にはつねにすでに遠いところにたっているとしても、深遠なJ・G・ハーマンすら、――かれがすでに一七八一年五月三一日に、カントの出版者であるJ・F・ハルトクノッホ（一七四〇―一七八九年）宛書簡で書いているように――「［『純粋理性批判』の―著者］内容が非常に少数の頭脳の能力にしかなっていない(7)」ことを見いだしている。

ところで、カントは、このような批判に無関心ではなかった。すなわち、明瞭さに欠いているのは、――まったく「思考における才気ある自由の流行の音(8)」であるが――根底から、学一般の了解に触れていたからである。おおくの同時代の哲学者の教育的な影響を、――とりわけヴォルフ学派といわゆる通俗哲学の影響を、――すこしもめざすことがなければ、カントにとっては、やはりつねに叙述においてきわめて高い説得力があるかどうかが問題であった。学術出版上の言い回しをすれば、これにかんするかれの「コペルニクス的転回」が考えられるだろう。すなわち、哲学的な叙述に到達するものは、公衆の趣味にしたがって方向づけられるのではなく、公衆は、叙述されたものによって構成されることである。そして、まさしくそのために、啓蒙家としてのカントは、通俗的であるように義務を負っているように見える。結局、「思考様式が……これまで完全に普段とちがった軌道に導かれる」(9) ことになる。——しかし、まさしくこの点で、かれは、『純粋理性批判』についてのかれの期待がさしあたって失望させられた。そればかりではなく、かれは、その哲学的な革新をまさしく無思想的な書評活動の意見形成によって思いがけず露骨に危うくされているのを見た。なぜなら、評判の良い学芸新聞の判断は、まずはじめに一度学芸的な作品の意味内容を（そしてそのとき商業上の意味をも）公衆にたいして指定したからである。これらの雑誌は、当時のイデオロギー形成過程においてきわめて重要な媒介機関であった。ドイツにおいて、カント主義の受容が遅れたことは、本質的にこの制度に起因すると考えられる。

すでに上述の——ゴータの書評紙における注釈とならんで、『純粋理性批判』は、ふたつのもっとも重要なドイツの学術的書評機関において紹介された。すなわち、「ゲッティンゲン学術問題新聞」（一七八二年一月）と——『プロレゴーメナ』の刊行後、もう一度——一七八三年に、F・ニコライの『一般ドイツ叢書』で独特のしかたで、もちろん補巻において二度紹介された。したがって、『プロレゴーメナ』の成立史において重要であるのは、まさにゲッティンゲン紙の書評である。この書評は、注目すべきしかたで生じた集団の作品である。当時有名な二人の通俗哲学者の集団の作品である。J・G・H・フェーダー（一七四〇—一八二一年）とCh・ガルヴェ（一七四二—一七九八年）である。ガルヴェは、ハーマンがかつて名づけたように（一七七九年五月一七日のヘルダー宛書簡）、「ドイツ人のプラトン」であった。ガルヴェは、ゲッティンゲンの雑誌に——この雑誌の指導者がＪ・Ｇ・Ｈ・フェーダーであった——カントの作品のたいへん広範な書評を提供した。だが、刊行技術上の理由から、この書評は縮小されざるをえなかった。ところで、ガルヴェの同意なしに、フェーダーによって、テキストの縮小が企てられた。しかも、この縮小は、すくなくとも異常なしかたで行われた。フェーダーは、単純に切りちぢめたばかりではなく、自分の言葉で自由な要約を与えた（そのさい、真正のガルヴェのテキストの小さい部分だけが保持されたにすぎなかった[10]）。このフェーダー版は、——匿名で——公刊された。カントは、『プロレゴーメナ』の付論で、するどくゲッティンゲン書評による超越論哲学の理念の歪曲にたいして論争したとき、匿名性を弁明するように要求した。フェーダーは、沈黙したが、ガルヴェは今や（一七八三年七月の）カントへの手紙で、この書評の著者であることを自分が言葉上形式的に関与したにすぎないことを示唆することでもって、軽く扱おうとした。けれども、のちにガルヴェの書評が縮小されないままで『一般ドイツ叢書』上に公表されたものだが、この版はガルヴェが内容的にまったく「ゲッティンゲン学芸新聞」の判断と一致していることを示していた。

ところで、カントは、かれの方からいえば、——自己批判的に——かれの論文の受容をめぐるいっさいのトラブルのなかに、やはり自分の疑念が確証されているのを見た。「『純粋理性批判』を一般公衆に理解できるように十分適切に加工しなかった[11]」ということである。そして、かれはいまやすでに長いあいだ（すでに一七七九年以来）暖めていた『批判』の通俗的な（一般公衆にわかりやすい）抜粋集の計画を実現しようと思った。それは、（ａ）超越論哲学の根本原理を一般にわかりやすくするために、さらなる自己理解に達するためであり、（ｂ）同時代の哲学的な平均的意識の側からみて、理性批判を後退させる解釈の範型をはねのけるためである。そして、（ｃ）——結局、すくなからず、——『純粋理性批判』にたいするハルトクノッホの出版にかかわる努力を失望させないためであった。G・L・ハルトゥング（一七四七―一七九七年）がすでに感謝しつつ、出版を拒んだのちに、結局ハルトクノッホは、すでにカントがかれの草稿を提供した第二の出版者であった。

カント批判哲学の主要問題は、学としての形而上学の可能性の諸制約を問う問題である。まさしくこの形而上学の条件を後まで影響が残るかたちで話題にしたことが、因果性概念の妥当根拠にたいするデイヴィッド・ヒューム（一七一一―一七七六年）の問いの帰結のひとつであった。そのさい、かれにとって問題であったのは、たとえば、「原因の概念が正しいかどうか、使用可能であるかどうか、全体としての自然認識からみて必須であるかどうかという問いではなかった。なぜなら、この問題について、ヒュームは、けっして疑いを持たなかったからである」(12)。ヒュームは、むしろ原因と結果の結合の普遍妥当性と相互主観的な拘束性の根拠を問題にする。かれは、このような結合をただつねにそのつど主観的―連想的な個別事例として承認するのをいとわなかった。――「この後に、したがってこれ故に〔post hoc, ergo propter hoc〕」という原則にしたがってである。

カントにたいするヒュームの意味は、――「わたしにとって、数年前にはじめて独断的なまどろみを破り、思弁的哲学の領域におけるわたしの試みにまったく別の方向を与えたもの」(13)――、つぎのことに存した。かれにとって、この論証によって、理性能力を形成する――カントがそのとき言うように――アプリオリな純粋悟性概念の限界が、明瞭になるということに存した。というのは、これまでの合理主義的な哲学がもっぱら関心をいだく純粋―アプリオリな理性能力は、――理性と悟性の区別は、はじめてカントの「批判」の結果であろう――ヒュームによって反駁する余地がないほど懐疑主義のディレンマに導かれたから。このディレンマにおいては、諸概念は、すべての拘束的、客観的、普遍妥当的な意味をうしない、哲学的言説を客観的な意味基準のまえで正当化することができなくなった。

哲学の運命は、カントがヒュームによってひじょうにするどく拒否された、純粋理性の基本的で批判的な分析を企てたときに、終わってしまっているように見えた。カントがそのために「プロイセンのヒューム[14]」と呼ばれたことは、端緒からして重要であるが、あまりに簡潔に形成された展望しか示さない。このような展望では、カントのこの企ては、かれの同時代人にそう見られたのではあるが。たしかにカントは、問題設定からみれば、ヒュームと一致していたが、しかし、そもそもその懐疑主義的な推論から見ればそうではない。カントがヒュームに還元され、「バークリがその観念論を主として立てる[15]」ものにすっかり還元されたところでは、カントは、正当にも、その新種の超越論的な端緒は、哲学的思考において完全に誤解された。『プロレゴーメナ』への付論で、カントは、その新種の超越論的な端緒は、ゲッティンゲンの書評者の無知に文句をつけた。ゲッティンゲンの書評者は、かれを――またこの誤解が持続的な誤解のひとつであるのだが――主観主義的な伝統の連鎖にむすびつけ、そのさい、まだまったく「超越論的」という言葉を正しく把握していなかった。その場合に、たえず――「超越的」と結びつけられて――「超越論的観念論[16]」が話題になった。

だが、経験の概念の中で行なわれたあの区別は、超越論的な新しい端緒と、見なされなければならない。この区別を行うことは、個人的で人間的な経験の「背後で」、ひとつの（この構成的な）普遍的な人間的経験領域をとりあげることを可能にしている。そのさい、カントによって「超越論的」と名づけられたこの普遍的な意識は、特定の規則の働きにしたがって、あの個人的で知覚経験的な経験を認識の地位に持ち上げることができる。したがって、この普遍的意識は、客観性を造り上げつつ、また諸個人相互的に拘束的にはたらく。

認識問題を固定化することが、ヒュームの場合に個人的経験のもっぱらの問題として首尾一貫して懐疑主義に通じるとき、カントは、その超越論的理念によって一八世紀の認識哲学にとって完全に新しく、さらに遠くまでおよび経験空間と問題空間を開いた。すなわち、頂点にたっした、相互主観的な普遍の経験である。認識過程のこの——結局のところ、まさに社会的な——構成組織が、カントが『純粋理性批判』についてのゲッティンゲン書評にたいして反駁したときに考えられている。すなわち、「わたしの位置は、経験の実りゆたかな深みである。そして『超越論的』という言葉は……いっさいの経験を超え出るものを意味するのではなく、たしかに経験に（アプリオリに）先だっているが、しかし、やはり結局経験認識を可能にする以上のものではないものを意味する」[17]。カントが『純粋理性批判』の序論の冒頭で問題として書いたように、いっさいの認識は、個人的な認識主観によって実現される。一切の認識は、なるほど個人的経験でもって始まるが、個人的な経験から生じるのではない。——それは、まさにこの個人的経験から生じるのではなく、使用された諸カテゴリーなどによって——アプリオリな根拠として——普遍的な社会的経験をつねにすでに前提とすることを意味する。カントの経験概念は、個人的なものの領域から超越論的なものの領域へと経験の問題を社会化する。超越論的な意識において（カントが言うように、「超越論的統覚」として）、カントは、社会的な（経験—）意識の現実性を問題としてとらえるが、当然その弁証法的な二重性格を、すなわち個々の主観にたいしては、相対的に—アプリオリであり、社会的意識そのものとしては、歴史的に変化可能であるという二重性格を、現実にとらえることができない。カントにとって、そのさい、とくにあのアプリオリな側面が問題である。——しかし、いずれにしても、カントは、人間的経験領域に厳格に立ち戻ることによって、認識を確実に十分基礎づける。それによって彼はほかの精神的な諸成果（幻想、思いこみ、信仰など）から取り除くことができるものとして、やはり正当に説明することができる。すなわち、「それは……まさしくあの本来的な（バークリの）観念論の対立物である」[18]。そしてかれは、かれ自身の哲学を単に「形式的な、より良く言えば、批判的な観念論」と名づける[19]。

カントの理性―批判の観念論をたんに形式的に特徴づけることを正当化するのは、とりわけかれが、認識主観において超越論的な、いっさいの認識主観に共通の財産目録のアプリオリな側面に自らを制限することである。すなわち、「アプリオリ」というのは、そのさい当然、たとえば、認識の内容ではなく、アプリオリというこの述語が上位の「認識の普遍的な諸形式」がもつ構成的な地位を保証している。「認識の普遍的な諸形式には、個人が社会的な『遺伝』の過程を保証しなければならないが、それは認識しつつ活動するためである[20]」。カントは、これをそのさい、つねにアプリオリ―概念が有する、このもっぱら機能的な意味を強調する。そしてカントは、このような――そのとき影響史的に意味がある――誤解（たとえば、フリース―ネルソン学派の誤解である。この学派は、今日まで実証主義的なカント解釈の一定の形式で現在も生きている）から境界を引くことができるだろう。ちなみに、この実証主義的という誤解は、アプリオリな諸行為のうちに、心理学的な諸原理（生得観念）を予想する。

経験概念のこのあたらしい価値づけの場合には、認識過程の社会的な形式規定という射程の広い問題が現れる。このような価値づけを背景にして、『プロレゴーメナ』では、さしあたって第一に、学的哲学の基準の名前を挙げる。すなわち、「あらゆる形而上学者は……その営みを厳粛かつ合法則的に、つぎの問い、すなわち、どのようにして先天的総合判断は可能かという問いを十分に解決するまで保留にしている[21]」。総合判断と分析判断というう、カントによってなされた、このような区別は、徹底して独創的であった。前者は、知の増大が達成される判断であり、――このような判断は、拡張判断として厳密な意味で唯一「認識」という名前をうけるにふさわしい。それにたいして、分析判断は、たんに解明しているにすぎず、またそれによって、さしあたって認識範囲にかんしては重要ではない（その拡張の可能性が、カントにとっては、とりわけ重要である！）。――『純粋理性批判』について刊行されないまま残された書評のなかで、ハーマンは、まさしく判断の問題性におけるこのカントの独創性を疑う。すなわち、カントは総合判断と分析判断というこの区別——「古代人は思いつかなかったとされるが」[22]——の正当性を懐疑的に問うのだろうか。

『プロレゴーメナ』においては、『純粋理性批判』の包括的な体系性と相違して、分析的な教授様式が行われる。——それはカントの「論理学」の一一七節によれば、通俗的な叙述にのみ適切な方法の様式であるが——たんに先天的総合判断のどこで、どのようにということこの事態だけが実行される。数学、自然科学そして——科学的にひとつの意味を持つとすれば——形而上学において、先天的総合判断が存在していることに対応して、この判断型の可能性の諸根拠は、三つの「超越論的主要問題」において解明される。すなわち、どのようにして純粋な数学は可能か、どのようにして純粋な自然科学は可能か、どのようにして形而上学一般は可能かという問題である。

数学と自然科学の諸言明における必当然的な確信は、たんにそのために争うとすれば、本来このような研究を余分なものにするだろう。だが、カントはここではまさしく形而上学にとってのパラダイムを保証しようとする。そのさい、一般的な問題は、今やさしあたって、こうである。そもそもこれらの諸科学の科学性一般は、何を形成するのだろうか。

純粋悟性概念（カテゴリー）の活動化は、もっぱらまだそれ〔科学性〕を形成しない。なぜなら、「対象を思考すること、対象を認識することは、……ひとつではない」[23]からである。認識（とそれによって科学）に属するのは、カントにとっては、必要不可欠に、超越論的—観念的な悟性諸概念が経験的—実在的な直観資料と結合できるということである。このような結合の経過は、『純粋理性批判』では、純粋悟性概念の図式論と名づけられる。根本的にとれば、この結合の経過はカントにとって、認識ないしは科学の基準を現示する。科学は、この結合の経過によって厳格に諸概念にたいする感覚内容を図式化する能力と結合している。「内容なき思想は空虚であり、概念なき直観は盲目である」[24]。したがって、認識は、ただ明晰性と判明性の尺度にしたがえば、悟性の分析的な取り扱い以上のものである。それゆえ、まだ諸カテゴリーの能力においては、認識は実際とらえられていない。というのは、これらのカテゴリーは、「まさに悟性の諸概念にたいする諸機能にほかならないが、しかしなんらの対象も表示しない〔から〕」。この意味は、カテゴリーには感性から与えられるのであって、この感性は悟性を同時に制限しながら、悟性を実在化する」[25]。したがって、これらのカテゴリー〔の機能は〕、カントの認識―概念にとって特徴的である。すなわち、「認識」という言語的な表現でもって、ここではつねに総合の産物が考えられている。つまり、（a）具体的で、空間―時間的に秩序だてられた、有限な現実性の諸領域が考えられている。この現実性の諸領域は、いっさいの人間に与えられた直観諸形式を介してとらえられうる。（b）総合によって、これらの現実性の諸領域は、諸カテゴリーを準備する論理的な諸形式と結合される。こうしてはじめて現実性は、人間にとって感性と悟性によるその獲得の可能性という尺度にしたがって、経験一般として実践的に十分に処理することができる[26]。ただちにいっさいの現実性が（たとえば、わたしは普遍妥当な諸カテゴリーを有しているから）アプリオリに認識可能なのではなく、ただそのつど感覚的に把捉可能な現実性にほかならない。それで認識をカントは、「生の素材」から現実性を人間的な経験にする、構成過程と名づける。

（カントは、それを制限（Restriktion）と名づけるが）この経験へ〔とわれわれの認識を〕制限することは、カントの場合に、かれの形而上学批判の核心をなし、――もちろんより大きな見通しにおいて――観念論の批判一般としても役に立つ。すなわち、ここでまったく認識理論的にうけとられた構成過程を実践的―対象的な過程として、かつ歴史的―社会的な過程として概念的に把握することができる場合に、観念論の批判一般として役に立つ。構成過程において、人間は、その自然との対立において立てられているのを見るが、認識問題がひとつの社会的な過程の問題として概念的に把握されるところにおいて役に立つのである。

ところでしかし、カントは、とりわけこの科学理論的に中心的な制限のメカニスムス（Restriktions-Mechanismus）について最大の誤解にさらされていた。すなわち、悟性概念が感覚的に知覚可能な直観の資料――現象――と結合されなければならないという条件は、そのとき生じたたんなる主観的な仮象の結合である（まさに現象が土台であるがゆえに）かのように誤解された。そして、それによって、まさしく、「わたしたちの無知の告白」[27]と誤解された。けれどもこのような誤解によっては総合的な認識の遂行のための努力が、完全にいらないものになってしまっているだろう。このような誤解にたいして、カントは、そのとき何度か詳細に論証した。すなわち、〔第二に〕『プロレゴーメナ』の最初の超越論的な主要問題への三つの注解において、すなわち〔第一に〕、『プロレゴーメナ』の付論の中で、『純粋理性批判』（一七八七年）のB版へのさまざまな挿入文で、――ここでは「観念論論駁」の章であるが――、ほかの論文（すでに引用した論文「蓋然的観念論の論駁」においてのように）、そして〔第三に〕書簡で、たとえば、九〇年代のベックへの書簡の中で、論証された。

カントの認識の基礎づけの泣き所は、現象―概念のうちにあったように見える。この概念の中心的な位置にかんしては、なんの疑いもなかったが。現象にかんしては、カントの場合に、総合的認識の拡張が、唯一行われることができる。ただそのようにしてのみ、実在的な内容を現実的に増大させることは、認識において達成できる。それどころか、悟性がはじめてこの資料に「その後」その「名前」（概念）を与える。したがって、この認識構想においては、現象にかんして、現実性との直接的な接触が確立されるはずである。けれども、カントにとって、このことが、従来の現象―概念（すなわち、個人的な意味における主観的な仮象としての現象）とまさしく位置がかわることが明らかになった。けれども、このような概念によれば、ふたたび、純粋悟性概念が、ただそれ自身だけを指示しているだろう。だが、このような純粋悟性概念はやはりふたたびたんに分析的な判断（古典的合理主義におけるように）だけが可能であろう。「現象」と「それ自身に即して考察された物（すなわち物―自体）」のあいだの相違は、古い現象概念によって支配されるだろうし、物の現実性から、結局それがたんに主観的でしかない拘束的な感性複合群になるまで客観性を奪い取ってしまうだろう。その結果、こうして「世界は……経験をつうじて人間にあたえられた、諸表象の系列にたいするもう一つの言葉にほかならない[28]」ことになる。

ところで、当然のこととして、カントの場合には、現象は、主観的仮象と同一視されるべきではない。主観的仮象と同一視することは、人間的統覚装置の超越論的な意味を――アプリオリな直観形式（空間と時間）――完全にわすれることを意味した。直観形式をかいして、人間的主観は、つねにすでに現存する客観的な、現実性の資料と接触する（その意味のこの能力を、カントは、受容性となづける）。今や、この受容性の産物が、現象といわれる。現象は、さしあたって、まだまったく無規定的である。そこで感官が受け入れるもの（カントは「触発する」という）は、わたしたちにとってまだまったく知られていない。今論じたことは、ただ人間によってその感官でもって限界づけられた現実性の断面にほかならず、その断面に対して認識にいたるためのさらなる加工がほどこされる。

したがって、諸現象は、空間―時間的に秩序づけられた現実性の部分である。この受容経過の道具（時間と空間という直観形式）が、けっして見せかけの主観的な能力ではなく、なかんずくまさに超越論的―観念的な（相互主観的な）地位をもっていることによって、カントは、つぎのことを保証することができる。このように産出された諸現象において、実際また客観的な現実性も現れるということである。すなわち、「わたしたちの外部にある、わたしたちの感官の対象としての事物がわたしたちに与えられている。……すなわち、事物はたとえ物自体がどのようなものかはわたしたちに知られていないとしても、わたしたちは、わたしたちの感性にたいする影響をうみだす諸表象によって知り、この表象に物体という名前をつける。したがって物体という言葉はたんにわたしたちには知られていないが、それでも現実的な対象の現象を意味するだけである。おそらくこれは観念論と名づけられうるだろうか。それどころか、まさしくその反対のものである」[29]。そこから明らかになるのは、諸現象が生じてくる素材が客観的な実在であるということであり、「またカントが観念論者であるかのような非難は、まったく根拠がないということである。……それにたいして、カントは、構想力が外的事物の認識が先行しないならば、けっして可能ではないだろうと主張しているのだから」[30]。こうして、学のこの条件は、すなわちつねに現象領域に関係しているという条件は、まさしくその総合的な性格の可能性の条件をなしている。そして、この条件が欠如しているところでは、悟性概念は、まさになんら実証の領域を持たないのであり、学は思弁へと変質する。カントがいまやまさしくこの科学理論的に意味がある精密化――その現象概念――を逆説的に「将来知ることもないこと」〔不可知論〕として罪を負わせられることは、かれをとくに怒らせざるをえないだろう。なぜなら、かれはつぎのことを何度も明らかにしたと考えていたからである。すなわち、現象と物自体のあいだにはまさになんらの存在論的な亀裂もなく、そうではなく、かの分裂をたんに認識論的にしなければならないということ、そして『純粋理性批判』は明らかに、「客観を二様の意味でとること、……すなわち、現象として、そして物自体としてとること」[31]を教えた。それでこの物自体は、土台としてくみつくされない残余を形成する。この残余から諸現象は構成されるのであり、これらの諸現象は、ついで悟性によってカテゴリー的に構造化されて人間的な経験の新しい総体性をなす。したがって、諸現象は、人間にとってその支配〔認識〕を自由にできるために、そのつどまさしく人間によってとらえることができる、制限された、包括的な物自体の領域を形成する。それゆえ、経験は、概念的に把握された事物であり、概念的に把握された現実性である。経験は、物自体から新しい、わたしたち―にとっての―物を形成した。この物自体は、したがって、諸現象によって主観的で一時的な見せかけの形成物として歪曲されており、けっしてあの接近を有することができない、あの「本来的な」背後の世界を表現しない。現象世界と超越的―形而上学的な「現実の」世界へのこのような分裂は、カント主義の中心的で理論的な諸構造を端的に無意味なもの〔なにかある「合理的な核心」を持っていない〕として現象させるだろう。とりわけ、まさしく『プロレゴーメナ』においては、この分裂は、〔わたしたちの認識が〕経験に結びつけられていることを〔カントが〕強く協調していること、なかんずく、総合的認識が経験と結びつけられていることである。――ちなみに、同時代人によってなされたカントの不可知論的な諸解釈とバークリ的なカントの読解は、そのとくにまさにかれの超越論構想の前述の重大な誤解にもとづいている。

どのような場合にも、『プロレゴーメナ』がはっきりと明らかにするのは次のことである。すなわち、「実際、わたしたちが感覚の諸対象を……たんなる諸現象とみなす場合に、わたしたちは、これによってやはり同時に諸現象の根底に物自体が存していると告白する。〔……〕したがって、悟性は、悟性が諸現象を想定するというまさにそのことによって、物自体が現存することを告白する(32)」。物自体と現象とは、カントにとって、まさにその認識の側面から見てのみ、人間にとって区別可能である。「物自体であるものをわたしは知らないし、またそれを知る必要もない。というのも、やはりわたしには、けっして現象のうちにあるのとは異なって、物が現れることができるからである(33)」。諸現象から現実を科学理論的に構成―再構成することは、そのとき、当然のこととして、またこれらの諸現象の本質をとらえることができる〔それゆえ、本質は、わたしたちにつねに閉じられている物自体ではない〕。諸現象で始まる認識過程において、人間はしたがって、カントによれば、徹底して普遍的に拘束的な、客観的な世界の構造への、人間によって把捉可能である洞察に到達する。「そして、こうして感覚のいっさいの諸表象が、わたしたちにとっては、現象としての諸対象を認識することができるにすぎず、けっして判断とひとつではない、それは観念論者が主張するような諸対象の仮象をふくむにすぎないという命題である」[34]。

カントはここで、現象—物—複合群の弁証法的な構造にたいするふかい洞察を行なっている。この構造は、その認識（経験）—概念を構成的に客観的実在のうちに根をもつ。「唯物論的傾向のこの先鋭化を純粋に論争的な取り扱いとしてみることは正しくないだろう。この取り扱いは、カントのふかい確信を表現しない」[35]。したがって、わたしたちは、実際カントの場合に、かれの思考のこの中心的な関連として、「超越論的な認識の唯物論」[36]と関わり合わなければならない。

カントは、当然のこととして、歴史的—弁証法的な反映理論の問題意識を獲得しない。カントにとっては、——ひとつの側面として——レーニンが言うような過程における、悟性の創造的な関与が問題であった。すなわち、「人間の意識は客観的な世界を反映するばかりではなく、それをもうみだす」[37]。

カントは、『プロレゴーメナ』において強調する。すなわち、「悟性はその法則を（アプリオリに）自然からうみだすのではなく、その法則を自然にたいして指示する」[38]。——カントがただちにすすんで告白しているように、「外見からみて大胆な命題」である。

このことは、今や実際自然がなにかあるしかたで個人的な主観の命令の受け手であるかのように理解されるべきではない。むしろカントは、自然法則の発見と確立のさいに科学的に行われる抽象化の経緯の超越論的な遂行を考えている。それどころか、法則の諸言明が、総合的認識の階層に属するから、ちなみに当然のこととして、ここでは法則の地位、可能性の制約そして限界についてすでに詳論された通りである。自然科学と数学の領域から、このテーゼを描くために引用された諸例（円環、円錐曲線、ケプラーの法則についての学説）は、カントはそのさい当然のこととして自然の「法則集」をかんがえており、この「法則集」は、どの場合にも人間によって起草されているのであり、――それはまた客観的な経験状態にしたがって拡大することができる――そしてたとえば、客観的合法則性そのものではない。カントはこうして――当然のこととして、いっさいを縮小して――人間が自然を獲得するさいのひとつの実在的な経過を記述した。なぜなら、社会的な獲得過程において――道具によって媒介された活動において、すなわち労働によって――物質的な総体性から客観領域が構成されるから。この客観領域の本質的で、必然的かつ普遍的な諸構造は、抽象的に獲得されるのであり、法則と名づけられる。またこの普遍的諸構造はこの新しい総体性を制御するための重要な要素である。

　いまや数学と自然諸科学の学的、認識的性格にかんするこの超越論的な解明は形而上学に対してどんな意味を有するのか。――やはり、とりわけ「アプリオリな総合命題……はけっして自体的にではなく、いつでもただ可能的経験の諸対象としての物に関係してのみ証明されることができる」[39]ということである。すなわち、悟性概念（諸カテゴリー）の使用は、ひとつの制限にゆだねられている。すなわち、悟性の権限が及ぶのは諸現象の領域である。この領域が踏み越えられるとき、悟性は、諸感覚のなんらの対象をも根拠としてもはや持っていないがゆえに、二律背反、誤謬推理、諸理念へと陥いる。ここではそのとき、人間にとって実践的に経験可能なものの基準がかけている。カントは、そのとき、それを（分析的な使用と対立して）理性の弁証法的な使用と名づけ、そのために明瞭に悟性と理性を相互から分離する。――前者の悟性の能力は、経験領域に制限されており、ただ認識だけを生産することができる。それにたいして、後者は、さらなる超越的な（経験を越える）使用へと向かう形而上学にたいするいわゆる「自然的素質」として存しつづける。この経験領域を越える理性の使用がそのとき、まったく「かのように」ないしは類推の解釈にたいしてひとつの価値を有している。そのとき、その要請〔理念〕は、当然なんらの科学的な重要性を示さないが、それゆえただ多かれ少なかれ思弁的な、せいぜいなお――人間的なふるまいにたいして――統制的な意味を持つことができるにすぎない。

ふたつの領域、可能的経験の領域とそのつどの経験の超越の領域のあいだに境界線を引くことのうちに、哲学の不断に批判的な課題が存している。なぜなら、拒みがたいのは――まさに人間のうちにある形而上学への自然的素質として――カントにとって、つねにまたあらゆる可能的な経験を越えて不断に問うことであるから。批判によって境界線を引くことということの不断の課題を想起することのうちに、カントが『プロレゴーメナ』によってさらに確かにしようとした超越論哲学の使命が存している。

『純粋理性批判』を受容するさいに、八〇年代の中葉に始まる差別化の〔多様な解釈が生じてくる〕過程において、ヨーハン・バプティスト・シャードがかつて挙げたような「カント主義者の騒々しい英雄たちの時代[40]」のあいだに、イマヌエル・カントの追従者の群れもまた、長くより大きくなったが、ほとんど論証的に説得力のある哲学的な援助を行うことができなかった。応答する諸論文（こうしてたとえば、シュルツ、シュミート、メランヴィル、そしてベック[41]）は、圧倒的にたんに報告的な、あるいは辞書的な論述でしかない。「したがって、カント哲学の真の基礎の微妙な点にかんする一般に広まっている不満は、カント主義者のいっさいの評釈、概説書、辞書によってもほとんどとりのぞかれなかった[42]」。このようにして、『純粋理性批判』は浸透することができなかった。とりわけ、克服すべき「カントの批判にたいするほとんどすべての体系家のひそかな嫌悪感[43]」が、それにあてはまった。カントの死にいたるまでのこの時代の『純粋理性批判』にたいするもっとも重要な結果をともなう、そしてもっとも侮蔑的なメタ批判的な異論は、F・H・ヤコービ（とりわけ、『信仰にかんするデイヴィッド・ヒューム、あるいは観念論と実在論』ブレスラウ、一七八七年）によってになわれた。そして、Ｇ・Ｅ・シュルツ（アエネジデームス、一七九二年）とハーマン――ヘルダーのメタ批判（総括的に、Ｊ・Ｇ・ヘルダー『悟性と経験、理性と言語、純粋理性批判にたいするメタ批判』一七九九年）によってになわれた。そのさい、まずＦ・Ｈ・ヤコービによって、『純粋理性批判』の端的に本質的な問題が原則的に問題にされた。すなわち、ヤコービが理性批判の文脈で物自体の位置と機能にかんする周知のパラドックスをつぎのように定式化したときに、問題になった。ヤコービはこう書いた。「不断にカントが（触発する物という）あの前提がなければ体系にはいっていかず、あの前提とともにそこに留まることができなかったことについて誤っている」だろうと。[44] ここでは、体系的な意味と論証的な統一性が、新しい認識理論の物質的な基礎から見て争われた。この受容経緯の道具（空間と時間という直観形式）が、けっして見せかけの主観的な能力ではなく、超越論的な地位を持っていることによって、カントはこのように生産された諸現象において、実際また客観的な現実性も現れることを保証することができる。「私はカント主義をかなり前からカント主義において物が物自体ではなく、われわれを通じてわれわれにとっての物であるとしか理解しなかった。そしてこれがカント主義の魂であるなら、フィヒテとシェリングは、もちろんかれらの学説をカント主義にたいして発する権利を持っている」。[45] 十分な理解力を持つフォルベルクは、『哲学雑誌』でこう記した。理論的で論証的に詳細なカント批判は、首尾一貫してまもなくカント学派の運動をも引き起こした。後のカント評釈の論評者は、この衝撃を表現した。すなわち、「本当だ、公衆と研究をしている若者は、長くカントの諸論考の釈義に悩まされている。そしてカント主義者は、十分長く批判の失敗をなした」。[46]

ふたつの動機が、この新しい意味にとって衝撃的であった。まず第一に、実際、たんに批判として理解された哲学的思考が哲学的な学の新しい秩序において、懐疑主義の危険を引き起こすように見えた。また第二に、カントのもとでとりのぞく必要がある現実的な、あるいはそう思われた欠陥あるいは筋のとおっていないことが超越論哲学をめぐってますますいっそう反論の余地がないように見えた。すなわち、おおくの場合に、カント主義者は、カント批判的な議論と一致したのであり、ただそのような議論をまさに異なった仕方で価値づけたにすぎず、かれらはそこで欠如しているものをまさに方法的で哲学的な徳にした。『純粋理性批判』のこれまでの攻撃的な批判者にたいする、この多かれ少なかれ防衛的な態度は、そのときまたまもなくカント主義者を多かれ少なかれ評釈する段階から理性批判の体系的な再構成という新しい段階へと移行させた。そのさい、その構想的な出発点に、――たいてい告白しないで――多くのカント批判的な議論が適切な問題設定として流れ込む。だが、そのとき、このことは、あの「非正統的な」、そしてさらに思考をすすめるカント主義者たちのあいだに亀裂を形成する。これらのカント主義者は、のちに何度も明瞭に理性批判の思考圏から登場する。これにはマイモン、ヤーコプ、ラインホルトそしてベック、ブーターベークも数えられる。

だが、『純粋理性批判』の受容のこの新しい体系的な段階は、何度も思考様式の超越論哲学的な革命にかんする誤解を引き起こしたが、このような誤解は、断固としたカント批判者のそれと同じ誤解であった。一般的にあいかわらず主張されているのは、『純粋理性批判』が科学的哲学にたいして準備した革新の推進力は、ほとんど問題にされなかったし、後退する要素として権利を奪われたということである。こうして、なお一八〇〇年に、有名な『哲学雑誌』の最終号に掲載された最後の論題において書かれたのは、カントの『純粋理性批判』が「理性から独立に存在すべき諸客観、すなわち、物自体と関係する」ことに固執することによって、カントは、「人類のもっとも堕落した教師(47)」になるということであった。

しかし、カントにとって、確実な認識の可能性の制約を開示するさいに、あまり認識の形式は問題にならず、

「認識の実質[48]」が問題になった。すなわち、「諸現象をたんなる仮象と混同することを」[49]回避することが問題になった。

『純粋理性批判』の同時代的な受容史において、まさにカント学派内のわずかな人のもとでしか、あの「図式論の繊細な理論[50]」の体系的な機能と媒介理論的な射程にたいする洞察が存していなかった。ただベックだけが、やはり「批判が意味するのは、この図式論でもって、その演繹する営みをいわば王位につけたということである[51]」ように思われたと予感をもって書いた。そのとき、かれは、それ〔図式論〕にかんするおおよその考えを持っていた。カントはこうして、人間的認識の弁証法的な性格を主張した。すなわち、認識は、人間的認識において対立的な諸要素がお互いに浸透し一つになる過程として表現される。ここ、純粋悟性概念の図式論の問題において、そのとき見いだされるのは、『純粋理性批判』の産出的な受容でもあるが、すでにもはやカントをただ文字面だけをまねようとし、そのかぎり、体系的な結論だけをまねようとする人によってはこの受容はになわれない。というのも、この受容は、ここではたらいている媒介のメカニズムによって、このメカニズムはとりわけ産出的構想力の問題に結びつけられているのだが、まもなくまったく新しい哲学的な展望が開かれてしまったからである。ここに同一哲学の前史がはじまる。というのも、「悟性の図式論が構想力の超越論的な総合によって、ほかならない、いっさいの多様なものの統一に……内官において（すなわち、時間において）……向かうからである[52]」。超越論的な時間規定と結びついた超越論的構想力のこの機能は、超越論的哲学の思考様式のさらなる遂行を構造化する。感覚的―カテゴリー的な性格と時間的に形成された性格という構想力のもつ二重性格は、同一哲学への決定的な動因になる。

この場合に、『純粋理性批判』の図式論の理論は、そのとき、今や――ヘーゲルの言葉で言えば、――「この構想力が、もはや中間項として通用しないのであり、この中間項は、実存する絶対的主観と絶対的に実存する世界のあいだではじめてずらされるのではなく」、そうではなくて、「一面からみれば、主観一般になり、他面では、しかし客観になる、そして……理性そのものにほかならない根源的に二面的な同一性として[53]」、新しく概念的に把握される。このようにして、『純粋理性批判』は、生産的に獲得され、そのつど特殊的にフィヒテ、若いシェリング、そしてイェーナ時代のヘーゲルによってさらに遂行される。

# 付論　カール・マルクスにおける「超越論的なもの」

ふたたび私たちはつぎの問いのまえにたっている。
どのようにして私たちはカントを正しく理解しなければならないのか。
カントを超えて行くために。

ヴィルヘルム・ヴィンデルバント（一九〇四年）

カントの哲学的思考の表題の概念のひとつをマルクスの場合に使用するべく問うことは、驚きであるかもしれない。とはいえ、マルクスは、まさにすべての超越論哲学的な思考と行動の地平を公然と超えていく。哲学において、マルクスによって遂行された質的な亀裂にかんして、ともかくも明証的であるという印象を与えるが、それは、またより簡単な――概念史的な――展望から見てはっきりしているように見える。なぜなら、ヘーゲルの体系は、古典的なドイツ観念論の最高の発展段階を代表するが、すでに、このヘーゲルの体系において、超越論主義は、徹底的な批判にゆだねられていたからである。これはおそらく、すでに若いマルクスをヘーゲル哲学の、「今日の世界哲学[1]」の魅力に引き入れた根拠のひとつであろう。

そのかぎり、新カント主義の特定の型によって提示された、あの一切の試みが、マルクス主義における欠陥であろう。だが、これらの試みは、――たとえば、認識理論において――マルクスとカントを適用することによって調停しようとする試みは、たとえ政治的―イデオロギー的に笑いものにすることではないとしても、やはりどんな場合にも、歴史的に、また文献学的にも、対象のないものである。

それにもかかわらず、マルクス主義の発生と妥当性にたいするドイツ古典哲学総体の影響は、したがってまたカントの影響は、きわめて重要である。またその哲学的な源泉としても、古典的ドイツ観念論は、緊急の研究の対象になっている。

マルクス主義的唯物論における「活動的側面」の問題に関連して、J・ツェレニーは、マルクスとカントの関係における共通のものに注目した。両者は、理性批判を遂行した。ツェレニーの指示は、マルクスがヘーゲルのドイツの超越論哲学の観念論的な完成よりもその出発点に、ある点で接近しているように見える、しかもマルクスの原理的な「人間理性の制限と限界の承認[2]」にかんしてはそう見えるということである。この指示は、ここでは、これまで考慮されなかったが、用語法的に詳しく表現されるべきである。

マルクスは、わたしたちの知識からみれば、その作品において、ふたつの点で、「超越論的[3]」という概念を使用する。ふたつの例で、そのさい構成的―理論的な次元が言表される。この次元は、もちろん異なった連関では、カント哲学の文脈から知られている。批判主義的な動機に、この概念はカントの場合には対応するが、この動機は――必要に応じて変化をくわえて（mutatis mutandis）――マルクスの場合にも、登場する。これはとりわけ、『要綱』においてである。

カントにおける純粋理性批判の課題は、この理性の限界の測定によって、構造的に緊密にマルクスにおける政治経済学批判のそれと近いものである。すなわち、「問題である……仕事は、経済学的なカテゴリーの批判である[4]」。

諸カテゴリーのこのような批判、諸カテゴリーの遂行能力、その限界そして過大な要求の可能性、すなわちカント的にいえば、悟性の概念の権利問題と事実問題を両者は主張する。したがって、諸カテゴリーの適法性が、とりわけ適用可能性が問題にされるかぎり、両者、カントとマルクスとは、理性の批判を遂行しなければならない。マルクスは、市民的―経済学的理性の批判であり、カントは、純粋理性の批判である。その場合、二人の思想家にあてはまるのは、この意味でさらに深く捉えられる目標設定の理性批判的な傾向が根底にあることである。たとえ、カントの理性批判の自己了解は、たんなる「本と体系の批判」(5)を超え出ているとしても、マルクスはとりわけ実在的な経済的な諸関係の批判を意図している。

カントは、「理性の理性自身との外見上の矛盾という醜聞を取り除くために」(6)、純粋理性の二律背反の発見を通じて、純粋理性の批判に駆り立てられた。だから、マルクスにとってもまた、二律背反の理論的批判と実践的な批判とが中心に動く。市民的―資本主義的諸関係の二律背反と諸矛盾とその理論的な反省の批判が中心に動くのである。というのも、経済学者は「セイからプルードンに至るまで、二律背反の軌道で動いている」(7)から。

プルードンの「政治経済学の形而上学」は、諸カテゴリーの現実をすでに現実そのものとみなしている。マルクスは、この「政治経済学の形而上学」(8)（プルードンにたいする彼の批判に関連して）の側から諸カテゴリーの絶対―観念論的な過大要求を示しながら、ヘーゲル批判を遂行する。このヘーゲル批判は、カントの最善の理性批判的な諸意図を保持し、プルードンの「擬似ヘーゲル的な段階」をも含んでいる形而上学に対して妥当させる。ここで、マルクスは、ただ認識批判的にのみ、たとえば、認識主観の能力理論的な研究として、展開されるとしても、ただちに超越論主義にたいする同一性哲学的な批判を妥当させることができるようなものにたいして超越論哲学的な動機を論拠として持ち出す。だが、マルクスの理性批判は超越論的主観の観点から行われるのではない。マルクスの理性批判は弁証法的唯物論の観点から、したがって、またすでに歴史的な主体―客体の見地にもとづく超越論主義の批判をつくりあげた。だから、彼は、そのためにやはり超越論主義的に同一性哲学の背後にもどらないで、おそらく理性の不当な要求の批判を超越論的に遂行することができる。したがって、理性批判は、マルクスにとって、同一性哲学的な禁止命令にもかかわらず、徹底して正当である。もちろん、このことは、超越論的な主観性のたんなる反復として、また形式的指摘としてではなく、現実の諸連関にたいする視野とそれに本質的な社会的現実の過程を解放した、マルクス主義のあの諸洞察を背景にして正当である。

したがって、マルクスは、同じ契機において、カント的なヘーゲル批判をヘーゲル的なカント批判としても超越論的なものによって、超越論的なものにそくして行うことができる。すなわち、マルクスは、ヘーゲルとカントにたいして――理論的にみれば――メタ批判を妥当させることができる。そのかぎり、わたしたちが「ヘーゲルによる超越論哲学の格下げがマルクスによって……単純に引き受けられたと」[9]いうことを想定しない。このような想定の背後に隠された偶像崇拝は、ただちにそこから引き出された結論にもとづいて知られる。すなわち、「マルクスは、政治経済学の客観主義的な自己了解を悪しきヘーゲル主義の指示のもとに行った」[10]。まさしく反対のことがいえる。マルクスは、この「客観主義的自己了解」を、市民的政治経済学の硬直主義とその社会的基礎を徹底した批判にゆだねたのである。

カントの超越論的で理性批判的なモティーフをマルクスが受け入れたことは、ヘーゲルにたいする言い回しにおいて、同程度にアプリオリな超越論主義と同一性哲学的なヘーゲル主義にかんして改善手段を含んでいる。

プルードンにたいするマルクスの批判は、小市民的で空想的な解放の構想がますます影響を増大させることにかんして、とくにフランスの労働運動において、大きな政治的な緊急性を持っていた。したがって、マルクスは、『ドイツ・イデオロギー』の仕事を完成させたのちに始めていた経済学的な研究をためらわずに中断させ、プルードンとの公の論争を行った。リカードの量的な価値論の基礎でいっそう本質的に、彼は、プルードンの小市民的な幻想の経済的な基礎を批判にゆだね、プルードンの「構成された価値」が有する見かけ上の独創性を「リカードゥ理論のユートピア的な解釈」[11]として開示する。

ヘーゲルの手法で形而上学的に自立した経済的な諸カテゴリーを、その社会的基礎に歴史的―唯物論的に還元することによって、マルクスは、マルクス主義的な政治経済学の方法的な特殊性に効力を発揮させる。一八四七年に、マルクスは、プルードンの理論の諸欠陥をすでにリカードゥによってあばきだすことができたとき、その完全な論駁は、しかし、固有の価値と剰余価値理論の展開された形態を前提した。したがって、また価値の質的な性格、商品の二重性格、そしてそれを生み出す労働、商品の物神崇拝などへの決定的な洞察を持つ『要綱』がはじめて、プルードンにたいする批判をも完結させる。

こうして、『要綱』における貨幣の章は、小市民的な社会主義者たちの貨幣幻想にたいする深いところまで届く批判ではじまる。なぜなら、あの幻想から生じる政治的諸帰結――たとえば、貨幣と銀行の循環領域の再形成は、資本主義社会の欠陥を抹消することができる。――の根底には、とりわけ誤った価値理論があるからである。この誤った価値理論は、商品生産を土台にして貨幣とその威力を廃棄する可能性を含んでいる。それには、すべての商品がその確立に必要な労働時間を直接に印として自己のもとに担っていかざるを得ない。というのも、今や実際、その直接の交換可能性が必要であろうから。けれども、このような想定が持つ論拠請求（petitio principii）という性格は、論理学の彼岸にその前提を持ち、プルードンが隠し続ける仮象のうちにその根拠を持っている。商品生産と貨幣の関連は、それ自身古典的政治経済学によっては概念的に把握されることができない。マルクスのこの関連にたいする洞察がはじめて、見かけの物性と物性という仮象の背後で、商品生産と貨幣を生み出す社会的諸関係にまで突き進む。すなわち、「産物の交換価値は……貨幣を産物とならんで生み出す。今や貨幣の存在から特殊な商品とならんで浮かび上がるからみあいと諸矛盾を貨幣の形態を変化させることによって、廃棄することは不可能である。……同様に、交換価値が産物の社会的形態であり続けるかぎり、貨幣を廃棄することは不可能である。……すべての生産者がその商品の交換価値に依存するように生産が形態化されればされるだけ、貨幣関係が展開され、また貨幣関係に、貨幣としての産物の自己への関係に内在している諸矛盾が展開される。……だが、同じ程度に……貨幣の威力は大きくなる。すなわち交換関係が生産者にたいして外的な、それから独立の威力として主張される。……貨幣はこの対立と矛盾をうみださない。そうではなく、諸矛盾と諸対立の展開は貨幣の見かけ上超越論的な威力をうみだす(12)」。

見かけ上超越論的—したがって、マルクスはここでは、「超越論的（transzendental）」という言葉を『純粋理性批判』の超越論的弁証論においてこの用語がもつ否定的で非—構成的な意義に対応する意味で使用する(13)。この用語のこの否定的で非構成的な意義は、超越論的分析論の枠組みにおいて持つ肯定的—構成的な意味から区別される。貨幣ないしは悟性カテゴリーの超越論的威力性にたいする政治経済学的で、哲学的な要請は、形而上学にたいする疑惑を自分にたいしてめざめさせ、「政治経済学の形而上学」として、ないしは批判の絶対者の独断論的形而上学として崩壊する。

マルクスの理性批判は、同一性哲学的に純化されれば、総体性の概念化不可能性にたいする警戒から概念化可能性へと前進でき、——結局——変更可能性へと前進できる。理由は、こうである。総体性にたいする批判的な意識に、したがってある程度カント的な理性批判に、マルクスの場合には、市民的経済学的な悟性の思い上がりは、社会的総体性の克服の虚しさに帰される。ここで、市民的経済学の諸カテゴリーでもって、社会的労働経過の総体性に着手することが試みられることによって、——ほとんどカント的に——超越論的仮象が生み出される。——伝統的な国民経済学は、古典的労働価値説を含め、価値創造的な活動の実体を労働過程において認識することができなかった。価値量にたいして、価値実体は、依然として完全に把握しがたい、カテゴリー化されえない問題であった。資本所有者の明らかな利害は、ここでは完全に前景に出て認識指導的であった。こうして、価値量でもって、貨幣は、総体性を崇敬するものにまで進んだ。貨幣の総体性は、実在的に見かけ上包括的で超越論的な、すなわち端的に構成的な威力を獲得する。この超越論的仮象は、マルクスによって、カントの理性批判の諸契機をも知り得るようにするしかたで非難された。

市民的経済学のカテゴリー装置を社会的総体性に適用する彼の批判において、マルクスは、ここまでカントの意味における理性批判者でもある。だが、かれはこの課題をさらに遂行するさいに、同時にヘーゲルの意味における超越論主義の批判者になる。それは、理性批判が物象化批判として成功を収める程度において、商品の物神そのものが暴かれる程度において生じる。

死せる諸対象の総体性、商品の持つ自然的暴力の総体性——貨幣において、それはその総体的な指標を見いだす——は、人間的な、自ら産出された総体性として知られる。ここで、超越論主義の理性批判は、同時に社会的に延期されている。——こうして、『資本論』の物神崇拝の章は、根本的に、新しい、社会的現実を概念的に把握し、支配するという、新しいコペルニクス的転回の真理である。問われつづけるのは、なにが貨幣の外見上超越論的な威力という想定にまで駆り立てるのかである。カントの批判の文脈では、「仮象の本来的な地位」はどこにあるのかという問いである。

マルクスとともに、わたしたちは、すでに政治経済的な分析のプルードン的な方法の原則的な欠陥に注目した。ヘーゲルの「絶対的方法」にはなお欠陥があり、曖昧な仕方で処理されるが、このヘーゲルの方法は、事物と実在的諸関係を具体化された理性の論理的な運動へと解消するように彼を促した。そこから、「生産物と生産の、事物と運動のすべての連関が適用された形而上学に還元される[14]」ことが生じざるを得ないだろう。絶対的―観念論的な意識過剰（Bewußtseinshypertrophie）のこの抽象主義は、今やもちろん資本主義的商品社会そのものの諸抽象物のうちにその対応物を持っている。市民国家が現実的諸個人を公民（citoyen）という抽象的な質に還元しなければならないとき、その社会的連関もまたただ抽象的な仕方でのみ確立される。現実的な諸欲求と諸傾向が、人間を相互に関係させるのではなく、商品、価値、すなわち結局、抽象労働が、それらのあいだで媒介しつつ登場しなければならない。ところでしかし、あの「超感性的な」連関がただ客観的―事物的な仕方で、人間にとって明らかになりうるときに、この連関に現れるのが次のことである。「労働産物そのものの対象的な性格としての、これらの諸事物の社会的自然特性としての、かれら固有の労働の社会的性格である。……したがって、人間の外部に実存する諸対象の社会的関係としての総体労働にたいする生産者の社会的関係もまた現れる[15]」。

ところで、この実在的な安全措置の活動領域を、特殊な仕方でのすべての市民的思考が必要とする。プルードンが意識を自立化させたとき、彼にとって、他面では、物として現れる自然的な諸対象にたいする社会的諸関係、疑似的な物―自体という性格を持つ形而上学的な「諸存在」にたいする社会的諸関係が凝結する。その社会的威力、交換価値、普遍的等価物である貨幣もまた、こうしてまた金属物体――黄金――の自然特性から生じてくるように見える。貨幣―物は、「外見上超越論的な威力」を獲得する。プルードンの諸カテゴリーは、ここでは人間から引き離され、形而上学的絶対性に様式化されたとき、機能を果たさなくなるにちがいない。現実は理性において解消されえないとして証示される。だが、カントは、まさしくこのような要請を強力な批判の対象とした。けれども、「純粋悟性の拡大というまやかし[16]」に警戒することに、活動的主体性の（認識―）能力にたいする批判主義的な考えの本質的な意味がある。やはり悟性諸形式には、人間から分離された固有の生命は帰属しない。直観との結合がなければ、悟性諸形式は、ただいっさいの内容のない形式的諸機能にすぎないだろう。そうであれば、悟性諸形式は、いかなる認識も可能にしないだろう。

「神秘的演繹」によって諸カテゴリーを諸イデアとして、「いわば具体化する」プラトン[17]からはなれて、カントは、「軽やかな鳩」という古典的な常套文句を刻印する。この鳩は、飛行のさいに空気の抵抗を感じ、「空気のない空間でのほうがよりうまく飛べるだろう[18]」という考えをいだくかもしれない。

諸カテゴリーがその権限をのり超え、可能的経験の領域のうちにない諸対象に、すなわち物自体に適用されれば、諸カテゴリーは、超越論的仮象の手中に陥る。科学的認識の諸カテゴリーは、経験を超える諸事物に適用可能である。ただし、その「誤用」という犠牲を侵してであるが。マルクスもまたプルードンのカテゴリー絶対主義にかんして、このような「個体から分離された理性[19]」の言語にむかう。こうして、この連関でもまた、「理性の批判は、……それによってたんに制限ばかりではなく、理性の一定の限界を……一定の仕方の可能的な問いのいっさいにかんして、諸原理から証明される[20]」が、そのような理性の批判は不可欠である。

形而上学の幻想にたいして人間理性を守ることは、カントとマルクスにとって、同じように思考の動機となっている。理性の虚構的な諸要請を拒絶することは、ふたりの思想家にとって確実なことであった。これは尺度と限界をもうけるべきであった。

認識にとって、カントは、首尾一貫して「ふたつの由来」を妥当させる。感性と悟性である。これらは、受容性と自発性の相互関係にある。ただそれらの合一からのみ、認識は生じることができよう。なぜなら、「いっさいの思考は……結局直観に、もちろんわたしたちの場合には、感性にかかわらなければならないから。というのも、わたしたちには、ほかの仕方ではいかなる対象も与えられることができないから」[21]。したがって、認識は、特殊人間的な諸質に制限されうる。マルクスが批判するヘーゲルの神秘化は実在的なものを純粋に論理的―カテゴリー的な運動経過として想定することであるが、このマルクスの批判は、原理的に同じ制限を含んでいる。なるほど、「思想の総体性としての具体的な総体性」は、徹底して「思考の産物」であるが、しかし、「けっして直観と表象の外部あるいはそれらの上で思考し自分自身を生み出す概念の産物ではなく、直観と表象を概念へと加工することの産物である」[22]。

それゆえ、マルクスは、認識方法論の主観的―人間的な、ないしは社会的な諸条件に向かう。その一方で、ヘーゲルの論理学にとって、方法は、絶対者の運動様式と合致する。認識のこのような絶対性要請にたいして、マルクス主義と超越論哲学とは、共通の位置を主張した。この問題史的な共同性は、いまやもちろん完全に異なった社会的―経済的な、歴史的でまた理論的でもある諸前提によって、うち破られている。

なるほど、マルクスのカテゴリーは、カントの場合と同様に有限的として表明されうる。けれども、その有限性は、諸カテゴリーが人間の「社会的生産諸関係の理論的な諸表現、抽象」[23]にほかならないという事情にもとづいている。マルクスは、それゆえ、諸カテゴリーをその物質的―実在的な根拠に連れ戻す。あの、カント的な理性批判にも固有の、形而上学―批判的な限界設定は、それゆえマルクス主義的に、ただわたしたちの認識とわたしたちの認識能力の歴史的な制約性としてのみ、把握されうるだろう。そのかぎり、わたしたちの認識は、事実上、歴史的な経験の地平を超越することができない。「したがって、理論的な方法の場合にも、主観、社会は、前提としてつねに表象のうえに浮かんでいなければならない」[24]。カント的に言えば、こうである。「私は考えるということは、いっさいの私の表象にともなわれることができなければならない」[25]。

それゆえ、形而上学的に戯画化された理性とその認識要請にたいするマルクスの批判が、歴史的―唯物論的に動機づけられているとき、カントは、比類のない介入において〔in einem einmaligen Zugriff〕、悟性の在庫目録を正確に計り、悟性の限界をアプリオリな諸原理から決定的に確定しようとする。いっさいの認識に先行する、認識能力の測定というこの企てにたいするヘーゲルの批判は、マルクスによっても保持される。もちろん、ヘーゲルのはたすべき義務によって、この批判から成長してくるが、もはや獲得されない地平で、である。マルクスは、絶対知の同一性哲学的なパラドックスに陥らないで、ヘーゲルのカント批判を保存することができる。また彼は、同一的な主観―客観にたいして、またその認識にたいする結果にたいして、カント的な意図を、その二元論とアプリオリスムスを共有しないで、保持することができる。

境界線を引くという、上述のように特徴づけられた動機は、超越論的仮象の、ないしは仮象的超越論性の源泉にたいする、すでに立てられた問いと緊密な連関をたもっている。カントにとって、超越論的仮象は、「自然的な仮象」として、その根拠を人間的理性の本性のうちに有し、したがって、「不可避である」(26) 仮象として妥当する。形而上学的理性使用の根本意図は、世界、神、霊魂にたいする問いである。この問いは理性そのものの本質に内在的で、したがって不可避であるとして妥当する。こうして仮象そのものが、なるほど洞察されうるが、「超越論的弁証論」が引き受けなければならない課題は、やはり原理的に廃棄することができない。理性が絶対者にむかうとき、理性は、いっさいの経験の彼岸にあるものをカテゴリー化しようとし、理性は、廃棄しえない「アンチテーゼ」(27) に陥る。

カントが、超越論的仮象を理性そのもののうちに位置づけるとき、マルクスは、超越論的な貨幣の威力という仮象を市民社会の実在構造によって生み出されるものとして、調査して知ろうとする。二律背反的なものは、この社会そのものに内在している。——区別して把握された——仮象を創造する根拠にまで破壊することは、（マルクスとカントの場合に）その犠牲者が思考し行動することにおいて、この仮象に陥ることからめざめさせるあの空虚な希望と幻想を拒絶する可能性を含んでいる。

独断論的形而上学が陥る超越論的仮象がカントにとってなお本質的に認識理論上の問題であったとき、超越論的仮象の問題は、「カントがとおくはなれて遂行する誤謬推理と名づけた(28)」政治経済学とその現実性の欠如するカテゴリーにおいて、形而上学の小市民的な代表者の実践的な意図によって、革命理論上の問題に変質させられる。その解決は——そこでカントの場合には、おそらくただ知性的な満足だけが——ここでマルクスの場合には、それを超えて実践的—社会的な次元を獲得する。

# 第二章　超越論哲学における歴史性

過程のなりゆき、
歴史的なもの、発生論的なもの
はあなた方に知られておりません。どのようにしてあなた方が、
またあなた方と同じ場合に誰が弁証法的なものから
見当がつくのでしょう。
フリードリヒ・ヴィルヘルム・ヨーゼフ・シェリング
（エッシェンマイヤー宛書簡、一八一二年四月）

「歴史がない哲学は、奇妙な考えであり、言葉のがらくたである」[1]。――このすぐれた注解は、読書の期待が裏切られたことの要約である。読者、それはカントの明敏なケーニヒスベルク人の敵対者、ヨハン・ゲオルク・ハーマンであった。彼が読んだもの、それはカントの最初の偉大な主要著作『純粋理性批判』であった。だが、ここで嘆かれたアフォリスムスとならんで、――それと対立して――カントの超越論哲学的な形而上学批判にたいする異なった同時代の了解がある。この形而上学の批判は、発展史的な諸原理の枠組みで、また哲学的な過程の諸理念の枠組みで、カントにしたがってこれらの批判を統合する。発生論的な思考様式、歴史的思考は、市民的なドイツ古典哲学一般のもっとも重要な理論的業績の一つを現わす。このような思考は、それによれば、すでにカントの形而上学―批判の若干の主要思想と方法のうちにその最初の諸根拠を見いだす。

超越論的原理のうちにある歴史性の潜勢力にかんするこのような了解にとって、もちろん二、三の注目すべき

同時代人を、証人として呼び出すことができる。カール・レオンハルト・ラインホルトは、おそらくこの連関に注目した最初の人だろう。そのとき彼はこう書いた。「まさに形而上学の外観が沈むのに比例して、歴史の外観が登ってくる。……専門の哲学者たちは、歴史をいっさいの学のかつての女王の庭に就ける。そして歴史に、いっさいの知の最初の認識根拠の本来的な学としての哲学の名称を敬意をもって冠する」[2]。あるいはフリードリッヒ・シュレーゲル、彼は超越論哲学にかんするイェーナ講義においてこう強調した。「哲学は、徹底して歴史的であるべきである。歴史が媒介概念であることによって、それによって経験と理論とは合一することができる。わたしたちの哲学は歴史ですらある。……歴史と哲学とは一つである」[3]。そして当然、このさいフィヒテが注目されることになる。彼は、自分の哲学的構想にかんして簡潔にこう言っている。「知識学は、人間精神の実用的歴史であるべきだ」[4]。結局、シェリングが注目されるべきであろう。彼は、生涯を回顧して、この歴史的思考様式を彼の理論的思考の始まりとして認識した。「わたしは、それゆえ、一言でいうと、自我と自我によって必然的に表象された外界との分離しがたい連関を、現実的な意識あるいは経験的な意識に先行する、この自我の超越論的な過去によって説明しようとした。そのことは、自我の超越論的な歴史に通じる説明となる。そしてわたしの哲学における最初の歩みによって歴史的なものへの傾向が現れた」[5]。

当然いわゆる、カントに続く思想家の場合にも、多かれ少なかれカントの思考様式との分離が存在した。だが、彼らはやはり、思考様式の超越論哲学的な革命という、カントによってプログラム化された可能性と潜勢力の内部にいつづける。現在市民的イデオロギーを尺度として規定する――流行の反歴史主義の結果として次のように主張されるとき、カントの超越論哲学の構造諸連関とその後続への影響にかんするより深い了解を封鎖することに通じざるを得ない。すなわち、その主張はこうである。「超越論哲学を歴史哲学的にその背後に遡及して問う試みは、おそらく端的に挫折が運命づけられているだろう」[6]。

まさしく上述のような影響史的な現状は、歴史的な思考様式の生成にかんしてほとんど注意されない、弁証法的な次元を超越論哲学にそくして開示するために寄与することができる。その理由はこうである。すなわち、「超越論的思考は、……しばしば主張されるように、弁証法的な思考と矛盾していない。むしろ超越論的思考と弁証法的な思考のあいだには、実在的な収斂が存している。実際、古典的超越論主義はつねに弁証法的な思考であった」[7]。

ところで、まさにカントの形而上学―批判こそは、この過程にとって、超越論哲学的な分析を介してアプリオリな総合判断の妥当性のあり方が現示されるばかりではなく、同時に起源問題もまた立てられているかぎり、重要である。カントは、認識理論上の妥当性問題を彼の形而上学的な、すなわち、無時間的な恒常から浮かび上がらせようとするとき、この問題に関わっている。これは、再び正確に認識の増大が問われる（そして、まさに総合的ではあるが分析的ではない判断が、カントのテーマである）ときに、生じる。そのあとで、同様に諸判断の論理的な認識基準にたいする問いが（たとえば、根拠律あるいは形式論理学的な矛盾からの自由にかんする革新された試みが）もはや立てられるのではなく、諸認識の創造経過にたいする問いが立てられる。カントは、そのように問題を立てることによって、彼の哲学において、認識問題の弁証法的な把握を与えた。すなわち、今や、認識は、過程として現示される。この過程において、対立的な諸契機は、浸透し統一にまで（総合）もたらされねばならない。しかし、この総合の思想によれば、諸概念は、「けっしてそれ自身においてではなく、いつでもただ事物との関連においてのみ、可能的経験の諸対象として[8]」、諸認識にまで構成することができる。この総合の思想によって、カントは、経験の経過をまったく新しく庇護したのであり、とりわけこの経験の経過を過程として把捉しようとした。認識には、カントにとって今や絶対に、超越論的―観念的な悟性諸概念が、経験的―実在的な直観資料と結合されなければならないことが属する。このような総合がはじめて、認識と言われることができるだろう。というのも、こうしてはじめて、拡大判断が可能になるからである。この総合を可能にする方法的な取り扱いは、今や、カテゴリー（純粋な悟性諸概念）と現象（直観資料）とのあの結合経過である。この結合経過は、カントによって純粋な「悟性概念」のいわゆる「超越論的図式」として示される。この公理は、数多いだけに、それだけいっそう硬直した、カント研究一般の残余にはけっして属さない。それは、熱心なカント研究から見れば驚くべきものである。――とりわけそのカントにたいする関心が、たとえときおり正当にさまざまに焦点が当てられているとしても、本来けっしてやむことがなかった市民的ドイツ学校哲学にかんしても、そうである。超越論的図式論において、わたしたちがはじめて出会うのは、古典的ドイツ観念論の内部における将来の弁証法的な哲学の最初の諸要素である。なかんずく、ここでは、「総体性」、「同一性」、「媒介」そして「活動性」によって、徹底して疑似―弁証法的に、またまったく弁証法的に基礎づけられた事態があらかじめ形成されている。この事態は、超越論哲学の進行において、たしかに多くの様態化を被り、また多くの希望に満ちた抽象を失いもするが、しかし、それにもかかわらず、哲学にたいして新しい道を不可避的に指示している。

超越論的思考形式から弁証法的な思考形式へと乗り越えていく可能性にたいして、図式論の章は、重要な意義を持っている。この重要性は、図式論―問題にたいして、たしかに学校哲学的なカントの解釈学が図式論にたいして解釈を禁欲することの客観的な根拠である。図式論―問題についての文献は、カントの文献の内部で、一般に端的に包括的でないばかりではなく、それは完全に偶然的でもある。(9) この問題にたいする無理解が、ドイツ観念論のいわゆる発端の結果において、古典的な総体性の思考にたいする批判とともに入ってくるのは、偶然ではない。

こうして、たとえば、ショウペンハウアーは図式論の章にたいしてこう証明する。「最高に曖昧なものとして、それは有名だ。というのも、どんな人間もかつてそれから利口になることができなかったから[10]」。エーリッヒ・アディッケスは、カントの遺稿について彼の重要な文献学的な解明を行った著作を通じて後に有名になった。彼は、みずから従事したカントの理性批判の第一版で、わたしたちの問題についてこう書いている。「わたしたちは、批判のもっとも曖昧な部分を、ここでわたしたちの前に、それゆえ多くの人によって、もっとも深い意味を持つものと見なした。謎のさまざまの種類の解決が試みられ、しばしばきわめて混乱している。わたしは新しい、非常に単純な解決を提供する。それは、神なしになったり、つまらないように思われない場合でさえも、もちろんカント信者には非常に大胆な解決であった。わたしの見解では、図式論の章にまったく科学的な価値は帰されることができない。というのも、図式論の章はただ体系的な諸根拠から後に……挿入されているにすぎないから[11]」。この議論、すなわち、図式論―問題が多かれ少なかれ「建築術的な」言及から、「カントによって選択された体系性が彼の思想の文筆家的な叙述へ働く強制において[12]」理性批判に挿入されている議論である。この議論は、そもそもアディッケスとともに図式論―章を余分だと見なさないとしても[13]、それに対応する文章の中立的な問題のない言及と並んで、――そのときせいぜいもう一度それが持つ心理学的あるいは論理学的な潜勢力に応じて参照されよう[14]。――古い、ドイツ語のカントについての研究文献において広がった、この章の解釈である。

このような、図式論の章が外的で体系から無縁であるとする議論にたいして、おそらくイギリスのもっとも重要なカント研究者であるペイトンが強調するのは、図式論の超越論的―論理的な位置は完全に正当だということである。「図式の原則は、形式主義の結果、あるいはいわゆる「建築術」の結果ではない。それは、彼の議論の必然的な部分である。……カテゴリーを構想力の総合および時間の形式と結合することは、批判哲学のもっとも重要で、そしてもっとも人工的ではない部分である。わたしたちは、議論の実際の重要性を曖昧にするよく知らない、時代遅れの用語法の困難を認める必要はない[15]」。この問題の体系的に中心的な位置にとってふさわしい肯定的な正当な評価と了解とは、「図式論が、根本的には近代の問題である」（F・ハイネマン）、あるいは「才能ある援助の構成」（M・ホルクハイマー）である。このような評価と了解は、（より古い文献における例外はH・レヴィの学位論文だけである）本来ドイツ語の著作では、一九四五年以後ようやく遂行された[16]。そのさい、たしかにマルクス主義をめぐる新しい意味づけが、そしてドイツ古典哲学上では、――もっとも長く期限の過ぎた――ドイツ古典哲学の現状調べが、引き起こされたのであり、また超越論哲学をも新しく徹底して考えることにつながった。

だが、――極端にヘーゲル的な視圏からは、もちろん――まさしくこれをヘーゲルのためにも、「萌芽的な」現象とどのように誤認できるかを、リヒャルト・クローナーは、印象的に示した。彼は、ヘーゲルの概念精神主義において頂点に達する、まさにあの諸構造をカントからヘーゲルに至る古典的観念論の発展において強調しようと努力した。この努力において、彼は実在論的な主観―客観の問題性のあらゆるアプローチを、またしたがって図式論の問題をも厳密にフィヒテ的に平準化しなければならなかった。彼を満足させたのは、カントにおける活動性のうちにある超越論的な意識を固定することである。この意識は、フィヒテの事行とシェリングにおける主観主義的に誤認された知的直観を越えて、ヘーゲルにおける純粋な概念の純粋な総合に至る方向をとる。ここでクローナーは考えるが、「［図式論の――著者］包摂の思想によって誤解される、超越論的演繹の真の核心[17]」が保証される。図式論―問題は、彼の叙述では、根本的にはせいぜい余分でしかないが、まさに「非常に困難な説明[18]」に至る。

『純粋理性批判』の組織構造において具体化されているような、この媒介理論は、ヘーゲルにとってもまだ「カント哲学のもっとも美しい側面の一つであった。それによって、純粋な感性と純粋な悟性とが絶対的に対立した異なったものと言明されていたが、それらが合一される[19]」のである。いずれにせよ、カントは、この図式論問題に中心的な役割を帰した。彼はこう書いた（一七九八年）。「そもそも図式論はもっとも困難な点の一つである。――ベック氏すらそこに見いだすことができない。――わたしはこの章をもっとも重要な章の一つと見なしている[20]」。

超越論的図式において発生的な、ないしは歴史的な問題化の可能性にとって――そのとき、カントの後継者たちによって、なかんずく若いシェリングによって、典型的に企てられるが――決定的な要素は、時間であり、「いっさいの諸現象一般のアプリオリな形式的な条件[21]」としての、時間である。なぜなら、「図式は……時間諸規定にほかならない[22]」からである。超越論的図式のこの媒介機能は、したがって、「それを経験として読むことができるために[23]」、諸カテゴリーを諸現象に適用することは、時間的に定義された事象である。シェリングは、次のように書くとき、これを一度まったく的確に精密化するだろう。すなわち、「時間は、……相互外在を廃棄し、諸事物の内的な同一性を定立する[24]」。

カントは、この超越論的な時間規定によって過程的なもの、変化を経験ないし認識の問題性に持ち込むばかりではなく、超越論的図式論の媒介機能を超えて確立、能作、実現の理念をも持ち込む。それゆえ、認識作用は、ここでは（物自体という）現実に構成的に介入することとしても概念的に把握されうる。構成としてのこの認識作用は、こうして活動的な人間によって現実を経験することを可能にすることという不断の過程を意味する。このようにして確立された経験は、今やもはや単純に経験的主体の個人的な経験ではなく、こうして超越論的主体が経験一般の対象の可能性の諸制約を実現する。

深く見据えていた、カントの若干の同時代人にとっては、超越論哲学の将来の発展にたいして、射程の長い構成性の構想がおそらく自覚されていただろう。例えば、シェリングである。かれは、「いっさいの真の構成は発生論的でなければならない[25]」と記した。バーダーも同様である。彼はこう書いている。「カント氏は、またここでも新しく始まった力動的な道で……大きな問題の解決に、すなわち、物体形成物の力動的な構成に接近することができた最初の人であった[26]」。

カントの形而上学―批判的な認識の構想は、――それはある程度驚くべきものであるが――ジャンバティスタ・ヴィーコの圏内に立っている。ヴィーコとともに、一八世紀中葉以来ヨーロッパ啓蒙哲学において、歴史的なものに向かう包括的な転回が獲得された。これへのカントの接近は、次のような注解において明らかである。「だが、わたしたちは、ただわたしたち自身が作ることができるものだけを了解し他の人に伝えることができる[27]」。あるいは「何故なら、わたしたち自身が作ることができるものだけを、わたしたちは、根拠にもとづいて了解するからである[28]」。作ることができることと歴史性のあいだにあるこの結合は、フランス革命というこの時代におけるドイツ哲学の最良の理論的な頭脳の持ち主にしかまさにほとんど明らかではなかった。――典型はふたたび、次のように書く場合のシェリングである。「だが、人間にはその歴史があらかじめ描かれていない。人間は、自分自身で自分の歴史を作り出すことができるし、作り出さねばならない[29]」と。

それゆえ、超越論哲学的な思考の潜在的な歴史性にたいして、二つの方法的な手がかりが生じる。〔第一に〕ここで歴史主義的に関心の的になるのは、媒介（総合）という事実そのものではなく、この媒介が時間的に解釈されていることである。すなわち諸概念の実現が時間化の経緯として把握され、それによって、実現され、概念的に把握された（図式化された）対象が時間化されることである。第二に、この媒介の理論が媒介されたものの創造にもとづくことである。まさしくこの意味で――歴史哲学的な系列問題の救済として――カント哲学は、若いシェリングによって思考形式の生産的な加工にたいする典型として受容される。それは、まったくプログラムとして言明されている。彼が（「独断論と批判主義にかんする哲学書簡」論文におけるように）、アプリオリな総合判断の可能性の諸条件にたいするカントの古典的な問いを、問題を確認するために、「歴史問題」（絶対者からの個別者の由来）としてもう一度立てるところで、このことが言明されている。それはまた、『超越論的観念論の体系』（一八〇〇年）にとってもあてはまる。ここでは、二つの相互に補完的な哲学的な道が、一方で、（a）超越論哲学としては、主観的なものからの客観的なものの由来を説明しなければならない。また他方で、（b）自然哲学としては、客観的なものからの主観的なものの由来を説明しなければならない。哲学は、今やかろうじて自己意識の発生を跡づけるという一つの課題を持つにすぎない。すなわち、「外的世界は、わたしたちの前に投げ出されて存在した。そのなかに、わたしたちの精神の歴史をふたたび発見しなければならない[30]」。

カントの超越論的な原理の精神にもとづくこの新しい発展史的な哲学概念は、ただちに生き生きとした実り豊かな方法的な影響を個別諸科学にたいして与えた。たとえば、文学（フリードリヒ・シュレーゲル）、自然科学（なかんずくヨハン・ヴィルヘルム・リッター）、あるいは医学（わけてもアンドレアス・レシュラウプ）である。歴史的なもののこの新しい意識によって約束されたのは、これらの諸原則が高貴な認識の獲得物であり、多様にそもそもその原則の科学化であることである。

したがって、こうして超越論哲学的には現実の発展にかんする新しい哲学的了解もまた、世界観上、ともに準備された。すなわち、「偉大な根本思想、世界は完成した諸事物の複合体として把握されるべきではなく、諸過程の複合体として把握されるべきであるという思想である[31]」。

# 第三章　後期カントにおける歴史と政治
## ——社会における平和と批判的理性の尊厳——

人ほど理性的ではない。
理性で何ものも覆わない。
理性でもってあらかじめ走り回らない。
理性をその生得の
悪しき意志に対して挟み込む。
だが認識の歪曲のためではない。
エリアス・カネッティ（一九七二年）

一八三二年の夏にライプツィッヒで、出版人フリードリヒ・ニコロヴィウスの書籍在庫が競売にふされた。そのとき、イマヌエル・カントの多くの諸論文が見いだされた。——かれの論文「永遠平和について」第二版（一七九六年）は、まだ六八〇冊の在庫があった[1]。カントの論考は、つねに比較的大部の版で（一五〇〇部以上の部数）広がったことから出発しなければならないとしても、この反故本の結果は、やはりすでに容易ならぬ購買と受容の後退を示唆している。カントの諸論考がもはや以前ほど哲学的公共性の衆目の一致するような関心に出会わなかったことは、カント学派そのものの発展とかかわっていた。カント学派においては、一七九〇年以来、C・L・ラインホルト、J・G・フィヒテ、F・W・J・シェリングとともにカント以後の新しい哲学の輪郭が描かれていた。

カントの諸論考は、もちろんいつでも放り捨てるわけには行かなかった。また平和の問題性について、ここに現にある諸解釈は、さらに同時代の平均的な政治的理解にとっては争う余地のないものではなかった。普遍的な確信を原型的にはすでに若いヴィルヘルム・フォン・フンボルトが表現したのだが、この論文は、なるほど「非常に才気あり、また非常に想像力と熱意をそなえて」書かれているが、しかし、もちろん「かれの初期論文によってすでに与えられていた……いかなる唯一の理念をも」含んでいなかった。そして「何度も現実にあまりに鋭く姿をのぞかせる形式民主主義は、今やわたしの趣味にはあまり適っておりませんし、同様にたしかにあなた［シラー］の趣味にも適っておりません(2)」。ところで、カントのより原則的で哲学的な熟考は、いつもすでにここで意見の異なる人であるようなあり方をしていた。それは、形而上学の基礎の危機についての、かれのテキスト（一七八一年と一七九〇年のあいだの三つの偉大な批判）にかかわり、ならびについで一七八九年以来の革命の一〇年間に人間と人類の政治的、社会的そして歴史的な位置についてのかれの熟考にかかわっていた。

今やフランス革命のあとで、人類のさらなる進歩にたいして、まったく新しい歴史哲学的で社会的な展望が開かれた。そのさい中心的であったのは、持続的な平和における将来の国家間の共同生活を可能にすることであった（アンシャン・レジームにおいては端的にユートピア的であった考えである）。なぜなら、共和主義の新しい国家形態によって、法意識、法制度において、また政治的決定と国家的遂行の透明性にかんして一つの進歩がなされたのであり、それは新しい歴史哲学的な希望を保証するように見えたから。

バーゼルの単独講和（一七九五年四月五日(3)）は、プロイセンとフランス共和国のあいだで合意された（そしてそれによって、プロイセンは、革命的なフランスにたいするヨーロッパ列強の反革命的な最初の同盟から離脱した）。そして新しい革命的政治の最初の輝かしい証明として現れた。この単独講和は、カントの「永遠平和について」という論文の外的動因であった。バーゼル以後の軍事的、政治的な状況は、当然本来このように鋭い題目にほとんど誘因を与えなかった。――プロイセンがライン河左岸を断念すること、けっして安定していないフランスにたいする残りの連合国の軍事的圧力（そしてプロイセンにたいする帝国の裏切り者という非難）、そしてほかの多くが、やはりせいぜい戦争の中間時代を希望させたにすぎなかった（それは、そのとき実際たんに王国的には一〇年間持続した）。

一七九五年八月一三日に、イマヌエル・カントは、出版者のフリードリヒ・ニコロビウスにかれの論文を渡した。この論文は、次いで同じ年の九月に刊行された。

この仕事は、歴史的には、戦争をなくし諸民族間で永遠の平和を確立するための道と手段にたいする問いに捧げられている最初の論文ではない。戦争と平和の問題は、進歩的思想家をいつの時代も動かした。そしてすでに古いインド哲学においても、また古いギリシャ哲学においても、わたしたちは、戦争の有罪判決と、永遠の平和にたいする倫理的な議論に基礎づけられた問題設定を見いだす。中世においても、永遠平和の理念は、アラビア哲学において更に展開され、たとえば、アル・ファァラービ（八七〇―九五〇年）の論文において、また一三二四年のマルシリウス・フォン・パドゥアの「平和の防衛者」の仕事などにおいて展開される。

ヨーロッパ・ヒューマニズムの成立とそれに続く市民的啓蒙主義の展開は、同様に永遠平和の問題の取り扱いにつながった。それは、多くのほとんど間断なく続く、ともかく経済的に弱い状態で発展したヨーロッパ諸国を荒廃させ、零落させた封建的諸闘争にたいして、第三階級の抵抗を反映した。永遠平和の理念を基礎づけるために捧げられていた初期市民的ヒューマニズムの諸論文のもとで、もっとも有名なものは、ロッテルダムのエラスムスの論文「平和の訴え」（一五一七年）である。一六世紀には、ドイツにおける宗教改革の左翼イデオローグであるセバスチアン・フランクが、一つの論文（「平和の戦争本」一五三九年）を同じ主題に捧げた。一五二五年の農民戦争を抑圧者にたいする抵抗として規定することによって、フランクは、社会的不正義の存在のうちに戦争の主要原因を見た。

有名なチェコの思想家、ヤン・アモス・コメニウス（一五九二―一六七〇年）は、そのいくつかの論文において（「人類にたいする人間的支配についての改良されたカトリックの判定にかんして……」一六五七年など）戦争を禁止し、平和な共存と共同作業の諸条件を定式化するべき国際的契約の締結の必然性を証明した。アメリカ合衆国では、W・ペンが「ヨーロッパの現在と将来の平和への論文」（一六九三年）で、同じ理念を展開した。一七一二年には、フランスの指導的な市民的啓蒙主義者の一人、サン・ピエールが、かれの「ヨーロッパにおいて永遠の平和を作るための計画」（三巻、一七一三／一七一七年）を公刊した。ここで、かれは、戦争を阻止し、平和の安全のためには崇高なヨーロッパ諸国家の同盟が必要であることを基礎づけた。サン・ピエールの諸理念は、J・J・ルソーにたいして大きな影響を与え、その影響は、たとえば、ルソーの死後、一七八二年に公刊された「永遠平和のための判断」という論文で明白である。(4)

カントの論文「永遠平和について」は、この主題についての先行する哲学的諸論文から本質的に区別される。カントは、戦争の道徳的な有罪判決と永遠平和を確立しようという要求に制限するのではなく、専制政治という欠陥ある法体制において戦争が不可避であることを証明しようと試みる。この試みにおいて、二重に議論が主張されることができる。――倫理的議論と社会学的議論である。『実践理性批判』から出発して、カントは、定言命法が人間に国家の創出を根源的な社会契約によって指示し、ならびに国家間の永遠平和をも、指示するという見解を持っている。カントによれば、その現実化がただ人類の歴史的展開の結果でのみありうる純粋な、道徳的意識のこの克服しがたい要求は、けれども、一つの当為以上のものではない。そしてカントは、――それは、彼に斟酌してやらなければならないことであるが――道徳的要素の不十分さを完全に認識している。しかし、そのとき、永遠平和を確立することを（カントが考えるように）不可避にするのは何であろうか。

この問いにたいする回答のために、カントは社会学的な議論を、（たとえ萌芽においてのみであるとしても）客観的な歴史的必然性と合法則性の理念を含んでいる社会学的議論を必要とする。カントは、次のような問いを立てる。すなわち、人間から独立した、かれの生活の条件は、かれ自身の理性が人間に義務づける目標の達成のために何をなすのか。言い換えれば、どのような仕方で客観的諸条件が、人間を、かれが自由の法則にしたがってなすべきものに、あるいはなさないものに強制するのか。当然、人間的活動によって、社会的生産によって生み出された客観的な諸条件、諸前提が問題ではないことが注意されなければならない。すなわち、カントは、自然主義的な問題設定の限界内にとどまっており、そして、それにしたがって、社会的進歩と永遠平和の確立を保証する人間的本性の客観的メカニズムについて語っている。カントは、そのさい人間のあいだにある敵対について語り、人間の利害の衝突について語っている。そしてそのさい、逆説的であるとしても、戦争について語っている。カントによれば、戦争は、わたしたちの衛星をこえて人間を拡大することに通じ、人間をして、その相互関係を彼らによって生み出された特殊な法則と規範の助けで統御するように強制した。人間的諸個人のエゴイズムは、人間をして敵対させ、けれども、そのエゴイズムは、共同と相互支援の関係にはいるように強制する。同様に、そのエゴイスティックな関心が相互に対立して働くとしても、それにもかかわらず、まさしく固有の目的を実現するという目的のために強制する諸民族間の関係に関係している。法的規範を確立し、その遵守を憂慮すること、すなわち、定言命法を理性に要求するように行動することである。

人間的存在者の生得的な善——若干のカントの先行者が素朴に信じたように——ではなく、諸個人とその相互関係における不調和の、否定的なものの、悪の自発的な発展が、カントによれば、不可避的に不調和と社会的災厄一般の克服に通じる。このような問題設定は、疑いなく、『実践理性批判』との比較において、前に向かっての一つの歩みを意味する。そこで、カントは、善意志のもとにとどまっていた。その完全な実現を、かれは、ただ彼岸の世界においてのみ可能であるとみなした。かれが、「自然の賢知（Weisheit）」について語るとき、この賢知は民族を一つにし——自律的にし——、権力と戦争を保護しないのだが、カントは、〔自然の賢知のもとで〕人類史の経過で実現される神的摂理を、あるいは予定調和を考えない（このような考えは、カントの教説によれば、神秘摂理あるいは予定調和の考えに固有の本性にもとづいて経験の限界を乗り越えることができない理論理性と一つにならない）。そうではなく、むしろかれの見解では認識できないが、しかし、人類の発展の自然的メカニズムを意味する。この自然のメカニズムに負わなければならないのは、自然が人間的諸傾向そのもののメカニズムによって、実践において達成されうる永遠の平和を保証し、この目的のために働くことを義務となすことである。

「永遠平和のために」という論文は、カントによれば、諸国家間で締結されるべき国際的な契約の構想の形式で書かれている。論文の第一部は、相互的な安全性のうちに一般的な枠組み、ないしは理性的な国家間の共同生活の諸条件と諸関係様式の不可欠条件を含む「予備的論文」を定式化する。論文の第二部は、この国家間の安全性と信頼の枠組みをそのとき持続的なものにする定義的論文を含む。ここで、カントは、永遠平和の国家法的な条件、およびすでに社会的でもある諸条件にたいする問いを立てる。第一条件は、カントの意見では、国家の共和国的な形式の規定性でなければならない。それは、法の純粋概念に対応する唯一の国家形式である。この法の概念は、社会のあらゆる構成員の自由を個人として、また統一的な普遍的立法への彼らの平等な依存、法の前における彼らの平等を保証することができる。共和国の主要原理は、カントによれば、権力分立の理論を継承して、立法権と執行権の分離である。カントは、共和国を専制主義に対立させる（しかし、この専制主義は、徹底して共和主義的な価値を確立することができる立憲君主制ではない）。この共和国は、カントにとって、統治の一形態であるが、原理において君主制の国家形態と（さまざまな変容において）おそらく両立可能であるが、しかし、国家形態としての民主主義とは、徹底して両立不可能であろう。この民主主義は、不可避的に専制主義に通じる。だが、これは直観的に大変固有の、首尾一貫しない共和主義的な、カントの観点を示している。この観点は、個人的自由、法の支配、そして法の前における市民の平等を保証する、民主主義的な能力にたいする不信と混合されている。ドイツの市民的到達度の弱さ、封建的な社会秩序を革命的に変革することにたいする彼らの政治的、精神的無能力、法的領域の過大評価、それがこのカント的構想の社会的根源である。

第二の定義的項目において、国際的な、永遠平和を保証する法の基礎が話題である「自由な諸国家連邦」のもとで、カントは、世界政府との統一的な国家の全体へとさまざまな国家を連邦的に統合することを理解するのではなく、諸民族の同盟を理解する。だが、この同盟は、――カントがはっきりと強調するように――「いかなる民族国家」でもあるべきではない。カントは、このような「民族国家」において諸民族を統合することによって、（歴史的につねにすでに抑圧された）一定の諸民族の抑圧に至ると考えている。カントは、こうして、封建主義と市民社会の発展過程において示された歴史的傾向を正しく固定し、進歩的市民の利害を表現することによって、本質的に見て新しい独立した諸国家の創造に至る、民族自決権〔nationale Selbstbestimmung〕にたいする諸民族の権利を定式化する。こうして、首尾一貫しているのは、この項目がそのつどの植民地主義にすでに有罪判決を下していることである。

「永遠平和のために」というカントの論文は、一八〇〇年前後の革命時代の社会的変革状況において、歴史的に進歩的で、政治的な意味と革命的なユートピア的な性格を持っている。その市民的限界性にもとづいて、カントは、諸国家が存在し、それらの本質が一つの階級がほかの階級を支配することのうちにあり、その経済的な基礎が生産手段にかんする私的所有であるかぎり、戦争が完全に取り除かれることができないということを理解しなかった。永遠の平和は、諸国家間における（法的関係の）由来の結果ではあり得ない。これらの敵対的な社会的諸関係が、それらのあいだの矛盾をも生み出す。それゆえ、法は、カントの観念論的な考えにたいして純粋実践理性のいかなる具体化でもなく、法にまで高められた、政治的に支配的な階級意志を表現する。

当然、いかなる国際法も戦争の可能性を阻むことができない。階級も国家も人間間の諸関係の法的な統治も存在しないような階級のない共産主義的な社会においてはじめて、カントが語る民族同盟が、人類全体の統一がすべての戦争を排除する可能性の条件であるだろう。それを度外視すれば、カントの疑いない貢献は、非常に現実主義的な問題設定を（永遠平和の諸構想の初期の著者たちとの比較において）、すなわち、国家のあいだの戦争を阻むとされる法的諸条件にたいする問題設定を、磨き上げたことである。

カントの永遠平和の理念は、人類の不断の進歩というかれのテーゼのうちに埋め込まれている。そのテーゼが、彼の歴史哲学の基本思想をなしている。カントの歴史哲学は、二つの契機を不可欠の前提として持っている。すなわち、歴史には、自然におけるとまさしく同様に、合法則的に生起するという確信であり、また人間の行動においては——自然の隠された計画として——、いつも理性によって指導された行動の痕跡が認識可能になるという確信である。このテーゼの妥当性を、カントは、過去、現在そして未来にたいして要請する。この意味で、カントの歴史哲学的な努力は、社会的発展の法則を認識することに向かっている。カントの歴史哲学において、わたしたちは、かれの実践哲学を総体として遂行するヒューマニスティックな傾向にであう。カントは、普遍的な道徳化、すなわち人類の完成に向かって努力する。——社会は、「道徳的全体」になるべきである。そのさい、人類の道徳化の過程は、人間の文化化と文明化といういっさいのこれまでの歴史的に伝承された諸形態よりも高いところで始めることができる。人類の道徳化へのもっとも効果的な手段を、カントは、啓蒙主義のうちに見る。それで、カントは、自分が生きているその時代を啓蒙主義の時代として理解する（若干の同時代人がほとんど精神を高揚させて構想したように、すでに啓蒙化された時代としてではない）。啓蒙主義の過程で、人間は、その自己に責任がある未成熟から解放されなければならない。カントは言う。未成熟は、彼自身の悟性そのものを使用することができないことである。この状態を唯一終わらせることができるものは、「固有の理性を公共的に使用することである。……世界に公共的に呈示することである」[5]。カントは、かれの歴史哲学的な思想が、科学的に基礎づけられ、経験によって確証された、歴史そのものの経験的な過程から獲得された諸言明であるよりも、むしろ仮説であり、実践的―道徳的な要求であったことを知っていた。しかし、かれは、当然世界史のうちで、とりわけ最近の、理性の象徴すなわちフランス革命のうちにいた。これは、人類のうちにある道徳的な傾向が不可避的に示したできごとであった。フランス革命にたいするカントの態度は、かれの総体的な哲学一般と一致している。それは、退職年金によって保護された停年退職した者の態度ではない。このような態度は、また市民的勇気をも要求する。

実際、カントにとって、かれの時代のドイツ市民に適切な自由論を展開することがうまく行く。フランスとイギリスの啓蒙主義によって影響を受けていたカントは、ヒューマニスティックな仕方で、どんな制限もなく、人類の運命にたいする問いを、この人類が不断の進歩においてより良いものに動くというところまで強調する。かれによって主張され、格闘するブルジョアジーの意味において、自由、平等そして正義、人間の尊厳、永遠平和などの、世界観的に基礎づけられた理念は、かれの哲学の枠組みにおいて、統制的な理念であり、おそらくけっして完全に現実化されるべき状態ではあり得ないだろう。だが、カントの意味における批判哲学は、この要請のために不断の想起を生み出さなければならない。

かれの論文「永遠平和のために」でもって、カントの理念は急激に革命的なフランスに到達した。そしてカントと有名なシエイエスのあいだの書簡の交換を確立する試みがなされた。この接触は、一七九五年にフランス革命のために雇われていたプロイセンの外交官で、ユグノー派の出自を持つC・G・テレマンによって仲介された。カントがシエイエスとのこのような接触を拒絶したという主張が、一八〇四年のヤッハマンのカントの伝記では叙述された。だが、それとは異なって、新しい原典の発見は、反対にこのような接触(6)にたいする、カントの生き生きとした関心を証拠立てている。

若いフランス共和国において、「永遠平和のために」という論文にもとづくカントの政治的諸理念は、感謝の念を持って受け入れられた。というのは、国家的自律を強調し、介入原理の拒絶を強調し、あらゆる国家市民の画期的な自由意志にもとづく武器を行使することによって常備軍を撤廃するという提案によって、また普遍的な公開(いっさいの公共的権利の根底には、カントによれば、端的に可能性としての公開―能力が存するから。これこそがいっさいの公共的権利の「超越論的公式」である)の原理を強調することによって、平和論文が示すカントの政治的な格率は、新しい革命的な国家形態のイデオロギー的に歓迎される支援者として理解されるにちがいないだろうから。パリの「世界報知」において(一七九六年一月三日付)発表された「永遠平和」一般についての最初の書評においてすら、それに応じて高揚して、次のように記された。「ドイツで精神的な革命を生じさせたのは有名なカントであった。この精神的な革命は、フランスにおけるアンシャン・レジームの悪習を実際生じさせた人々に似ているのだが、この人物は、かれの名前の重みで共和主義的な憲法の事柄を想定した」(7)。

カントの「永遠平和」の受容にかんして、ドイツでは理論的に新しい水準で集中的な仕方で、革命理論的上の諸問題が議論されている。この主導的な遂行によって、カントは、またドイツの学問的で政治的な思考の直接的な刺激者にもなる。一八世紀の九〇年代に、驚くべき仕方で、なおこれにかんしてすらカント自身に向けられた要求は、こうであった。「さらになおかれに期待されたのは、政治学の体系を完全に確立することです。それを、かれは……みずからを公共的な教師として指摘しました」(8)。カント理論の追従者にして継続者、あるいはフィヒテ、フリードリヒ・シュレーゲルそしてゲレスのような共感者と理解される思想家たちによって、当時、カントの平和論文のテーゼとの議論の文脈で生じるのは、理性的な国家形態とは何であるか、国家と憲法の関係、そして法と革命の関係はどのようであるかなどを問うことにかんして追思考することにおける根源化である。

一八世紀の終わりのドイツ哲学は、こうしてフランスの革命とカント主義という哲学的革命のあいだの緊密な連関から決定的な刺激を受容する。古典的なドイツ市民哲学の地位は、フランスにおける大きな事件が投げかけた諸問題とその代表者たちが実り豊かに対決することによって達成された。ライン川の彼方で生じた革命的変革にたいする個々の思想家たちの反応は、当然非常に異なっており、つねに歴史的に具体的である。これは、すでにそこから生じる。というのも、すでに定まったフランス革命はけっして存在しなかったし、同様にすでに定まった古典的な市民的ドイツ哲学というものも存在しなかったから。フランス革命は、すべての歴史的事件と同様に、その放射と影響をともなって、複合的な現象であった。すなわち、フランス革命は、複合的な現象として、本質的にそのつど支配権を獲得した階級の党派、政治グループなどによって規定され、刻印される諸段階、諸階層、発展段階からなる。

九〇年代のカント政治理論の圏域における後継者たちは、厳格になおカント自身のもとで現存する、一切の懐疑的で人間嫌いの、時代との不整合を回避する。ここで、なかんずくフィヒテの作品は、きわめて直接的に、またきわめて持続的にフランスにおける革命的な事件の経過とイマヌエル・カントの思考形式の革命によって影響を受けている。偉大な革命的な事件にたいするフィヒテの諸関係は、革命のまったく規定された段階にあてはまる。ジャコバン主義者たちの革命的—民主主義的な独裁の段階である。フィヒテは、とりわけ革命の権利を革命への義務にまで拡大する。すなわち、国家がまったく明白にその理性の地位に矛盾するとすれば、ある民族は変革への権利を持つばかりではなく、変革への義務をも持つ。しかし、これは、一八世紀の最後の一〇年間におけるたいていのヨーロッパ諸国家の国家体制の事態である。このさい、フィヒテは、また革命という現象を取り扱う、すべての理論の決定的な問題に回答することに達する。すなわち、革命的権力の使用にたいする問いの問題である。この問いに回答するさいに、フィヒテは、ロベスピエールに接近している。フランス革命とその理念によって行使された、ドイツにおける社会的政治的状態にたいする批判にフィヒテが介入することは、かれをただちに反動との困難に導き入れる。そして、これはそのとき、不快な思想家がまもなく知識人の共和国と公爵領から追放されるより深い根拠である。

フリードリヒ・シュレーゲルの場合には、共和主義の概念は、将来の理性的で普遍的な社会の歴史哲学的で革命理論的な連関点の中心になる。「わたしは、心から批判に飽き飽きしています。そしてさまざまの革命にたいする信じられない情熱で働くでしょう。……わたしは……共和主義にかんしていくぶん通俗的なものを書くでしょう。……わたしは、はじめて政治に耽ることができる場合に幸福でしょう。……わたしは、あなたに、わたしにとって共和主義がなお神的批判ときわめて神的な詩作よりもいっそう切実な問題であるということを拒むつもりはありません」[9]。

ここでは、シュッツ、ハイニッヒ、そしてゲレスの場合のように、後期啓蒙主義の諸理念は、フランス革命の印象のもとで革命的―民主主義的な仕方で変質させられる。すなわち、――たとえばハイニッヒは――啓蒙主義の原初的価値が救済されるとすれば、「下からの啓蒙主義」に到達しなければならない。そのさい、レッシングとコンドルセのような最も重要な古典的啓蒙主義的な著者たちもまた、世界観的に進歩的であり、理論的に深く基礎づけられた権威として固有の議論へと組み込まれる。

現実に画期をなす、世界史的な事件としての革命にかんする経験がますます大きくなって、その事件は――その発展の威力性から、また権力性から見て――ほとんど自然法的に挙げられるべき諸経過と結論へと動くのであるが、もちろん他面で、救済の期待が登場することを要請し希望することが大きくなってくる。「共和主義的国家同盟の主要課題は、戦争を阻止することである。……［けれども］共和主義的な国家形態にも平和への傾向が、内在している。その一方、専制主義が、その本質から見て、不断の戦争をみずからに引き寄せる。こうして、いったいに、「普遍的平和」の理論家は、その平和の計画の取り決めと、その敵対的国家に課された、多くの場合、まっとうに素朴に要求する諸条件と保証によって、専制的な権力保持者たちと手を結び、共和国的状態を強めるよう努力している」[10]。ここでは、まったく明白に永遠平和というあの理念の持つユートピア的な潜勢力が、解き放たれる。この永遠平和が持つ潜勢力は、カント自身においては、なお批判的な法哲学的なプログラム性に組み込まれていた。より後のイデオロギー的なフリードリヒ・シュレーゲルとヨーゼフ・ゲレス（一八〇〇年以後）の転換は、この希望と対立した歴史的諸経験のうちに過小評価することができない精神的な原因を持っている。

フリードリヒ・ゲンツの影響力ある論文「永遠平和について」は、後期啓蒙主義的な公刊物一般の傑作であるが、この論文において、カントの平和論文の影響史における最初の五年間が輝かしい完結を見いだす。ゲンツは、この論文でなお強く重要なドイツの啓蒙主義者ガルヴェの理念によって、またカントの論文「永遠平和について」の評価という特殊な場合に、若いヴィルヘルム・フォン・フンボルトによっても影響を受けている。そのほかの場合に、ゲンツはイデオロギー的にエドムント・バーク（その翻訳者がゲンツであった）のまわりに集まる革命批判的な保守主義にもとづいて方向づけられている。

ゲンツのこの論文でもって、当時、また構想的にもいっさいの重要な諸次元が、根源的なカントの平和論文にたいする賛同と反対がすべて、即興に演じられている。だが、世界市民的にユートピア的なものと革命的に理性的で要求的なものが、ゲンツによって、同時に首尾一貫して、直接的―実践的に時宜に適ったもののブルジョア的な尺度に還元される。またこうしてここで差し迫る革命後の、政治的安全にたいするブルジョアジーの欲求が、（実験なしに）反省される。こうしてゲンツは、同時に市民革命の勝利後の段階で、ヨーロッパ啓蒙主義の社会理論的な諸表象の進歩の理念に終結を記す。

理性は本において終結してはならない（そして図書館で終わらせてはならない）。そうではなく、理性は、制度形成的でもあるべきである。――この指導的な考えで、カントはフランス革命の持続的な印象のもとで、他者の指導なしに、自分の悟性を使用できなければならない「自己思想家」にかんする、その啓蒙主義の構想を完成させた（一七八四年）。彼の哲学的思考の道の終わりで、カントは、今や一七九八年にこれらの観点のもとで「学部の争い」において、大学改革の理念を構想する。この政治的指導思想は、フランス革命から借りられている。すなわち、それは、共和主義の理念である。

共和主義のモデルは、国家と法的に正確に法典化された、両権力の意志疎通における両権力の十分定義された資格上の分立（立法権と執行権）のうちに、その本質が存している。このモデルは――類推として――、精神の王国においても、すなわち大学においても、自由と平等という新しい理念に生産的な意味を生み出すことができる。（国家における）両権力の関係は、ここでは今や同権的な諸学部の関係として現れる。これらの学部は、――全体として――理性的な学の生産を保証することができるために、合意形成にいたるべく緊急に促されている。それゆえ、この「学部の争い」は、ここでは――ほとんど良く知られた――学者のあいだの確執ではなく、公共的な議論の一つの制度である。この制度の目標は、学問的な行為とその成果にかんする自己意識を獲得することである。

カントは、『純粋理性批判』で理性能力を解剖するさいに、悟性（規則を介した諸現象の統一への能力）と理性（諸原理のもとでの悟性規則の統一への能力）へのあの重要な差別化を企てた。この差別化は、今や諸学部相互の新しく構想されたこの関係において、くりかえされる。すなわち「三つの上位学部の職務者」の悟性的思考と哲学の批判的理性（伝統的に「下位」学部としての）との抗争に戻っている。

大学経営の内部で――ほとんど自然発生的に――、一八世紀までの伝統的形而上学が、本来的な専門研究にたいする入門教育の地位を持っていた。この「本来的な」諸学（神学部と法学部 ancilla theologiae et jurisprudentiae）にたいするはしため（Magd）として、伝統的形而上学は、その機能を「下位の」学部として果たしていた。哲学部は、いくつかの教授職を自由にすることができた。弁論術、歴史、数学、形而上学、倫理学、詩学などにたいする教授職である。普遍的な方向づけは、そのさい（すくなくとも、プロテスタントのドイツの大学において）諸学の古いアリストテレス的な分類であった。

異常に高く評価されている神学の学位とは異なって、この神学の学位は、同様に高額の授業料を要求され、一般にしばしば企てられてもうまくいかなかったのであるが、この神学の学位授与（神学の学位を獲得することは、当時、つねに神学的な専門ジャーナリズムにおける公共的な評価を得るチャンスであった）とは異なって、哲学部の修士の称号は、特別の名声を得ることにはならなかった。これは、（また神学徒の場合にも）研究の不可欠の義務の完結であった。哲学部の教授職も（教授たちも）、たいてい神学者であった（彼らは生涯「上位の」——神学部への昇格を望んでいる）。このような教授たちの課題は、基礎学を伝授することに限られていた。対応するのが、その市民的な評価でもあった。

とりわけ、まさに形而上学の（またそれによってあの「下位の」学部一般の）学問的、理論的な状態が、ほとんどより良い評価を得ることができる資格取得を可能にすることができなかった。このような状況を嘆こうとしても、啓蒙主義の経過において、またまったく強制的に形而上学の認識資格がますます疑わしくなった。それは、「永遠の相のもとで（sub specie aeternitatis）」という形而上学的な命題として定式化されたとき、それはいっそう影響が大きかった。いっさいの批判のもとで完全に、結局のところ、イマヌエル・カントは、形而上学の状態と要請を見いだした。「たとえば、いったいに、状況はそのようにめったにないことなのか」。リヒテンベルクもまた哲学的な平均水準のあの精神状態を嘆いた。「この状態においては、哲学的思考は、哲学を拒絶しているのか」[11]。

形而上学的な問いを取り扱うさいの主要欠陥として、カントは、関与する党派にもかかわらず、「この学と勘違いしているものには、真理と仮象の確実な試金石が欠けている」[12]ことに気づいていた。こうして、カントは、

『純粋理性批判』の前書きで一般的な「時代の流行音」として、形而上学の軽侮にたいする確証を行なう。すなわち、「形而上学は……必要がないか、あるいは不可欠とみなすべきか……客観的に考えてみた」(13)。

それにもかかわらず、特に笑うべきは、今や、知的にはそのように解体した形而上学が、広くいかさま師の素質があるものにおいて広がったことであった。専制主義の真剣で専制的な知ったかぶり（合理主義的なヴォルフ学派の形態で）が、また穏健な、常識にもとづく通俗哲学（メンデルスゾーン、ズルツァー、プラトナー、フェーダー、アブト、ガルヴェ）が、嘲笑的でときおりニヒリズム的な懐疑主義――「一つの思考様式、そこで理性が強力に自分自身にさからって振る舞う」(14)――と不断に不和であった。このように振る舞われた状況から哲学を助けたのは、伝統的な教授概念のたんなる改革ではなく、まさに根本的な「思考様式の革命」にほかならなかった。――一七七〇年以後、あらゆる形而上学的思考様式にたいするこのような基礎的な批判の輪郭が描かれる。――著作は、さしあたって「感性と理性の限界」と名づけられるはずであった（レッシングのラオコーンから借りられた題目である）。カントは、長いあいだメンデルスゾーンやテーテンスのような重要な思想家によってこの企てが支持されることを望んだ。……「しかしながら、この優れた人物たちは、砂漠を耕すことを避けようとしております」(15)。作品が最終的に言われたように、『純粋理性批判』は、認識理論としての学的哲学を人間にとって実践的――感性的に把捉された現実に向かわせた。それでカントは、認識の妥当性の諸条件を追思考する衝撃を与えた。というのは、それは、依然として形而上学的命題においてもっとも腹立たしいものであったから。すなわち、認識の妥当性の諸条件は、すべての検証可能性から引き出されたということである。カントは、普遍的なものの実践可能性を救い出そうとする。くわえて、かれは、人間にとって現実の「全体」が、全体としてはけっして経験できないことを不断に思い出さなければならない。形而上学批判につづいて、カントは、哲学の学問化の過程を発動した。この過程は、さらに働き続け、——それがイデオロギー史的に重要になるのであるが——哲学の専門化がますます進行し制度化することに通じた。

理性の自己批判は、これらの問題〔哲学の専門化と制度化——訳者〕がふたたび厳密な手段で真理問題を決定的に立てることができるようにした。それによって、超越論哲学にとって、批判理論として社会の精神的文化に介入することが、今やまったく新しい仕方で可能であった。この有益な介入は、諸学における、また生活における、とりわけ先入見（認識作用、思考作用そして信仰することと希望することとの念入りな分離）からの確認の可能性にであった。これをカントは、輝かしくやり遂げることができた。というのも、かれは、「仮象の論理」をかぎつけたから。しかし、それによって、カントは、啓蒙主義の対応する努力を、結局概念化することができる。すなわち、「自律、すなわち一面で、理性の活動的な自己規定としての自己思考、そして他面で、他律、すなわち受動的理性のほかからの規定としての先入見、なかんずく迷信である。——それは、公式的に要約すると、人間の選択肢である」[16]。

「下位の」学部にたいする持続的な利点は、また経験諸学がここでその最初の保護を獲得し、そのさい、次いで哲学もまた、たとえばこの領域で現れる変革によって、たとえば学問的な方法の場合に行われた変革によって利益を得ることができたことであった。批判的な要素は、ここではこれにかんする革新の多様な経験によって強く促進された。

「学部の争い」において、哲学の政治的な位置は、批判的理性として正確に呈示されている。「上位諸学部の階層は（学者の議会の右翼的側面として）統治の諸規約を防衛する。それにもかかわらず、存在するに違いないのと同じく自由な、真理が問題である体制において、また対立の党派も（左翼的側面）存在しなければならない。それは、哲学部の岩層である。というのも、その厳密な検証と反論がなければ、……統治は必ずしも十分に教訓を得ることがないから(17)」。

これは驚くべき言葉であるが、しかし首尾一貫して、思考様式の超越論哲学的な革命の最後の言葉であり、またイマヌエル・カントの政治的遺言でもある。哲学は左翼に立つと。

このような事態のもとで、カントがとりわけ九〇年代に、フランス革命の数年のあいだに、プロイセンで、その当局と、とくに検閲について問題を起こしたことはまったく明らかである(プロイセンの外部で、すでに一七八六/八七年に、ヘッセン州では、カントの諸論文が発禁処分されていた)。

一七八八年夏(七月三日)に、フリードリヒ二世の死(彼は一七八六年八月一七日になくなった)以来、統治者である新しいプロイセン国王、フリードリヒ・ヴィルヘルム二世(フリードリヒ二世の甥)は、自由の感情を持ち、文化的に開明的な大臣カール・アブラハム・フォン・ツェードリッツ(カントは、一七八一年に、かれに『純粋理性批判』を献じた)を解任し、ヨーハン・フリードリヒ・ヴェルナーを補任した。六日後(一七八八年七月九日に)すでに、新しい、異常に先鋭化した宗教的な憲法が、プロイセン国家のために公布された。一七八八年一二月一九日には、この宗教勅令が、それに応じて鋭い検閲の規定によって補完された(その検閲の基礎づけのために挙げられたように、「出版の厚かましさに変種した出版の自由」を食い止めるために)。ヴェルナーによって、一七九一年四月には、最高検閲局として、「直接検査委員会」(それには、神学者ヘルメス、ヴォルタースドルフ、そしてヒルマーが属した)が任命された。

カントとの最初の対決に至ったのは、一七九二年に哲学者の若干の宗教哲学的な論文(それは、次いで一七九三年に「たんなる理性の限界内の宗教」論文に統合された)が「ベルリン月報」のために書かれたのだが、この論文がかの三人の合議団に提出されざるをえなかったときである。本来、カントはこの論文を提出することを必要とは考えなかったろう。なぜなら、「ベルリン月報」は（ベルリン啓蒙主義のほかの大機関である、ニコライの「一般ドイツ叢書」と同様に）、一七九二年始め以来プロイセンのそとで、イェーナにおいて（ヨーハン・ミヒャエル・マウケ出版社のもとで）刊行されていたから。しかしながら、義務に忠実なカントは、彼の国家市民としての統合性にたいする、きわめてかすかな疑いも生じさせたくなかった。編集者ビースターが、検閲に見本を提出するさいに、送り状で次のように論じるように、である。「あたかも彼が文献的なやみ商売を進んで行い、厳格なベルリンの検閲を故意に回避するさいにのみ、鋭い意見を表明するかのように(18)」である。

ベルリンの検閲局は、それにもかかわらず、当然出版認可を拒絶した。だが、カントの宗教論文は、そのとき、やはり一七九三年にケーニヒスベルクで、フリードリヒ・ニコロウィウス出版社で（イェーナの哲学部が――当時カント主義の牙城であった――ふさわしい鑑定書を作成した）刊行された。そしてこのケーニヒスベルクで刊行したことによって、カントは、そのとき真に王の叱責を喰らった。すなわち、「このうえなく慈悲深い格別の命令」（一七九四年一〇月一日付）が、哲学者に最高審級上すべてのそれ以上の宗教哲学上の出版の公刊を禁じた。――「学部の争い」への前書きで、カントは、そのときこの経過をこれに関係する国王との往復書簡で公にした。

この検閲という奸策に、カントは、続く数年のあいだ、さらに晒され続けた。そして「学部の争い」の公刊もまた、このようにして延期された。というのも、（より後の草稿全体の）最初の二つの部分がそのつど分離して検閲団に届けられ、拒絶されたからである。カントは根気よくより平穏な時代（以前なら、またほとんど「文書による警察当局権力の誤用を叱る(19)」ようなことはなかっただろう）を望んだ。この平穏な時代は、フリードリヒ・ヴィルヘルム二世の死後（一七九七年一一月一六日に）まもなく、それにくわえて大臣ヴェルナーもまた解職され、その出版を制限する勅令が廃止されたときに開かれるように見えた[20]。「反啓蒙主義的な支配の終わりは、フリードリヒ・ヴィルヘルム三世の政府への登場とともにやってきたかに見えた。かれの登場にかんして……カントは、かれが啓蒙主義の伝統に立っていることを知っていると考えた。けれども、個人にたいする希望は、支配の整合性にかんして、ただほとんど維持されないことが証明された。カントが――短時日に正当にも――『学部の争い』への前書きでなお新しいプロイセン国王の自由主義的な統治を賞賛する一方で、プロイセンの外では、すでにフィヒテにたいして、いわゆる「無神論論争」において神学的―政治的審判がなされた。無神論者が罰せられ、民主主義者と考えられた。そしてフリードリヒ・ヴィルヘルム三世自身はどうか。シュタイン・ハルデンベルク改革の時代におけるかれの分裂した態度は十分に知られている[21]」。

「学部の争い」の個々の断片は、異なった時期に生じている。最初の章（「哲学部と神学部の争い」）は、一七九四年に由来する。そのとき論文全体を捧げるフリードリヒ・シュトイドリン宛の書簡（一七九四年一二月四日付）で、カントはこう書いている。「わたしは……『学部の争い』という題目のもとで、一つの論文をすでに数年前から完成して、てもとにおいてあります。それをあなたにお送りするつもりです。その論文は、わたしには興味あるように思われます。といいますのも、その論文は、国家宗教のあらゆる問題を神学部の判決の前に引き出す、唯一学者であることの権利を明るみに出すばかりではなく、哲学部の神学部にたいする対立を延期することを許すようにも見えますから。……ところで、この論文が本来たんに公開を目的としたものであり、神学的ではないとしても、……やはりわたしは、たんに、この論文ばかりではなく、諸事例をほかの人が引用するためにも、それは、現在、大きな権力に立っているわれわれの地の検閲がそれと異なっていることをそれにたいして示唆し非難しようとしていることをわたしはやはり恐れなければなりません。したがいまして、わたしは、この論文を

〔出版することを〕、近づく平和がおそらくまたこのわたしの側に無実だという判決の自由をいっそう引き起こすだろうという希望において、なお差し控えようと決意しました」[22]。この論文を、「宗教と道徳の哲学のためのゲッティンゲン月報」で公表しようというシュトイドリンの後の提案（一七九六年三月六日付）にも、カントは同意しなかった。

第二部分（「哲学部と法学部の争い」）は、一七九七年秋に完成した。この論文の第二部分の運命にかんしては、カントは、ヨーハン・ハインリッヒ・ティーフトルンクに宛ててこう書いている（一七九八年四月五日付）。「ヘルメスとヒルマーの検閲のもとで落とされ、そのままになっていざるを得ませんでした。……しかしながら、それは、わたしの才能が生み出すさいに、もう一つの事故が生じました。すなわち、より新しい論文が［まさに「学部の争い」のあの第二章］……検閲にかけられ、しかも一七九七年一〇月二三日に、したがってまだ前王の生きている時期に、その論文にたいして、出版許可がはねつけられました。……ところで、どの人も、わたしがわたしの論文を執筆するさいに、法律の制限内にとどまるのにどんなに慎重かを知っておりますから、しかしわたしは何ものにも努力を必要とする仕事を、またふたたび何ものも放棄しませんから、……わたしは、この草稿のまとまりを同じく指摘された……検閲の拒絶とともに、わたしの、ハレにいる出版者ニコロウィウスに送り、あなたの［ティーフトルンク］好意あるご努力によって、その地で検閲を求めようと決意しました。わたしが確固として信じますように、検閲は、わたしに誤った判決をその地では下さないでしょう」[23]。ハレの哲学部の決断は――ほかの点ではまったくカント主義的ではなかった――カントに大多数が好意的であるように見えた。歴史家M・C・シュプレンゲル、東洋学者J・L・シュルツェ、哲学者J・A・エーバハルト、地理学者J・R・フォルスターならびに数学者G・S・クリューゲルの非常に興味ある投票を、パウル・メンツァーが一九一八年に公表した。[24]

第三章は結局、（「哲学部と医学部の争い」）構想的に同様に九〇年代半ばまで遡る。一七九五年八月一〇日に、カントは、解剖学者S・Th・ゼンマーリングに宛てて手紙を送った（そのとき、ゼンマーリングは、かれの論文「霊魂の器官について」一七九六年で付論としてその手紙を公表した）。その手紙で、かれはすでに学部の争いに通じる可能性があった理論的な論争をすでに示唆していた。[25]

次いで、カントは、一七九八年四月には論文全体の計画の論述に向かった。この論文の第三部で、かれは、もう一つのすでによりはやい時期に起草した追悼文をフーフェラントに献じた。一七九八年五月九日には、カントは草稿を出版者のニコロウィウスに送り、それから同じ年の一〇月に、「学部の争い」が、かれがなお自分で公表したより大きな最後の論文が刊行される。

ちょうど不快な事件の余波が、そうこうするうちに七四歳になった著者にたいして、世紀末まで後を引き、「学部の争い」（ないしはそこから生じる個々の章）をめぐる特別の力点のある争いとなった。すなわち、初版の出版者ニコロウィウスとハレにあるカント論集の部分的叢書の出版者レンガー社のあいだの、ないしはこの叢書の編者ティーフトルンクのあいだの争いである。両者は、そのつど固有の版にたいするカントの権限に訴えた。こうして老カントは、また両方から要求され、事情を聞かれた。手紙が取り出して見せられたにちがいなく、また彼は、結局まったくなおハレへ出頭を命じられた（しかし、それは、そのとき、主張されなかった）。要するに、カントはもう一度（それが最後であった）文書で公表されるようにした。[26]

二つの問題圏で「学部の争い」は、当時の異常な政治的問題設定を立てた。すなわち、権力当局から独立しているという理性の地位について、すなわち哲学の自律である、またフランス革命の積極的価値づけである。

ザムエル・コーレンブッシュがイマヌエル・カントに次のように問い合わせたとき、徹底してレトリック的に考えられていたばかりではなかった。「どのような部分で、悪魔の信仰は、カント氏の信仰から区別されるのでしょうか。——そして、どのような部分で、悪魔の道徳とカント氏の道徳とは区別されるのでしょうか[27]」。この異端審問のような神学者の問いは、その不自由な意志にもとづくコミック的な要素を持っているが、老カントの、実際ルチファー（悪魔）のような皮肉に電撃のような光を投げかける。この皮肉に、わたしたちは、この論文のあらゆる箇所で、しかもまったく合図なしに出くわす。カントは、ここで一見して実際、大学と社会において「上位の」諸学部がただそれぞれ持っている独自性、それぞれの意味と役割だけを報告する。——これを、かれは外見上熱心で雄弁なまじめさをもって、行っている。だが、外見上たんにずけずけと欠点を指摘する堅さの背後には、本来、非常にグロテスクな理性の過ちにたいするほとんど抑制することができない笑いが隠されており、市民的に非常に有能なもののもとに、隷属しながらも非常に自惚れて気取った学問的な営みを行っている人々のもとで、隠されている。この場合に、カントは、まったくついでに上位学部と下位学部のあいだにある分裂的な兆候をも指摘し、その報告そのものによって、そのような兆候をあらわにすることができる。理性の心情的な清澄さである。なぜなら、「真の近代的な精神でもって、カントは、わたしたちがほかの資格がある諸根拠のために、わたしたちの判断を抑制するところで……機知を勧めている。だが、同時に、彼自身非常に正しく、誰が機知をいつもてもとに用意しているのかと付け加えている[28]」からである。

とりわけ神学者たちに、かれは、迫力のある息を飲むようなジャン・パウル的な些事へのこだわりをもって理性の若干の美しいおとしあなをまっすぐな道におく。これこそが、長いあいだ我慢させられたこの地域の抑圧にたいする、まさに身の証を立てるカントの反応である。「あなたは、最近の論文で」、とJ・H・ティーフトルンクは一七九九年三月一二日付のカント宛の書簡で書いている。「神学者たちに強い真理を述べられました。現在の世代は、それを消化するのは困難でしょう。なぜなら、現在の世代には、多くの部分で力が欠けておりますから。ですが、それよりもいっそう多く意志が欠けておりますから。どんなに正確にこれらの方々が、拒むことができないいっさいをより古い論文のうちに見いだすことができるか、またかれらが理解しないいっさいをどんなに厚かましくはねつけるかは、滑稽なことです[29]」。

一八〇〇年のドイツ・ジャコバン派の宣伝ビラ（「時代の印、あるいはバイエルンの貴族と司教の断末魔のあがき」）で、はっきりと――「学部の争い」からの引用で――イマルエル・カントの政治的思考が持つ革命理論的な権限に、注意を向けることができた。匿名のパンフレットがそこで次のように強調した。「カント、伝統の（「暗黒の世紀の野蛮な伝統の」、したがって諸伝統の）この破壊者は、誤りなくきわめて正しい研究者の目で、領主の義務として、領主たちが貴族制的に支配するとしても、それにもかかわらず、共和主義的に統治することを、すなわち民族を（全国民を）自由の法則の精神に（成熟した理性を持つ一民族が命じるように）適っている諸原理にしたがって取り扱うべきことを要求する[30]」。たいていのドイツの知識人たちが、イデオロギー的に徹底的に啓蒙主義の要請に共感を抱きながらまもなくフランス革命から目を逸らした。というのも、かれらは、変化と変革にかんするかれらの伝統的にほとんど勇気のない考えで、徳と悪徳にかんする彼らの神学的に認可された了解で、法と秩序にかんする権力当局のような、かれらの物神崇拝をもって、革命の急流のような経過において、まもなくすでにもはやみずからを再発見することができなかったから。その一方で、カントは、道徳的哲学的諸根拠にもとづいてフランス革命の忠実な信奉者でありつづけた。テュービンゲン神学校の学徒である有名なカール・ラインハルトは、早い時期にすでにフランス共和国のために――なかんずく外務大臣として――はたらき、かつて非常に鋭敏に啓蒙主義のあの多数のドイツ理論家たちの知的な欠乏と政治的未熟さをこう記した。「きみたちドイツのジャーナリスト諸君、きみたち非常に賢い実定法学者諸君、きみたちは、革命と体制を取り違え、ある個々の点を咎め立て、それによって、基礎を持つ全体を非難するように見えたことによって、癒すことができない損害を引き起こしたのだ。それによって、弱い人々は惑わされ、貴族たち、永遠に不正をなす人間階層に権利が与えられたのだ。この誤りには、ドイツでは、多くの啓蒙化された高貴な思考する人物たちが陥っていると、わたしは考えているのだ[31]」。

カントは、すでに言われたように、この誤りに陥っていない数少ない一人であった。カントは、フランス革命のうちに（そして「学部の争い」の第二章からのこの箇所は、きわめてしばしば引用されてきている）、「人類の道徳的な傾向」を証明する事件を見ている。この事件は歴史を作りつつあり、歴史形成的である。この事件は、カントがそれを指摘するように、人類にたいする「歴史の指標」である。この「歴史の指標」は、そこで行動する人に何度もさしあたってただカオスとしてしか、また危険としても呈示される歴史過程の第一義的な（prima facie）規則喪失において、人間に固有の位地規定にたいする確実な点を呈示するために、重要な方向づけの指標として利用されることができる。

すべての「歴史の指標」は、超越論哲学一般が持つ中心的な歴史哲学的な構造契機である。それは、過去、現在、そして未来が理解できるようにされうる「結節点」である。それは、階層的なもの、論証的なもの、予診的なものの象徴である。それによって、カントは、このような歴史の公理をもあまりに短絡過ぎるとはねつけることができた。このような歴史の公理はたとえば、進歩の問題を結局実用的な観点から選択される政治的な歴史の個々の事実、事件に基礎づけようとする。このような「歴史の印」は、したがって――経験的に任意な――個別性ではありえず、超越論的事実として複合的な構造を持っている。これは、多くの場合「時代の兆候」、また「時代精神」、次いで「世界精神」のような言葉で書き換えられる。ここで歴史哲学的に挿入された兆候の問題性に、カントはほかの点でも、さらに「遺稿集」でも語るようになる。

イマルエル・カント、「かれは、学校教師と護民官のあいだの厳格な中間を強調する」[32]が、かれは「学部の争い」において、啓蒙化され、革命の精神によって充たされたプログラムを将来の大学形成のために考えようとした。カントがドイツにおいて大学のこのような理論でもって影響力がないままであったことは、おそらく偶然ではないだろう。

ベルリン大学を構想し設立する（一八一〇年）さいにも、やはり学者たちの決定的な介入のもとで行われた。彼らはカント主義の理念から出てきた人たちであるか、ないしはカント主義に共感を持っていた人たちであった。たとえば、ヴィルヘルム・フォン・フンボルト、フィヒテあるいはシュライエルマッハーらである。だが、この設立にさいして、カントの諸理念は、端緒においては考慮されなかった。政治的衝突にかんしては、すなわち、この精神的な集まりが、あの時代にプロイセンで遂行された政治的な衝突の方向にかんして（ナポレオンの外国支配に反対して）、よりによって、今やあの、やはり同様に外国的と感じられた革命的な大学構想が施行されるということは期待することができなかった。

（一八二〇年以後の）いわゆる新しいヒューマニスティックな争乱において、ドイツでは、そのとき批判的理性によって刻印された大学理解の最近のさまざまなアプローチもふたたび撤回された。一八二〇年頃に、たとえば、ふたたびギリシャ語がいっさいの教養の必要不可欠な主要部分とみなされ、「それにたいして、自然諸科学が下位に位置づけられた重要性しか持たない対象として取り扱われ、哲学はまったく排除されたも同然である」[33]ことは、カントの意図に確実に非常に反していたことだろう。それによって、ドイツでは、精神文化にたいして科学政策的に重要な機会を棒に振ったのである。すでに啓蒙主義によって（典型的にはリヒテンベルクによって）嘆かれた不一致、精神科学的知識人たちと自然科学者たちのあいだの不一致を少なくし、それを相互にほとんど総体的な言語と意志疎通の喪失というアポリアにまで発展させないようにしようとする試みは、阻まれたのである。

# 第四章　超越論哲学としての「知識学」

わたしが知識学を見るときはしばしば、
わたしは構想力の高貴な思想を喜んでおります。
ヤーコプ・ツヴィリング
イェーナの一教授への手紙（一七九六年四月）

フィヒテの「知識学」が――その刊行後ただちに――、いっさいの現実性が基本的に支配可能であると見えたアルキメデスの点を見いだしたというその理論的な要請にかんして、フランス革命とゲーテの「ヴィルヘルム・マイスター」とともに「わたしたちの世紀の最大の傾向」[1]に数え挙げられたのは、十分な理由がなかったわけではない。学者の共和国におけるフィヒテの名声は、一七九四年には、ドイツにおけるカント主義の最高の城塞の一つへの招聘を彼にもたらした。イェーナへの招聘である。ここ、イェーナでは、キールに行ってしまったカール・レオンハルト・ラインホルトの職が欠員になっていた。

一七九九年までのイェーナ時代は、フィヒテの哲学活動において、おそらくもっとも重要な時代であろう。ここで、講義の形で「知識学」の計画が生じ、次いで、フィヒテはその計画を一〇年以上不断に加工し、改良し、拡大しつづけた。けれども、かれの同時代人の多くが、また哲学上の同業者が理論的にも、世界観的にもそれを理解しなかったという抑圧的な経験が、彼には刻印されている。このような経験にしたがって、「知識学」は、その完成された形式ではフィヒテの生涯にわたってもちろん公表されなかった。

この哲学的な計画によって、超越論的思想に従事するさいのフィヒテ自身のもっとも重大な関与が、同時に特徴づけられている。フィヒテの思考の衝撃は、人間にたいして、その自由を人間の自己規定という課題および行為として示すことであった。この意図を遂行するさいに、フィヒテは、主観性の「活動的な側面」への実り豊かな洞察に到達する。そして、かれの哲学のこの根本傾向から、そのとき、マルクス主義にまで到達する弁証法の構想における進歩もまた結果として生じる。

フィヒテは、フランス革命の世界史的な意義を非常にはっきりと概念的に把握した。それによって、かれは、ドイツ哲学の同時代人の大多数から区別される。またこれはかれの思考にふさわしい展望をも与えている。フィヒテにとって、この革命によって、人類は新しい時代に入り、革命は一定程度彼の哲学的端緒の超越論的事実であった。

一民族がそもそも一般に国家体制を変革しようとすることにたいして、一つの法の要請を持つかどうかは、当時諸精神を政治的に動かした普遍的な問いである。その問いに、フィヒテは、かれの根源的な哲学の意味において、国家体制が変革されうるばかりではなく、国家体制が人間の自由と同盟する場合には、変革されなければならないと強調するところまで答えている。革命の適法性の問いへのこのような疑似自然法的な接近は、フィヒテをしてそのほかの点でドイツ啓蒙主義の前進的な伝統と結合させる。革命にたいする法をフィヒテが非歴史的に基礎づけること――この問いはまったく歴史の裁判官席に着いていないと、かれは言う――はフィヒテの思考に厳格主義とすでに決定論的な傾向を与える。この傾向は、多くによって共有されていなかったばかりではなく、受容者の多くのもとにおけるフィヒテ思想の構築物の批判への準備をもはっきりと活発化させた。

同時に、この革命の基礎づけは、思弁的な高みを指示する。この高みにおいて、フィヒテは、原理的にこのような焦眉の政治的な問いを取り扱うと考えた。すなわち、かれは、この問いをまずドイツの政治的現実から生じる諸問題だと見るのではなく、むしろその哲学的な計画性（Programmatik）へ埋め込まれていると見る。これにかんして、かれは革命にアプリオリなものを要請した。――かれの命法（Imperativ）、人間はなすべきところをなすことができるという命法にしたがってである（すなわち、わたしができないと言われるとき、わたしはしようとしないことである）。

フィヒテから、あの哲学的構想にまで伝統の線が通じている。この哲学的な構想は次のことを指示する。すなわち、人間は認識作用と行動作用という能力をもって現実的なものを自然と社会として概念把握可能であり、支配可能であるとすることができる、と。フィヒテがこの世界観的な要請を基礎づけようとする思考の保証は、超越論的論理学の首尾一貫した再構成のうちに存している。フィヒテの場合に、そのさい、すでにカントのもとに置かれた理論的な傾向が強まる。この傾向は、超越論主義によって「発生論化する思考が経験の力動学、あるいは意識そのものの生命によって担われ、それへと駆り立てられる[2]」という傾向である。フィヒテのもとにおける超越論的な理念は、活動的自己運動としての主観性の自己経験を中心に立てることに通じる。だが、それによって人間的で生産的な活動の分析学へ向かう。「フィヒテ体系の正しいものは、判断にさいして、これまで以上に駆り立てられた諸行動の分析である[3]」。

自我の本質的構造として、フィヒテは「事行」を規定する。――これに関係する確信は、わたしたちが認識するがゆえに行動するのではなく、行動するように規定されているがゆえに認識すること、実践理性がいっさいの理性の基礎であることである。フィヒテの「知識学」は、（デカルト以来の）近代哲学の連関枠組みにおいて自己意識の新しい理論が発生するという位置である。フィヒテは、主観性の了解を哲学の原理として拡大した。かれは、自我にかんするこれまでの哲学的―理論的反省の循環性を認識した。すなわち、超越論主義以前の反省理論は、自我が自分自身への遡及関係、自己言及によってすでに自己にかんする知に到達することができたと想定する。ところでしかし、とりわけこれが合理主義的伝統によって、たとえばデカルトの場合のように説明される仕方で、――たとえば、「われ思う、ゆえに我あり」という命題による明証性の証明において――この反省のアプローチは、循環的になる。わたしが、わたしが把捉するものそのものであることを知るためには、わたしは明白にすでにわたしはわたしである〔Ich = Ich〕ということを知っていなければならない。哲学は、この反省理論から自己意識の理論へと前進しなければならないと言うときに、まさにこれをフィヒテは認識した。ちなみにこの自己意識の理論は、この自己意識の源泉を、その可能性の制約を基礎づけようと努力しなければならない。自己意識のこの新しい理論にたいするフィヒテの最初の根本命題はそのとき次のような内容である。自我は端的に自分自身を定立する。すなわち行為することによってはじめて、自我は自分自身にたいして生成し、自我は定立作用である。

したがって、フィヒテの思弁的思考は、ある程度力動論的な側面によって、ならびに発生論的な側面によって支配されている。かれの新しい哲学的観点の基礎づけという、あの時代から生じるつねに革新される哲学的な告白はたとえば、そのとき次のことを意味する。自我はたんに思考しようとするのではない。自我は行動しようとする。あるいはまたその体系は始めから終わりまで自由の分析であると（すでにヘーゲルを想起させる計画性である）。ちなみに、フィヒテはみずから、自分の理論がある程度、のちにマルクスがカントにかんして述べたように、フランス革命のドイツ的理論であるだろうという意識を持っている。フィヒテはかつて、かれの哲学的体系と彼が哲学的世界文化に移し入れた思想の前進が、どのように、フランス革命によって投げかけられた行為理論的な問題性に従事することから歩み出たのかを記述した。「わたしの体系は、自由の最初の体系です。あの国民が外的なくびきから人間を解き放つように、わたしの体系は人間を物自体というくびきから、外的影響のくびきから解き放ちます。……そして人間を私の体系のその第一の根本命題において自立的な存在者として立てます。……わたしがこの革命にかんして書いたことによって、わたしにはいわば報酬としてこの体系の最初の暗示と予感が現れました(4)」。

だが、フィヒテのアプローチは、この主観性が中心に置かれたパースペクティヴのために——これを彼のたいていの同時代人が認めたのだが、それとは異なって、——徹底して主観主義的なアプローチではない。自然哲学者にして自然研究者のハンス・クリスティアン・エルステーズは、フィヒテのこれにかんする諸講演についての直接的で個人的な印象から、次のように伝えた。「知識学」はそもそも存在と自由の総合の可能性の諸条件を取り扱うこと、そこで二つの思考方向が可能であること、すなわち、「自由から存在への方向、あるいは存在から自由への方向です。第一の観点が、観念論的観点であり、もう一方が、実在論的な観点です。ですが、これらの観点のいずれも、それだけでは知識学の観点ではありません。知識学はそれらをともに絶対知において合一するからです(5)」。

この立場を救い出すために、フィヒテによって、今や超越論哲学の注目すべき理論要素の一つが、超越論的構想力の教説が、活性化される(6)。そのさい、問題は現実の——認識的な——構成である。「……自我の根源的な活動への衝突をきっかけにして、……構想力は合成されたものを生産する。……理性的存在者の精神において……現れる事実の体系が……知識学である(7)」。根源的に生産的な構想力の教説は、理性学一般にたいして持続するフィヒテの寄与に数えあげられる。

生産的構想力は、フィヒテによれば、形式と物質とを——客観として——相互のうちへと加工することができる。それによって、生産的構想力は、知の対象を生み出し、したがってその可能的質料を生み出すのである。「造り入れること（Ineinsbildung）」（それは、まさに生産的構想力の遂行である）というあの力によって、媒介の問題性は、その——カントの超越論主義において主として登場する——たんなる認知的な意味を失うことになる。理性の問題性はここでは生成の論理になる。生産的構想力が有する、この媒介の活動性によって、「自然史」の二分法は、第一に、自然が歴史として、過程として現れ、第二に、歴史が時間として現れるというような仕方で廃棄される。それによって、フィヒテの生産的構想力の概念においては、（流出論的な）実在性の意識の承認が内包される。「構想力は、理論的能力と実践的能力を結合する構成要素として、理論理性と類似している。だが、それは、この理論理性が客観の認識に依存するかぎりにおいてである。実践理性に類似しているのは、この構想力がその客観そのものを生み出すかぎりにおいてである」[(8)]。存在から生成へ、活動と行動への動態化という、構想力と結ばれたこの思想は、弁証法を構成する根本原理として、ドイツ古典哲学のさらなる発展にひきつづき伴っている。

フィヒテ哲学は、しばしば人間的思考の諸ポテンツの実体化（Hypostasierung）、凌駕（Übersteigerung）、過大要求（Überforderung）として示されている。このような批判は、多くの点でたしかに正当であろう。この批判に結びつけられているのは、フィヒテが外的世界の存在論的な地位を理論的に考慮しているかどうか、どの程度考慮しているかという問いである。さしあたって、フィヒテ哲学における外的世界の問題が擬似的におのずから理解されないと言うのは正しいが、しかしこの主張をもってしては、フィヒテの媒介理論の差別化されていること（Differenziertheit）がその核心である構想力を持っており、この差別化されていることがまだ十分には記述されていない。当然真でありつづけるのはこうである。フィヒテにとって、自我は、位置を持たない謎の存在者としてではなく、ただ、自我が行動するかぎりでのみ、存在する。それどころか、自我が事実上その行動によって主観―客観として存在している。

したがって、フィヒテ哲学をたんに孤立的に認識理論的に評価するのではなく、「知識学」の構想のその傾向とその論述を彼の時代の学的全体の問題性においてみることが、緊急に提示されている。フィヒテが超越論的自我の客観性構造を生み出させるがゆえに、自然的構造と合法則性の拒絶に至ることが、実際、容易すぎるほど簡単な帰結として想定されうるだろう。ちなみに、いわゆる独我論〔Solipsismus〕にかんするもちろんはるかに広がった重大な誤解は、ヤコービが理論的に予感し、ジャン・パウルが文学的に描き出したニヒリスムスという非難において頂点に達する。なかんずくヘーゲルが（一八〇二年の「信仰と知」論文において）概略的に行った重要な観念論―非難は、同一性哲学における不十分なフィヒテ像の見通しに属している。

フィヒテ「知識学」の構想は、かれの不断の変化、精密化そして変容の過程によって、もちろんまた――独創的なアプローチにたいして――原理的な変更を被ったにちがいない。この原理的な変更は、古典的な超越論主義から傾向として遠ざかってしまった。このような理解は、多くの同時代人にもまたすでに感じられていたことであった。「古い知識学においては、いっさいは純粋な自我から出発する。この純粋な自我は前提され、この自我から、いっさいのほかのものが演繹される。だが、今や、より高いところへ行く。かれは、この純粋自我そのものをふたたび神の現象（映現 Erscheinung）の必然的な形式として演繹する。このような演繹が知識学の本質に存するのかどうか、フィヒテは、これを主張するように見えたが、あるいはこのような演繹にシェリング哲学が……誘因を与えなかったかどうか、またそれが本来知識学にとって疎遠であるかどうかを、わたしは決定しようとは思わない」[9]。

フィヒテの「知識学」において、先進的ブルジョワジーが自然と社会を合理的に形態化するように要求するものが、その方法上きわめて首尾一貫しているが、しかしまたきわめて無頓着でもある定式化を見いだす。フィヒテは、人間の活動的な悟性を中心に立てることを方法的に確実にしようと意図している。そのさい、主観と客観とが活動という弁証法的に理解された普遍的な概念において廃棄される。フィヒテにとって特徴的であるのは、彼の哲学において首尾一貫していっさいの現実的なものが知において「解消」されることである。すなわち、知識学においては、現実性についての知が問題ではない。わたしたちは、この哲学において、認識する人間と認識された現実性が交換可能であることに気づく。ここで絶対的に定式化された理性の要求、主観の無制約的な自己規定にたいする理性のこの要求は、それによって、人間知と人間の行動の完結した理論のうちで認識作用として頂点に達する。多くの同時代人が言ったように、フィヒテの知識学は、「主観的スピノザ主義」の体系である。

# 付論　フィヒテの影にかくれ（忘れさられ）た平等の友、アウグスト・ルートヴィヒ・ヒュルゼン

わたしたちがその精神のあり方を
類似によって現示すべきであるとすれば、
そのときわたしたちは言うだろう。
わたしたちにとって彼の論文の
一般的な調子が、容易に雲が懸かった
天上の印象を想起させると。
この天上は澄明な海の鏡の上で、またその周囲に安らう。
この天上から諸対象が
変わらず現れる。
フリードリヒ・ヴィルヘルム・ヨーゼフ・シェリング（一八一〇年）

イェーナにおいて一七九六年七月二〇日に開催された「自由人協会」という民主的秘密同盟の総会で、J・F・ヘルバルトを通じて、アウグスト・ルートヴィヒ・ヒュルゼン(1)が会員資格に関心を持っていることが報告された。そして同時に、そこで候補者〔ヒュルゼン〕の歴史哲学的研究が議論された。この研究は、今日までほとんど知られていないけれども、哲学発展の新しい潮流にたいするきわめて注目すべき洞察を、なかんずく哲学的学問の歴史性への洞察を証拠立てていた。この論文は、ライプニッツとヴォルフ以来の形而上学の進歩にたいする、一七九一年のベルリン科学アカデミーのあの有名な懸賞問題によって誘発されていた。一つの賞もこの論文

には授与されなかった。――賞は周知のように、シュヴァーブ、ラインホルトそしてアビヒトに分かたれた（カントは回答にかんする彼の構想をまったくはじめは提出しなかった）。ヒュルゼンのこの仕事で――「ベルリン科学アカデミーによって掲げられた懸賞問題『ライプニッツとヴォルフ以来進歩にたいして形而上学は何をなしたか』の検証」、アルトナ、一七九六年――まったく隠されたもののうちで哲学史的な諸原理の進歩発展の新しい段階が、超越論哲学の内部で、ラインホルト（「哲学の歴史の概念にかんして」、一七九一年）、マイモン（「哲学の進歩にかんして」、一七九三年）、そしてテンネマン（「一七八六年以来の哲学の歴史にたいして遂行されている卓越したものの概観」、一七九五年）にしたがって、はじまる。

ヒュルゼンは、哲学の歴史を「生成する学についての学」として概念的に把握しようとする。かれは哲学的理性の発生論的構造を、そして生成における理性を求める。ヒュルゼンの懸賞論文において、わたしたちは、それによってそのときヘーゲルによって哲学史についての講義（一八〇五・〇六年）においてはじめて遂行された[2]ような哲学史叙述の学問化という構想の隠された源泉を開示するためのいっそうの寄与を認識する。フリードリヒ・シュレーゲルは――かれは、ゲーテ宛書簡（一七九八年六月三日付）でヒュルゼンを彼の「哲学的友人」と名づけるが――ヒュルゼンの処女著作によってたいそう影響を受けて、かれは自分の作品である「アテネーウム」断片においてすら、「哲学においていつもめったにいないような人物の一人であり、今やなお存在している人物の一人である。弁証法的な卓越性を示している作品は……フィヒテにもっとも近い作品である[3]」として紹介した。

この優れた報告にヒュルゼンは、また「アテネーウム」で共同作業をしようという格別の提案も負っている。この文学的―美学的雑誌において――この雑誌は、イェーナの初期ロマン主義のジャーナリスティックな基盤であった――編集者（シュレーゲル兄弟）とならんで、そのほかに、かろうじてティーク、ノヴァーリスそしてシユライエルマッハーが発言を許されていた。「アテネーウム」において、ヒュルゼンは、シュレーゲル・サークルに属さないとしても、かれの政治的にも、哲学的にも注目に値する論文「人間の自然的平等について」を発表した（一七九九年第二巻第一分冊で）。この作品は、ドイツにおける古典的市民的思考のカント以後の継続的な発展という最善のジャコバン的諸伝統から成長してきた。なかんずく若いフィヒテの思考から成長してきた。しかし、同時にヒュルゼンは、この哲学的—政治的な問題性を徹底的に自分流の仕方で構成することができた。「ヒュルゼンは、その時代のあらゆる優れた頭脳の持ち主たちと同様に、自由な思考と判断の立場にカントの教説を通じて高まっていた。しかし、かれはカントの形式に囚われたままではいなかった。きわめて深く鋭い固有の研究、哲学史の根本的な研究によって、かれはフィヒテとシェリングが問題となる以前に、固有であるが親和的に軌道を動いた(4)」。イェーナ時代からの信頼すべき友人であるリストは、かれの「生涯の思い出」において、このように書いた。

超越論哲学にもとづくかれの精神的由来から、ヒュルゼンは、まもなく解放された。それについて証拠立てているのは、ニートハンマーとフィヒテによって編集された『哲学雑誌』において発表されたかれの二つの公刊物(5)である。今やこれによって、一七九九年の彼の「平等」論文について、当然いっそう大きな正当性をもって語ることができるだろう。たとえば、それ以前（一七九六年）に成立したいわゆるドイツ観念論の「最古の体系プログラム」が示す平等のプログラムと比較しても、ヒュルゼンの「平等」論文は、本質的にいっそう具体的な、革命的で民主主義的な潜勢力を証明する。「最古の体系プログラム」の「理性の神話」というその理念では、美学的—芸術的な次元が支配的であり、——それゆえ「アテネーウム」が有している本来繊細な特徴にいっそう良く対応していると言えよう。これに対してヒュルゼンは、「体系プログラム」を特徴づける観念論的な筆法と超越論的な態度を徹底してなしで済ますことができた。かれの関心は、具体的に経験可能な現実に向かっている。「わたしは、この表象において個人としての人間を捨象しない(6)」。

けれども、ヒュルゼンのもとにおけるこの人間概念は、今やいかなる経験主義的な後退を表現するのではなく、フィヒテの革命にかんする諸論文についての政治的、理論的な諸洞察とかれの知識学に基づいている。ヒュルゼンは、無批判的なフィヒテ主義者ではない。かれの教師の観念論的な構想にたいする不快感は、持続している。すなわち、「フィヒテは、やはり核心をついていなかった(7)」。この批判は、主観性の哲学的分析にかんして、なかんずくフィヒテにおける「超越論的自我」の観念論的地位に当てはまる。

ヒュルゼンは、もっぱらこのような思考諸規定を持つ哲学的研究の制限を批判する。この思考規定は、フィヒテにおける超越論的論理学の持つ極端に観念論的な解釈に負っている。この思考規定を持つ哲学的制限を批判することによって、かれは、シェリングの初期自然哲学が持つ若干の重要な傾向に接近する(8)。とりわけ、その発展史的哲学概念に近づく。「おお、カントとフィヒテ、そしてわたしたちの時代の有名な哲学者たちは、かれらは、純粋な土台にいるべく定められているように、どんなにはるかに隔たっていることか。かれらは、自分たち自身なおおそらく、その権力を失うために完全にさび付かせなければならない鉄のような先入見になお支配されていることに、ほとんど気づかない(9)」。同時代の哲学における観念論の支配的な言葉遣いにたいするヒュルゼンの批判は、たんなる示唆にとどまらなかった。かれは早くからすで因襲的な学校哲学——それらのほとんどがもっぱら認識理論的な解明に従事する——の諸形式と方法を破壊する、哲学的思考における新しい傾向を確信していた。すなわち、「人間にたいする哲学が存在すべきである」と。なぜなら、——そしてかれは当時のアカデミー哲学の自己満足と実践からの乖離を皮肉を持って表現する——「哲学者たちの哲学は……必然的にただ哲学的でしかない」[10]から。哲学的思考の超越論的な構造によって，相互主観性の思想が，またそれによって社会性の前形式と変容とが，哲学的に把捉されるようになるのであるが，この哲学的思考の超越論的構造を，ヒュルゼンは同時代の哲学にたいする批判にもかかわらず，犠牲にしなかった。かれにとっては，むしろこの構造を現実と媒介することが問題であった。もちろん根源的なカント的な超越論的な構想において，すでに十分なさまざまなアプローチがそれにたいして与えられていた。ヒュルゼンは，今や最新の同時代の自然哲学の類推的な熟考に手を出すことができた。超越論的なものと自然的なものの統一を探求する注目すべき代表者として，ヒュルゼンは，今や現実的な人間を発見することができる。

超越論哲学的な人間―概念をこのように拡大するさいに，ヒュルゼンは異常に急激な，世界観的にとおくまで届く規定に到達する。すなわち，「人間は……自然の結合によって至るところで，人間のもとに存在している。そのために，……人間は，人間を一般に社会的な存在者として特徴づけるいっさいの規定を持っている」[11]。ここで，人間の本質にかんする弁証法的―唯物論的な規定についての注目すべき予感を記すことができるのは，不当なことではないだろう。社会的な本質としての人間は，「固有の自由な行為の結果」によって規定されており，そして「自由な行動のこの相互的な関係のうちにこそ，まさに人間の自然的な平等の本質が存している」[12]。ここで，フィヒテの知識学の本質的な要素が，ヒュルゼンによって唯物論的な仕方で，社会哲学的に受け取られている。人間の社会的特徴は，今やもはや主としてたんに超越論的―観念論的ではなく，とりわけ経験的―実在的であることが示される。

ところでしかし，それにもかかわらず，人間のもとにおける不平等は，どのようにして起こりうるのか。――これは，行動が部分的な目的によって倒錯させられる場合にのみ，すなわち，ここで行動がたんに自分自身にだけ関係しており、社会全体に関係していないかぎりにおいてのみ、唯一可能である。この状況で、社会性という自然状態が損なわれる。しかし、そうだとすると、自然状態から不可避的に生じてくるのは、——たとえば、「黄金時代」にかんする世界史を貫通する理念が示すように——人間への強制的な委任である。すなわち、自然の権利の復権である。けれども、それは、「わたしたちのいっさいの制度がまさに目標とする[13]」自然の状態である。しかし、これは、まずはじめに、国家の制度にたいする結果である。その諸構造が、「その内容が自然ではない場合には、なにも意味しない[14]」。自然必然性としての革命は、したがって首尾一貫してこの平等の構想の本来的な意味でもある。なぜなら、「人間のもとでの将来の平等という考えは、……実践的であり、わたしたちの刺激的で活動的な生活へと介入するか、あるいはまったくなんの意味を持たないかどちらかであるから[15]」。

ここで、ヒュルゼンはふたたびまったく明らかにフィヒテの命法の後継者のうちに立っている。この命法は次のように規定される。「フィヒテは……革命にたいする権利を革命にたいする義務にまで拡大する[16]」。ヒュルゼンの論文は、こうして市民革命後の革命的理論に寄与している。それは、きたる革命にたいする構想に関与している。

# 第五章　若いシェリングにおける自然と歴史的過程

自然は
際限なき生産性によっていっさいの空間を満たしている。
ただわたしたちの大地だけを見れば良い。
わたしたちが悪しきもの、不幸なるものと名づけるものすべてが、
したがって、いっさいの生成には
余地を与えないということになる。
まして生成に持続を与えることができないということになる。
ヨハン・ヴォルフガング・ゲーテ（箴言と省察）

いわゆる「自然史」と啓蒙の思考が対決させられるのを見たが、この「自然史」において、「歴史」は、発展、発生、あるいはかならずしもこの発生の理論に関係したのではなく、つねにたんに記述、分類、事実と単一の出来事を物語ることを意味し、それらは多かれ少なかれ、たんなる博物誌（Naturkunde）であった。『純粋理性批判』ののちにはじめて、「歴史記述（Historie）」と「歴史（Geschichte）」という言語使用において差別することに通じる哲学的な意識が発展する。すなわち、「歴史という言葉は、一様にギリシア語の歴史記述（Historia、物語ること、記述すること）によって表現される。それゆえ、すでにあまりに多く、あまりに長く使用されているから、この言葉に別な意味を承認することを容易に認めることができない。……けれども、〔言葉の意味を〕区別する場合に生じる言語の困難は、事態の区別を廃棄することができない[1]」。いまや経験の時間

化という側面が問題であり歴史的なものの概念における種別化が問題である。この歴史的なものの概念は、カントの超越論哲学ではじまる。したがって、シェリングがのちに定式化することになるように、「自然客体の歴史（それは本来自然記述である）ではなく、生産する自然そのものの歴史[2]」が問題である。この概念の差別でもって、カントが、かれの「天空の一般自然史と理論」（一七五五年）においてはじめ、ついでとりわけかれのヘルダー批判（一七八五年）とフォルスター批判（一七八八年）ではじめた。

ところで、超越論的原理の将来の発展史的な了解をみがきあげる場合に、シェリングの活動と業績は、自然過程に向かうことのうちに、「諸過程の真に内面的な形式[3]」を解明することのうちに存している。この原理について、そのときかれは『超越論的観念論の体系』（一八〇〇年）においてまさしく「力動的なものと超越論的なものとの同一性[4]」を主張する。

歴史的なものの解明は、ここでは自然のモデルにそくして行われる。シェリングとともに、根源的に超越論的な思考の内部ではじめて、はっきりとした歴史哲学的な体系性が確立される。シェリングは、超越論哲学的な問題意識をかれの認識批判的、形而上学批判的な制限から引き出したのであり、自己意識の発生を分析するという新しい課題に集中する。すなわち、「外的世界はわたしたちのまえに開かれているが、それは、外的世界において、ふたたびわたしたちの精神の歴史を発見するために、である[5]」。シェリングの新しい普遍的で歴史哲学的な哲学の概念は、カントの超越論的原理の精神に発する。この概念は、ただちにきわめて生き生きとしたみのりのある方法的な影響を個別諸科学にたいして、たとえば、文学に、当然のこととして医学などの自然諸科学にたいしてあたえた。歴史性というこの新しい意識によって、これらの諸専門学科はかなりの認識の増大を期待され、また何倍にも、そもそもはじめてそれらの専門学科の学問化が期待された。

こうして若いシェリングによって、本質的に知の歴史性にかんするこの新しい哲学的な了解が世界観的にも、また科学的実践的にも固められた。この知の歴史性は、現実の歴史性を反映している。シェリングとともに、哲学における歴史的なものの位置価〔位置と意義〕は、原則的に変化する。しかし、現実性そのものは、歴史として概念的に把握されるが、その一方で、人間と自然とは歴史の様態として形づくられる。

自然哲学とともに、若いシェリングによって、超越論哲学の拡大が試みられる。それによって、かれは、かれの時代の精神的な文脈において――ハインリッヒ・ハイネの言葉にしたがえば、「普遍的な世界の思考者として言明する(6)」。

超越論哲学を現実性と――自然と歴史として――和解させようとするこの最初の試みは、次の時代にシェリングにたいして非観念論的な、経験的に保証された世界構想を期待する多くの人を魅了した。そして、この世界構想は、古い合理論の実在から離れた思弁と古い経験論の理性なき事実性を同様に克服した。ヘンリック・シュテッフェンスは、かれの生涯の回想において、このシェリング体験を例示的に記述した。すなわち、「スピノザによって、わたしはまどろみから揺り動かされたが、しかし、シェリングによってはじめて動かされたのである。――自然と歴史は、別の意味を獲得した。過去からの響き、出来事と学説、詩作と芸術とは、わたしには、若いころには予感していなかった神秘を現したのである。……(7)」。フィヒテにおける自然の取り扱いは、シェリングの目にははじめから将来の哲学にとって予測しがたい実在の拒否として認識されるが、それどころか、その取り扱いは、まさしく超越論哲学における裏切りとしてあらわれざるをえないのであり、超越論哲学を主観的――観念論的に撤回するものとしてあらわれざるをえなかった。というのも、「超越論的な自我がその反省的な活動の圏域においてみずからを喪失しないということにたいする保証として妥当することができるのは、唯一自然……だけである[8]」から。

フィヒテ知識学が実在を欠いていることを、シェリングはすでにはやくきづいていた。とりわけこの知識学と比較すれば、かれの自然哲学には、独創的な位置が帰されなければならない。すなわち、「この自然哲学は、十分な蓄積において唯物論的である……。シェリングは、次のものを超越論的―理論的に一つにすることができる（し、しなければならない）と考えている。ただ現象様式からみれば、労働の分割において分離しているものを、すなわち自然過程と意識の構成とをである[9]」。

シェリングがすでにかれの哲学的な経歴のはじめに、独自の仕方でカントの超越論哲学の問題の発展に寄与するということ、そしてかれがフィヒテとの関係において、はじめからあまりに自立的であったから、ここで教師―学生関係について語ることができないということ、これらのことはすでにさまざまの側面から強調されている。ヘルダーリンは、一七九五年のオスター（復活祭）のあとに、かれをこう言って慰める。すなわち、「ただ静かにしていれば、きみはまさしくフィヒテとはるかに離れている。わたしはかれの言うことを聞いたのだから[10]」。フィヒテ全集の編集者、F・メディクスが、シェリングのフィヒテにたいする自立性を強調するとき、それに同意すべきである。ちなみに、エルンスト・カッシーラーもまた、カント以後の思弁の問題にたいする位置の中の、シェリングの注目すべき独立性を認めている。「かれが、フィヒテ自身よりもいっそうはやく、明瞭な体系的で文学的な形式で叙述するようにと強制するこの扱いにくい素材[11]」において認める。

多面にわたる相互の誤解は、客観的な相違をある期間隠すことができた。自然概念にかんしては、シェリングの業績は、フィヒテにたいしてすでにはやい時期に明らかになった。しかし知識学の諸原理にかんしても、はじめから潜在的な相違が存在した。――F・インチアルテは、それを指摘したのであり、それは納得する仕方で、次のことを証拠だてることができる。すなわち、シェリングが知識学を長いあいだ絶対的観念論として改変して解釈した、ということである[12]。そのさい重要であるのは、そのつど区別されたシェリングとフィヒテの、フィヒテ「知識学」および「最近の哲学の本来的な本質にかんする日のごとく明らかな報告（以下、「報告」）」にたいする関係である。シェリングによってはりつめたきもちをもって期待された「報告」を「知識学」にたいするたんなる蓋然的でしかない考察としてフィヒテは理解する。この「報告」に、シェリングは、おそらくほとんどなにか新しいものを見ないだろう[13]。その一方で、シェリングは説明した。すなわち、シェリングは、「ここで［「報告」］において」――ディーチュ」事態は、もちろん十分明らかになりました。しかし同じ関係においてあらかじめなにかより高次なものを知識学において認識したものにとって、享受しがたいものです[14]」と。

したがって、シェリングは、「知識学」にかんしておそらくつねにフィヒテとは異なった概念を持っていただろう。この連関において、シェリングによって九〇年代の半ばに行われた「知識学」の受容もまた、証拠として興味あるものである。――一七九六年一月のおわりに、シェリングは、「哲学雑誌」の編集者であるニートハンマーからフィヒテの知識学を書評するように依頼をうけた。それにたいして、シェリングはこう書いている。「フィヒテの知識学を書評するようにというあなたの依頼を、わたし自身これまでこの著作をそもそも研究する時間を十分持ちませんでしたから、それだけおおきな喜びをもって受けとめました。知識学の実践的な部分を、わたしは、いままでまだ一度も読んでおりません。したがいまして、そのかぎり、わたしがフィヒテの哲学を完全に習熟しているかのような好意ある判断は、あまりにすぎたご好意というものであります。ですが、知識学の細部と字句をいままであまり知っていないとしても、わたしは、知識学の精神を一般的には理解したと考えております[15]」。

ここで特徴的なものとして次のことが、すなわちかれがこの時期に「知識学」の実践的な部分をまだ読んでいなかったということが、したがって、シェリングの同一性の構成がほかの源泉から提供されているにちがいないだろうことが確認されるべきである。――思考と存在の同一性という決定的な問題は、すなわち、知識学の第二（実践的な）部ではじめて論じられる。第一部は、哲学の「最初の諸原則」の叙述であるが、それは、シェリングにとってほとんど刺激を与えるものではありえなかった（この諸原則の取り扱いをシェリングが拒絶した点については、かれの論文「自我について」の目的にかんする「一般学芸新聞」のために書かれた、「反批判」[16]を参照せよ）。そのとき、書評はまた毎月遅れる。（一七九六年三月二三日付ニートハンマーへの書簡と一七九六年八月三〇日付書簡）そして結局、一七九六年一〇月八日に、かれはニートハンマーに次のように書いている。「この冬、時間を見いだしましたので、……わたしは……F（フィヒテ）の知識学とベックの唯一可能なものについて論じたものをお渡しできるでしょう[17]」。

フィヒテとシェリングのあいだの客観的な相違は、見のがすことができないものであった。フィヒテは、シェリングの哲学説の次の点に注目する「超越論主義のこれまでの諸原理から生じるのではなく、むしろそれに対立しているのであり、シェリングの哲学説は、ただ超越論哲学をさらにいっそう拡大することによってのみ、それ自身その諸原理のうちに基礎づけることができる。そうでなくとも、時代の要求がわたしたちに諸原理を拡大することをせつに要求するのだ[18]」。そのとき、フィヒテは、状況を唯一適切な定式にもたらすが、フィヒテは、ここで哲学的な発展傾向にたいして注目すべき視線を向ける、また哲学的な問題性そのものにはさみこまれるばかりではない事態への哲学的な発展の傾向が依存することにも注目する。

自然哲学において、若いシェリングは、古典的な超越論哲学における主体の傲慢な自律を克服するために、重要な一つの歩みをなす。そのさい、カント以来哲学的なドイツの古典〔哲〕学をきわだたせる「活動的な側面」は、さらに変容させられた。活動は、究極的にその意識哲学的な絡み合いから解き放たれ、現実性におけるエレメントとして認識される。活動は、客観的な活動として把握され、自然過程になる。「わたしがわたしにたいしてまず定立した課題は」、とシェリングは書いている。「したがって、わたしたちの自由から端的に独立している……客観的な世界の諸表象を一つの過程を通じて説明することであった。この過程においては、自我は、自分がまさに自己定立作用（Selbstsetzen）という行為によって、意図されないが、しかし必然的な仕方で巻き込まれているのを見る[19]」。この課題を実行するさいに、新しい思考の諸形式が、とりわけ歴史哲学的な、すくなくともカントの超越論哲学のこの特殊な継続にかんして「シェリングのもとには、すでにほとんどすべてのちにヘーゲル弁証法にとって本質をなす諸契機が見いだされる。ないしは、これらの諸契機は、その核心的な内容において、すでにシェリングの諸論文において内在的であるものとして証明することができる[20]」。

したがって、シェリングは、ふたたび哲学を総体性の学として革新しようとしたのであり、こうしてかれは、超越論的な主観をさしあたって自然としての現実性と対決させた。シェリングは、かれの問いを今やたんに（自然科学としての）その認識にたいしてたてたのではもはやなく、むしろ客観にたいする主観の可能性の諸制約にたいしてたてたのである。そして――同位置において――主観にたいする客観の諸制約にたいしてたてた。発生論的なものという新しい普遍的な概念において、シェリングは、いまや主観と客観の連関にたいして、主観と客観を結びつけるものを見いだす。シェリングは、哲学的な意識の反省をカントによってすでに達成された活動、歴史そして唯物論の連関の高みで行う。絶対者についてシェリングの思考が取り組み始めたことは、たとえば、伝統的な実体の形而上学の意味において、カントの背後に後退することではなかった。そうではなくて、まさしく客観的な弁証法的生成過程に内在することを意味していた。シェリングは、それによって認識主観の発展史的な把握にたいする重要な歩みをなした。というのも、いまや「思考過程そのものが諸関係から成長する、自然過程ですらある[21]」という思想が考えられるからである。

それによって、かれは古典的な超越論的な構想において自律的な主体を、最終的には非歴史的で中心的な位置から「現実性」の媒辞として取り出す。主観そのものが歴史化される。いまやまた主観はますます――その自己生成の過程において――現実性が発生するときにたどる弁証法的な発展段階にかんして自己意識をもっている。それにかんして、主観は一つの現実をも現示する。

シェリングにとって哲学の課題は、この自己意識の歴史を叙述することに存している。すなわち「自己意識の歴史において、いわば画期をなすまさにその行動を、数えあげ、その連関において相互に画期を立てる諸行動を叙述することに存する[22]」。ここで響いているこの哲学的な課題の弁証法的な構造は、すでにヘーゲルの現象学のプログラムを想起させる。けれども、シェリングの現実性の歴史的―弁証法的な構成は、一つの亀裂を示している。歴史化の過程は、シェリングにとって人間と自然の関係においては成功する。しかし、未来は、シェリングにとって、この歴史性の思考形式でもってしては、ただ由来としてのみ概念的に把握することができるにすぎない。歴史は、この見通しのもとで後退的な過程になる。――根源への回帰になる。フリードリヒ・シュレーゲルは「アテネーウム」――断片においてこう書いている。「歴史家は後方へと転回する予言者である[23]」と。

人間は、歴史的な物体として自然の過程性のうちに沈着している。自然は、人間の超越論的な過去である。それによって、疎外の批判の最初の諸要素が提示されているのであり、ついでヘーゲルの体系において絶対的な同一性哲学にまで高まる。若いシェリングは、さしあたってはじめて非弁証法的な人間と自然の対立を克服することに従事している。かれは、それによって、歴史過程の自然との類推的な合法則性にたいする注目すべき洞察に到達する。「わたしが自然の哲学への序論と前書きを読んで以来歴史の諸段階にかんするシェリングの思想を、わたしはよりよく理解すると考える」[24]。こう一八〇〇年五月二一日にフリードリヒ・クロイツァーは、ザヴィニーに書いている。

自然哲学への移行は、シェリングの場合には、超越論主義の哲学的な根本意図を満足させる。――ここそこで問題であるのは、客観性の可能性の諸制約である。すなわち、由来の問題が立てられている。自然哲学と超越論哲学とは、シェリングのもとでは、――超越論的原理論として――まったく同じ権利を持っている。両者は、ちょうど同じ諸機能を果たしている。ただ絶対自我の発生の異なった段階において、ではあるが。――そこでは〔自然哲学においては〕、無意識的な活動（自然）として、ここでは〔超越論哲学において〕、意識的な活動（自我）として同じ機能を果たしている。「その超越論的な端緒から、若いシェリングは、客観性にもどるばかりではなく、……わたしたちが今日人間の歴史性と名づけるものにももどるのである。……したがって、歴史は根源的に、はじめからシェリングの一つの大きな根本問題である」[25]。

ところで、シェリングの意味における自然の哲学が解決しなければならない諸問題は、なんであろうか。自然哲学は、自然としての過程的な現実性が認識されるさいの一つの超越論的な契機である。自由の自然的な構造連関と妥当性の連関を示すことによって、人間の根本規定――自由――を演繹することは、自然哲学の動因であろう。事物と表象の、理念と現実性の、人間と自然の普遍的な相互作用ないしは矛盾性の現象から出発するべきである。「問題は、諸現象のあの連関とわたしたちが自然経過と名づける原因と結果の系列がわたしたちの外部にあるのかどうか、またどのようにあるのか、ということではなく、それらがどのようにわたしたちにとって現実になっているのかということである」[26]。スピノザ主義的な世界概念の論争の余地のない成果として、シェリングは、そのさい世界の多様性のうちに究極的に根拠づけられた二元性の克服を強調する。「しかし、その自己意識の深みへ沈潜するかわりに」、こうシェリングは、スピノザを批判する。「そしてそこからわたしたちのうちにある二つの世界の成立を――観念的世界と実在的世界――眺めるかわりに、かれは自分自身をざっと見回した。わたしたちの本性から［人間の本性から］、どのようにして有限者と無限者が根源的にわたしたちのうちで合一され、相互から相互に生じるのかを説明するかわりに、かれはただちにわたしたちの外部にある無限者の理念のうちでみずからを喪失した」[27]。モナド的な同一性における実在的なものと観念的なものの連関点〔Bezugspunkt〕を見いだしたことは、シェリングによって、ライプニッツの功績として評価される。しかし、かれの「超越論的な」制約、すなわち予定調和は、シェリングの賛同を見いだすことができない。あの予定調和を生成のうちに解消することがさしあたって、シェリングの課題であるだろう。すなわち、哲学は発生論的になる。「シェリングは、意識のこの発生論的な現象学のうちに発展、すなわち自然的進展〔Evolution〕の理念を持ち込む。フィヒテのもとには存在しない理念である。そして、かれがその理念に、さらにこの自然哲学の隠された意図によって、『知識学』には知られていない一つの拡大を与える[28]」。

いまや革命のうちにある新しい自然諸科学の影響は、シェリングの自然哲学にとって重要になる。しかし決定的に――カントの『判断力批判』の特殊な影響としても――超越論的思考形式の規範的なものが影響を与えつづけている。

決定的な問題として、そして――その結果において――本質的に歴史哲学的な含意を持つようになるのは、無限な生産性を有限化する過程の可能性の諸根拠である。「自然哲学の主要問題は、自然における活動的なものを説明することではなく、……静止しているもの、永続的なものを説明することである[29]」。したがって、生産性ではなく、産物を超越論的に規定することが、若いシェリングの同一性哲学的な自然理論の回転軸である。

有限化ないしは限界づけの理論にたいするこの要求においては、なおはっきりとカントの第一の理性批判にもとづく図式性がはらむ問題が認識できる。ただここでは根底的に拘束的で普遍妥当的な認識にたいする要求が、客観的な経験過程（自然）に転移させられるということにほかならない。「産物にいたるとすれば、生産性は、……純粋な生産性としては廃棄されなければならない。……生産性のうちで、あるものが区別されるとすれば、そこでは同一性は廃棄されなければならない。自然は同一性ではなく、二重性でなければならない[30]」。自然は、根本弁証法を明らかにし、またあの根源的な二重性ないしは分裂によって、そのとき、さらなる同一性哲学の進行にとって根本的な諸規定を獲得する。これらの諸規定は、いっさいの将来の弁証法的な哲学の不可欠の条件（conditio sine qua non）として、またとりわけ哲学—概念の発展史的な把握への重要な歩みとして妥当しなければならない。生産性と産物の弁証法的な亀裂は、自分自身の分裂によってくりかえし保証される。したがって、純粋な生産性は、純粋な産物と同様に達成されることができない。しかし、こうして自然の弁証法において、それどころかそもそも純粋な生産性であった自然において、一定のポテンツ化された段階で、空虚な状態が生じる。というのも、産物は、いつもたんに移行的な地位しか獲得しないからである。なぜといって、産物は、純粋な生産性の状態へとおしもどされるからである。したがって、産物は、その現存様式において、つねにその非存在へと向かう。したがって、産物は、はじめから自己内に崩壊への衝動を持っている。この自然の弁証法は、シェリングの場合に、はやくはすでに否定的弁証法として示される傾向をもっている。

ところで、重要な結果をともなうのは、シェリングの場合には、歴史がこの自然の弁証法を背景にして概念的に捉えられうることである。歴史は、それゆえにこそ、自然史として現示される。だが、歴史をたんに自然史として概念的に把握することは、――それを、すでにカントのヘルダーおよびフォルスターとの論争が示した――歴史を生産する人間の地位を相対化する。シェリングは、なるほどヘルダーとは異なって、形而上学批判的な超越論的原理の生産性にたいする深い諸洞察を持っていたが、しかし、徹底してその自然主義的な根本態度を共有している。そしてそのかぎり、――マルクスの行ったフォイエルバッハの特徴づけの変更において――シェリングは、「転倒したヘルダー」と特徴づけられる。シェリングは、こうしてかれの歴史概念でもって、本来カントの判断を、したがってまた結局、批判哲学の基礎としての、超越論的主観の自律の固有の超越論哲学的に獲得された傾向をも乗り越えることができよう。すでにはやくかれは、次のような問いを立てる。歴史の哲学は可能か。この問いを、かれは、自らの超越論主義的な哲学―概念にもとづいて否定的に答えざるをえなかった。というのも、「歴史」は、純粋悟性概念のアプリオリに固定されたカテゴリー表のうちには、いかなる場所も要求できないからである。シェリングは、ここですでに歴史を自然史に制限しなければならなかった。自然は、唯一歴史の客観としてのみ、権利を持っている。すなわち「可変的なもの、時間において進行するもの[31]」としての歴史は、端的に理論を超えて把捉されることができない。歴史がいかなるカテゴリー化可能性をも奪い取られていることによって、歴史は、シェリングによって次のような諸規定をそなえていることになる。すなわち、歴史は、(a)永続的な過程、(b)機械論的ではない。だが、いまやそこからの本質的な推論は、こうである。歴史は、人間の作品としてアプリオリな悟性概念の規則的作品ではなく、要するに、超越論的論理学の作品ではなく、歴史は――アポステリオリな――客観的な自然の現実的な無限界性にしたがって感得されると。

初期シェリングの歴史概念についてこのように考察することは、明らかに人間的な諸行為の諸次元とパラドックスにかんして、ゲーテ時代の千年至福説的で終末論的な希望と疑いを顕示する。人間は、自然の総体性へいっそう完全にはめこまれているように見える。さらに、自然は、固有の不十分さにたいして前景に現われないばかりではない。また――自己責任的な――未熟さにたいして、たとえば後期市民的な人間学的な構想の場合のような未熟さにたいして、明らかに苦情を申し立てられるばかりではない。自然を秩序づけ、構成する威力が範型的ではないし、自然は、人間的な行為にとっての意味を果たさない。自然のあの自己創造過程から出てくる決定的な指示として、人間にとって課題でありつづけるのは、次のことである。すなわち、あの無意識的に経過し、生産する自然主体を観念的にも物質的にも、いわばその自然主体の鏡像〔対像〕のように、新しい第二の自然物体が生じるように統合することである。その発生をもう一度跡づける自然主体のこのようなミメーシス〔想起〕の過程においてはじめて、すでに――無意識的に生産される――客観的な自然――有機体において現存する、当の総体性を意識的に獲得することができるだろう。いまやこのようなミネーシス〔想起〕的な課題が、シェリングにしたがえば、もちろん自分自身の自由の諸制約を生産しなければならない人間のすぐれた行為の結果である。なぜなら、またこの洞察についてはたとえば、シュテフェンスがシェリングから教えを受けることができたからである。この洞察は、こうである。「自然は、わたしたちをたんに担っているばかりではない。……そうではなく、自然は、内面的にもわたしたちを貫通しており、現存在のすべての契機が、自然によって支配される。……そして、そのとき、自然が歴史を支配するように見える。わたしたちは、おそらくそのように告白しなければならないだろう(32)」。

こうして、自然の発展史は、固有の――社会的な――活動空間において、固有の歴史の――第一の面である――混沌において、方向づけと目標を獲得するために、個人にとって根拠であるべきである。人間の歴史は、自然史を背景にして完全に一致するはずである。だが、そこから生長してくるのは、とりわけ世界史的に重要な諸革命の画期という時代に、根源的な仕方で、歴史におけるあの諸関係すべての変革という、自然に矛盾し、非自然になってしまっているいっさいのあの歴史的諸関係の変革という実践的な課題である。シェリングにおける自然へのこの転回は、したがって、たとえば、——ときおり表現されるように——たんに歴史からの逃避の運動、幻想的な自然への回帰（retour à la nature）ではない。そうではなく、むしろ本来カントがルソーの隠れた課題として気づいていたものを救いだすことである。またそれは、一般に普及している郷愁〔ノスタルジア〕的なルソーの熱狂によっては、当然理解されはしなかった。「人間が文化のあらゆる長所を自然状態のあらゆる長所と合一することができるところまで、人間を芸術によって連れていくことが、完全にルソーの意図であった。ルソーは、自然状態にもどることを望まない。そうではなく、そこに帰ってながめるべきであることを望む[33]」。この解放という課題の伝統のうちに、シェリングの自然哲学は立っているが、だが、この解放という課題は、同時にシェリングの初期哲学を明らかに市民的な革命イデオロギーの圏域へと連れていく。一七、一八世紀の反封建的革命イデオロギーは、本質的に自然概念に集中していた。革命と変革の正当性は、依然として自然法的に基礎づけられることができ、その影響はきわめて後まで残った。

現実獲得の新しい様式における市民階級のきわめて確固とした基礎、市民階級のきわめて確実な出発点は、実際、自然でもって、端的に包括するもの、根源的なもの、健康なものであったが、それらは不当にわがものにされた、伝統的な、歴史的に形成された、芸術的な——天上の、ならびに地上の——諸国王たちの権威の前で色あせてしまっていた。自然へとこのように転回することが持つ革命的な意味は、とりわけフランス革命後の反革命的なイデオロギーによってもまた明瞭に認識された。だから、エドムント・バークおよびフリードリヒ・フォン・ゲンツとならんで、より重要な革命反対者に属するアダム・ミューラーは、革命的ロマン主義と名づけられるものの原型であるが、そのかれは、次のように苦情を言っている。「フランスでは、いわゆる芸術研究所が、いわゆる自然に報復し、自然の王国を再建するために覆された[34]」。この「歴史的な」議論、すなわち既存の歴史的審級を守ろうとすることは、あの革命の時代にあって反革命的な思考として一般的に深部で規定された。こうして、たとえば、歴史法学派の思考様式をも規定したのである。

地理学上、技術上、さらに科学的で芸術的にも新しい自然獲得は、市民階級が社会的な担い手であった。この自然観にもとづいて訓練された、ブルジョアの革命概念は、しかし、その実践的―社会的な関心から結果として生じる二、三の特性を示す。歴史的連続体において根源的な亀裂を組織化し、強固にすることは、すべての革命の根本傾向に属する。――また市民的な革命のそれにも属する。だが、そのさい市民的革命には、同時にすべての歴史的な次元一般が失われてしまっている。そのとき、歴史的未来へと向かう市民革命の視線は、つねに自然的なものの非歴史的な現在性全体へ向かう視線にほかならなかった。その理由はこうである。「全体としての物質世界は、その秩序において不断の現在を表現するように見えなかったのか。一七世紀の物理学が、一人のパスカルに過去の深淵にたいする感情をひきおこすことは不可能であった[35]」。

この自然哲学的に基礎づけられた市民革命のイデオロギーが、その予感的な意図にかんして徹底して根元性を示すとき、しかし、その市民革命のイデオロギーが解放的な含意を持ち、この含意にかんしてもまた、徹底して結果のないものを示す。なぜなら、革命は、ここではつねにただメタモルフォーゼとしてのみ受け入れられることができるから。人間によってなされたものとしての革命は、努力して手に入れられた世界市民的な状態が、「隠れた自然の計画の遂行として」、「自然が最高の意図として持っているものとして[36]」見なされねばならない場合に、その特殊的な人間的な形式規定性をうしなう。

いずれにせよ、シェリングの自然哲学は、徹底して市民的な思考形式として、ヨーロッパ革命史をまさに貫通する一〇年間の亀裂した経験を反映する。プロメテウスの要求を掲げる海の妖怪スキュラと克服できない影響を与える妖怪のカリュブディスのあいだで進退極まっている人間的な行動は、たとえば、革命以後の発展にかんしては、この人間的な行動そのものから固有の有意味性を持つ連関点を取り出してきて構成することは、困難であった。人間的な意図は、――また、それは、最善の意図であるとしても――説明しえない障害に、あるいは展開された意味の転倒する諸次元にくりかえし衝突した。シェリングがそのまえに立っているディレンマは、まさに次のことである。「人間は、永遠の断片である。なぜなら、彼の行動は、必然的であるとすれば、そのときは自由ではないし、あるいは彼の行動が自由であるとすれば、そのとき必然的でも合法則的でもない、この二つの選択肢のどちらかであるから。したがって、外的世界における自由と必然の合一という完全な現象は、わたしに唯一有機的自然を与えるにすぎない」[37]。人間以外の高次のものをなにも知っていない哲学の内部において、行動する人間をこのように相対化することは、明らかに市民的行動一般のディレンマをさし示している。ここで希望として存続するものは、自然である。自然、すなわち人間理性の「超越論的な記憶」[38]は、シェリングによれば、想起としてのこの理性にたいして不断に自由で意識的な諸行動の様相、諸次元そして諸規則をかたちづくる。あの自然の生産性がもつ統一性と生き生きとした調和は、固有の、人間の前方に向けられた活動という不確かな営みであり、いっそう努力にみちているが、ときおり神聖でないこともあるし、またたいてい不確かでしかない人間の営み、この営みにたいして、希望と範型を約束する。すべての進歩的で批判的な歴史理論の洞察は、――ヴィーコからマルクスにいたるまで――すなわち、その内容は、人間がその歴史そのものを形態化するが、しかし当然、現にある所与のもとでということである。このような洞察が、しかしなおシェリングの場合には、ここで客観性が形而上学的に戯画化された自然として、人間の分裂において現象するというように、まだ無差別的に概念的に把握されている。歴史哲学的な取り消しとして、シェリングにもあてはまることができるのは、シュテフェンスが次のように書くときである。「歴史を静止する自然のうちに認識することが、わたしの生涯の課題であったとき、わたしにはいまやはねつけることができない要求が、自然の頑強さを運動する歴史のうちに認識するという要求が対立した」(39)。したがって、シェリングは、人間の歴史的行動の諸条件と所与性を自然化し権能を与える。けれどもこれらは、まさにこの歴史的な諸行動そのものの客観化物にほかならない。なぜなら、それにもかかわらず明らかであるのは、自然と歴史とが構造的に相互に関連して現象するとしても、しかしまさにやはり歴史にたいする自然の超越論的な機能にもとづいて、歴史が過小評価されるということであるから。歴史的なものの合法則性と客観性とは、対象的に活動する主体の固有で排他的な作品ではない。そうではなくて、歴史的諸現象の諸構造が、結局背進的に自然のうちにつなぎとめられている。歴史的に行動する主体として、人間には、ここでは同一性が、結局やはり拒まれたままである。というのも、自然における自由の可能性の諸条件は、法典に編集されるように見え、そして人間的活動性によってそのつど生産される必要はないからである。

シェリングは、ここで歴史にたいして、ただ「超越論的な過小評価を明るみに出す」(40)ことだけができる。このように自然へと歴史を沈下させることにおいて、そのときシェリングの場合には、歴史的なものの固有の弁証法をつくりあげるためのいっさいの生産的な諸端緒が、うしなわれる。こうして、自然哲学がフォイエルバッハならびにシェリングの場合にも、おなじ実践的な欠陥を示すかぎり、カール・マルクスとフォイエルバッハの批判、すなわち「転倒したシェリング」という表現が、そのとき二重に当てはまっている。というのも、自然哲学は

「あまりに自然を示し、あまりに政治を示さないからである。だが、これは唯一の結合であり、それによって、現在の哲学が真理になることができる(41)」。

超越論的な自然的背景によって、シェリングは、人間的行動の二律背反の問題を解決することを希望するが、この背景は、いっそうの進行において、——そしてそれは、哲学的な独創性なしにではない——まもなく哲学の美学的転回へと通じる。そのさい、ついで芸術は哲学の諸器官にまでなる。芸術作品の創造という対象的な行為において、シェリングは、意識的な—自由な—主体の行動と無意識的な—必然的な—自然的なものの力動学との総合を認識する。したがって、芸術は、自然—人間—統一を象徴化する。こうして芸術は、超越論哲学的な意図においてシェリングにとってもっとも重要な問題の解決を定着させる。「すべての自由な存在者を……それだけで駆動させる自由の完全に無法則的な活動から、やはり最後になにか理性的なものと合致するものとが生じるということ、これを私はすべての行動のさいに前提することを余儀なくされている。しかしこのことは、客観的なものがいっさいの行動において、人間のいっさいの行動を調和的な目標に向かわせる共通のものでないときには、概念的に把握することができない。だから、人間は……みずからその意志にはんして、隠れた必然性によって……人間自身意図することができなかった光景の展開を引き起こす。この展開は、人間が欲しなかったところにまでいかざるをえない(42)」。

主観的なものと客観的なものとのあの調和を個人的で観念的な投企としてばかりではなく、同時に客観的に対象的な生産として普遍的に概念化することは、精神の思弁を現実的な行動に向かって完成させる、この思弁的な試みが有する確実に前進的な意図である。もちろん芸術が思弁的な思想のこの完結を実行しなければならないから、——それは、実際ミメーシス的に〔想起的に〕絶対者を模倣する。——歴史から自由な避難所が開示される。

この避難所において努力して手に入れられた普遍的に拘束的な行動の概念は失われる。その理由はこうである。「生命と歴史の本性は、段階的な進行であるが、この生命と歴史とは、絶対的な状態への移行、精錬にほかならない。この状態は、芸術においてのみ現在的である。この芸術は、永遠性を予感し、生命の天国にして真に中心に存している」[43]。排他的器官としての芸術は、こうしてすでに初期市民哲学に歴史の現実から――その克服の仮象をともなってのがれるのを助けた。なぜなら、この思弁の上昇過程の結果は、ここでは歴史的なものの現実的な諸連関にたいするなんら深い洞察を媒介しないからである。そうではなく――もちろん印象深い――自然の制圧を媒介するからである。「わたしたちは、芸術そのものにおいてふたたび自然に出会う」[44]。

この自然を、シェリングは、そのとき「より高次の自然」[45]と名づける。これは、たとえば、ただ認知的にのみ開示されることができるような、たんに隠された存在論的な所与ではない。そうではなく、この「より高次の自然」は確立されねばならない。それは、また客観的な過程における将来の結果、いつの日かわたしたちが自然法則的にでくわす結果でもない。なぜなら、「自然は言葉の本来的な意味において行動することができないからである」[46]。

したがって、この「より高次の自然」が意味するのは、――法制度として――人間と自然との媒介された統一であり、結局、いっさいの自然哲学の超越論的な展望としての理性的な社会の可能性の諸制約である。このような自然哲学は、「自由意志的に……自然はその未熟さから誰も解放しないし、自由の生得的な息子は存在しない」[47]という洞察のもとに立っている。

# 付論　フィヒテの自然—概念について

発生論的に洞察されていないものは、
黙認されない。
ヨーハン・ゴットリープ・フィヒテ
（知識学、一八〇四年）

最近のフィヒテ研究にかんして、明白に「カントからヘーゲルへ」という公式の哲学史的な決まり文句にたいして敵対しているといえる。この決まり文句は、市民的哲学史記述の圏域に由来するが、しかし、その記述に制限されていない。この考察様式のもとでは、たとえば、哲学的学派の形成（とその没落）によって、あるいはほかの対話と議論の配置によって、さまざまな哲学的な構想が発展し受容されるさいに、生じている実際的な経過が失われてしまうばかりではない。哲学史的過程に関与した多くの人物たちの総体的発展もまた視野から落ちてしまう。

ところで、シェリングとならんで、とりわけフィヒテの場合にも、あの視角のもとでは、かれの哲学の多くの断面が詳細に知られないままでいた。ここでは、とりわけ一九六二年以来、ラインハルト・ラウトの指導のもとで遂行されている大フィヒテ全集アカデミー版の着手が、理解の新しい展望を開き、また古典的、市民的ドイツ哲学の発展にかんする、あの考察様式によって刻み込まれた思考と研究の図式を克服することにたいしてもまさに端緒をもたらした。

これまでふれることができなかった多数の元資料があるという印象のもとで、フィヒテ哲学の固有性、独立性、実際一回性をも望むべき差異性において理解し、時代の哲学の発展経緯からこの思考形式をもちろん消滅させないことが、ますます可能になる。

フィヒテの哲学が、またかれの人柄もまた誤解にたいして十分な機会を与えた。これらの誤解のうちで主たるものが、フィヒテをして、生涯自分の哲学的諸原理を精密化し、再三再四新しく把握することを動機づける。かれがかつて挙げたように、「わたしの教説の五年にわたる深い修正」(1)は、すくなくとも、さまざまな仕方で知識学の「亡霊」に向かうこと、とりわけかれの諸原則が空虚であるという非難に向かうことにその本質があるのではなかった。したがって「「知識学の――ディーチュ」了解とともに進み、その推測上の追従者、あるいは改良者すらきわめて冒険的な代物を提出する」(2)ことにその本質があるのでもなかった。フィヒテにたいするこのような理解を、シェリングとならんで、おそらくまったく決定的に、ヘーゲルが論文「信仰と知」(「哲学批判雑誌」上に発表された)において、一八〇二年に流布させた。

同一性哲学が描くこの不十分なフィヒテ像を修正するために、いまや最新のフィヒテ―テキストと最新のフィヒテ研究を読んだあとに緊急に押しとどめられている。とりわけ、ラインハルト・ラウトは、これにかんするフィヒテ研究によって国際的なフィヒテ―研究(3)にたいして、区切り目をつけた。すなわち、ラウトがここで紹介するさまざまの出来事は、フィヒテに将来従事し、かれの位置を古典的市民的ドイツ哲学一般の発展のうちに理解することにたいして、まったく新しい地平を開く。

ラウトは、これまでのすべてのフィヒテ研究の根本想定を疑う。この根本想定にかんしては、フィヒテ研究のまったく異なった哲学的で世界観的な諸傾向のもとでも、いままで広範な同意が存在していた。すなわち、フィヒテ知識学には自然哲学にたいする余地はないし、フィヒテ体系における自然問題は、体系根拠から見て、「白いシミ（未開拓の領域）」でありつづけざるをえなかったという想定である。まさにこの表向きの自然からの疎隔と異なったいかなる公理もフィヒテのもとにはほとんどないことは、以前から確実なものであるとされ、検証が必要ないものと見なされた。たとえば、原型的には、フィヒテにたいするシェリングの表現がある。すなわち、「あなたがあなたの体系によって、自然を無化してしまったと考えておられるのは不明瞭なことではありません(4)」。

将来への影響の大きいこの先入見を原則的に十分基礎づけられたテキストから問題化して、確証すること。このことにこそ、古典的超越論哲学の精神にもとづく有力な哲学者としての、またフィヒテ全集の編集基準を立てる編集者としての、ラインハルト・ラウトの原則的な業績がある。「フィヒテ研究にたいして衝撃を与えながら、ラインハルト・ラウトは重要な、知られていなかった諸側面を明らかにする。これらの側面を、研究は今後もはや無視することも排除することもできないだろう『基礎』の自我理論において表面に現れない相互主観性……シェリングとヘーゲルの誤解と無理解……自然の哲学が現存することを認めない誤解と無理解……(5)」。

フィヒテ哲学の文脈において、自然概念を新しく熟考することにたいする諸根拠にかんしては、まずフィヒテの講義のテキストが指摘されなければならない（一七九八／九九年冬学期）。この講義テキストで、次のように言われている。「自然哲学は、アプリオリに存在する。自然哲学は確立されるだろう(6)」。あるいはまたシェリング宛書簡（一八〇〇年一〇月三日付）も指摘される。「したがって、自然哲学の意図には、つねにわたしの企図がありました。そしてなお自然哲学を一度みずから作り上げることを考えておりました(7)」。諸カテゴリーを生み出すことは、いつもただ「何ものかが与えられているという条件のもとで(8)」のみ妥当することをフィヒテが強調する場合に、フィヒテは、原則的にカントの批判によってあらかじめ与えられたものに関係している。フィヒテの超越論的自然論にとって、これが意味するのは次のことである。すなわち、自我にたいする客観的外界の所与性としての自然は、いつもただその反省においてのみ現れる。この基体は、もちろんけっしてただ完成して与えられているものとしてのみ見いだされるのではなく、つねに自由な行動によって実在化される。すなわち、この実在化によって、自然は自我にたいして生成する。

フィヒテのこの熟考の超越論的根拠は、批判哲学一般の中心的な要素であり、すでにカントによって構想されている。すなわち、根源的に生産する構想力の公理である。フィヒテは、こう書いている。すなわち、「知識学においては、諸カテゴリーは客観と同時に成立する。そして諸カテゴリーをはじめて可能にするために、構想力そのものの土台で成立する(9)」。

構想力の媒介の弁証法において、理性によって規定可能なものが生み出される。カントの意味において、フィヒテは、完全にこれを自然哲学的な方向にも変えることができる。「すなわち、構想力は、構想力にたいして現実的な自然が与える素材から、ほかの自然をいわば生み出すことにおいて、非常に威力がある(10)」。ところで、そのさい、カントにたいして、この構想力をフィヒテが精密化することは、知識学が直観の多様をいまやはじめて必然的であることとして演繹することができるだろうということである。ちなみに、直観の多様は、カントの場合には、自我に与えられたものとして、またいつもすでに現存するものとして概念的に把握されている。フィヒテによれば、自我にたいして交互作用にあるものとして思考されうるいっさいが自然になる。「自然は、もちろん知性を規定するが、しかし、自然に内在する法則にしたがってではなく、知性に内在する法則にしたがって規定する。……したがって、自然は自然系列を作る(11)」。二つの遂行は、フィヒテによれば、超越論的構想力の教説にそくしてみれば、自然哲学的にとくに重要である。超越論的構想力は、一方で、その現存在から見て、完全に意識の外部にあるものを意識のうちに高め、そして構想力によって、他方で、総合の遂行がモデル化される。そのため、おおくの人によって、根源的に生産する構想力にかんするこの教説は、哲学にたいするフィヒテのもっとも重要な貢献にかぞえあげられる。この根源的に生産する構想力は、したがって、構想力に固有の弁証法的な行為において、たんなる悟性にとって、唯一合一できないものを合一する。すなわち、フィヒテが詳論するように、「無限性と限界づけとは、一にしてまさに同じ総合的な構成要素において合一されている」[12]。生産的構想力は、したがって、フィヒテによれば、形式と物質を相互内在的に加工することができ、それによって知の「他者」をその可能的素材として生み出す。

生産的構想力のこの遂行によって、知の（また自然としての）あの素材を生み出すことによって、フィヒテは、その弁証法的な主観―客観の理論を――広く流布した独我論的な偏見の彼岸で――自然理論としても展開することができる。したがって、われわれの外部に世界があること、われわれの理性における法則が自然にたいする法則であることは、フィヒテを真正の超越論哲学の圏域に定立することになるが、それこそがあのフィヒテの確信である。そこからフィヒテにとって、かれがシラーに一度手紙で書くように（一八〇三年六月九日付）、「客観主義と主観主義にかんする抗争全体が深く知識学の諸原理のもとにある」[13]ように見える。

フィヒテの自然哲学的なアプローチは、厳密に超越論的理論にもとづいて方向づけられている。そしてこのことは、また同時に展開するシェリングの（そしてヘーゲルの）自然哲学との決定的な相違でもある。シェリングの自然哲学は、――フィヒテが強調するように――いっさいを存在論的に見られた自然諸力から説明しようとし、こうして――フィヒテによれば――たんに不毛な類推化と思弁化に陥ってしまっている。フィヒテは、超越論的説明方式を物理学にたいしても活動的にしようとすることをシェリングが拒絶するがゆえに、シェリングを批判する。なぜなら、自然哲学を存在論的な自然諸力の上に立てようとするとき、自然哲学は、経験論的な地位をけっして克服できないだろうから。フィヒテはこのように言う。こうして、知識学は、――フィヒテによれば――自然問題をある程度矛盾から解放して統合するために、理性の自己把捉という超越論的諸原理を確認しなければならない。したがって、フィヒテが理性の「他者」の実在発生（Realgenese）を指示していないことがわかる。なぜなら、実在発生の場合、フィヒテは、やはり自分が回避しようとした唯物論にきわめて大きく接近しているのを見ることになるだろうから。フィヒテのこの自然理論において、フィヒテの超越論哲学的な諸原理とシェリングおよびヘーゲルの思弁的同一性哲学を相互から分かつ方法論的な強い亀裂が明らかになる。

結局、やはり知識学による自然問題の取り扱いにおいて、経験的な自然の現実性をも把捉する哲学的体系性において、実際に方法的に異論なく埋め込まれるかどうかが依然として問われつづける。このような疑いは、フィヒテにとっても徹底して疎遠であったように見える。なぜなら、かれが「自然哲学は、アプリオリに存在する。自然哲学は確立されるだろう」と書いたとき、かれはやはりきわめて特徴的な制限をなしたから。すなわち、「わたしは、しかし、それを行う能力がありません(14)」。

# 第六章　ロマン主義的自然哲学
## ——ヨーハン・ヴィルヘルム・リッター——

海綿体よ、そこのお方。
そこに、そこに挟み込む、
あなたはすでに見たのです。
様々の形にとって海綿体が
土台の上で成長するのか、
誰がそれを読むことができるだろう。
ゲオルク・ビュヒナー（ヴォイツェック）

「自然は一冊の本、一つの手紙、一つの寓話、あるいはあなたが名づけようとするものです。わたしたちがすべての字母をそこに知ると想定すれば、わたしたちはすべての言葉を言明することができ、書かれている言葉すら知ります。……一冊の本を理解し、それについて判断するためには、それはすでにいっさいであります。自然を解釈するためには、おそらく、自然に物理学より以上に属するでしょう」。[1] このようにかつて、ハーマンはカントに手紙を書いた。この「より以上に」には、わけても自然の、また当然、社会と思考の歴史的な了解の方法的な能力と同様に世界観的な能力も属する。

ところで、一八〇〇年頃のドイツ自然哲学のきわだった寄与は、まさに自然と人間の発展理論的な了解のうちに存している。アヒム・フォン・アルニムが一八一〇年にちょうど刊行されたばかりの『若い物理学者の遺稿からの断片』〔以下『断片』と略記〕という、当時の有力な自然哲学者であるヨーハン・ヴィルヘルム・リッターの著作を論評したとき、そこにかれは正確にあの業績を強調した。ちなみに、ここでいうこの業績は、自然理論が、カント主義の精神にもとづいて個別科学的にも、また同程度にまさに世界観的にも、現実性の概念的把握における進歩に寄与し、革命時代のあいだに――思考様式の革命として――学のあらゆる領域に、哲学と文学に再三再四ひろがったことである。「フランスで、新しい政治的世界が登場したあの時代以来、ドイツでは、知の新しい結合が浮かび上がった。この結合は、あらゆる諸規則の区別されたものを……一つの共通の全体にまで融合した。その結果、よりはやい時期の著作が、個々の才能がそこで非常に卓越して保持されているとしても、やはり非常にかけ離れた時代からの諸著作であるかのように現れる(2)」。

合一する、総合するというこの傾向は、とくに哲学的衝撃に負っているが、この衝撃はカントの形而上学―批判から生じたのであり、また自然哲学的にたいへんよく適用されたから、自然についての知においてもまた、新しい理性的な体系性に到達することができた。この傾向を、たとえば、かつて物理学者プファフが、リッターのもとで特別に著しいものとしてきわだたせた。すなわち、かれは、「分散した構成要素を一つの全体にいたるまで合一し、諸現象の多様性のうちに統一を探し求め、諸現象の相互的な依存性をしるした(3)」。

なおかれの死の直前に刊行された『断片』によって、リッターは、自分自身にとって魅力的な知的遺言をまたイェーナのロマン主義にたいする暗号に満ちた記念碑としても想定した。かれこそ、このイェーナのロマン主義のそのディオニュソス的な魔術師だった。この『断片』は、ロマン主義的な性格一般の精神的な気質の証拠を与え、文献的にリヒテンベルクとノヴァーリスのアフォリスムのあいだにある――この『断片』は、リヒテンベルクよりも、詩的輝きの点でまさっており、ノヴァーリスよりも科学的に実在的なものの把捉可能性の点でまさっている。

ヨーハン・ヴィルヘルム・リッター（一七七六―一八一〇年）は、福音主義の司祭館で生まれた。かれは、一七九六年来イェーナで研究し、ここでは、主として自然科学的な諸講義を聴講した。かれの学問上の教師は、化学者のJ・F・A・ゲットリング、植物学者のA・J・バッチュそして数学者にして物理学者であるJ・H・フォークトであった。二年後、かれは――財政的な理由から――研究を完結させずに中断し、ひきつづきイェーナで在野の学者として活動していた。同時期（一七九六―一七九八年）、さらにもう一人の未来の重要な自然哲学者が、隣のライプツィヒで自然科学的な研究に従事していた。――フリードリヒ・ヴィルヘルム・ヨーゼフ・シェリングである。かれはそのとき一七九八年にイェーナに招聘された。

まもなくはじまる自立的で科学的な仕事が発表され、よく知られるようになった。リッターは、感受性にとんだ天才であり、急速にかれの時代の自然科学的な知識をほとんどすべて獲得した。それについては、『断片』が印象深い証拠をあたえている。かれは鋭い観察能力を持ち、めったにない実験の才能を持っていた。一七九七年一〇月二九日に、リッターは、イェーナの自然研究学会で一つの講演を行った。そのさい、かれははじめていっさいの精霊を動かす、ガルヴァニズムという新しい問題にかんして、新しい把握を総括的に論じている。半年後、ついで、ヴァイマールで最初の本が刊行された。『不断のガルヴァニズムが動物の領域において生命過程をともなうという証明』である。リッターは、この書で驚くほど卓越した仕方で、電気理論にかんする基礎をめぐる同時代の論争において立場を明らかにした。そのさい、ボローニャの解剖学者ルイジ・ガルヴァーニによって、一七八九年に蛙の腱の装置で観察された諸現象の説明が問題であった。ガルヴァーニの説明は、神経と筋肉が二つの異なった金属によって一つの連鎖につなぎあわされれば、筋肉の刺激が生じるというものである。ガルヴァーニは、この現象のうちに、特別の、動物電気（刺激—電気とならんで）が存在するという仮説にたいする一つの確証を得た。このような動物電気は、なかんずくしびれえいと電気うなぎによって与えられた電気的衝撃の説明のためにすでにガルヴァーニ以前に発展していた仮説である。このような仮説は、しばしばあらゆる生命体に内在している「生命力」にかんする思弁と結びついていた。ガルヴァーニの諸現象の説明にたいする最初の代案としての解釈は、アレッサンドロ・ヴォルタによって呈示された。蛙の腱——装置の筋肉と神経とは、まったく接触する異なった金属板によって生み出された電気（「接触—電気」Berührungs-oder Kontaktelektrizität）の表示器と導体にほかならない。それによって、ヴォルタが「動物電気」という曖昧な理念を揺るがした。それにもかかわらず、ヴォルタの諸結論は、逆説的で不可解なままであった。なぜなら、ヴォルタによれば、中断されずに伝えられた電気の源泉がさしあたって接触—永続体として動いて現象しなければならなかったからである。

ところで、若いリッターは、端的に両派の一方に与みするのではなく、ガルヴァーニ現象にたいする完全に新しい仕方の説明の端緒を提供した。かれは、「ガルヴァニズムの諸現象を化学反応として説明した。……リッターは、それによって当時謎めいた電気現象に正確な唯物論的な説明を与えた[4]。「その形式から見た（同じように力動的な諸過程として）電気過程と化学過程の同一性」へのこの早い時期の洞察によって、また「どの化学過程においても必然的にまた電気過程も含まれている[5]」ということにおいて、リッターは、ヴィルヘルム・オストヴァルトが主張したように、電気化学の創設者になった。

大学の階層順序の外部にいる在野の学者としてのリッターの評判、またヴァイマール—イェーナ社会の指導的なボヘミアンとしてのスキャンダルに満ちた生涯は、かれを急激に関心の中心にし、またさまざまの研究サークルの、希少価値のある、あるいは驚異的な対話のパートナーにした。新しい物理学の最初の権威として、リッターは多くの関心あるものを惹きつけた。その結果、多くの学生たちがいまやイェーナ大学を選択したのであり、イェーナ大学は、それによってさらにあの時代にもっとも進歩的な学者の共和国であるという、その評判を強固なものにした。リッターのところには、とりわけハインリヒ・シュテフェンス、ハンス・クリスティアン・エルステーズ、ゴットヒルフ・ハインリヒ・シューベルト、アウグスト・ヴィンケルマン、フリードリヒ・カール・フォン・ザヴィニーがやってきた。わけてもノヴァーリスがやってきた。ハレへの旅行のさいに、リッターは、アヒム・フォン・アルニムと知り合いになった。この出会いは、アルニムの生涯において、将来への影響が大きい、また恵みゆたかな区切りになった。つまり、かれにとっては、「あなた〔リッター〕がハレにやってき、わたしたちのまえで生き生きとした固有の運動性の勇気に溢れる充足において、ガルヴァーニ電気を起こしたとき、……あなたにとっては、それはきわめて強くわたしたちを鼓舞する回想の一つでありつづけました。あなたには非常によく着想、導出、古い試みにおける新しいものの利用、例外の利用において見られるように、他方では衝突があり、あなたには進歩があったのです(6)」。ヴォルタの電池にかんするリッターとの論争後――一八〇一年からの見解の論争は、ギルバートの「物理学年報」に記録されている。――アルニムは物理学を断念し、完全に文学に向かった。

リッターは騒がしい、つかれたような、奇矯な、それどころか自己中心的なボヘミアンであったし、かれはすべてを、またすべてのかれの孤独な夢、それは認識といわれるが、それに身をゆだねたとしても、――「わたしは、毎日いっそう真剣に科学に取り組み、科学のほかには何の関心も持っていない人間であるにはあまりに感じやすかった。(7)」――リッターは、それにもかかわらず、根本的につねに人とのつき合いを、友人との交際を求めつづけ、またどんな知的な（そしてまた物質的にも）援助にも感謝しつづけた。この独創的な才能は、かれの知的で社会的なメンタリティでもってだれにも簡単にかたづけるわけにはいかなかった。つまり、ともかくも、つねに市民的な破局（かれは、生涯を通じてしばしば非常に高い責任を持って生きなければならなかった）のふちにあるとしても、かれは、資金の問題でけっして日を超えて歩きまわることはなかった。かれはお金を破滅的な仕方で本のため、道具のため、実験材料のため、副手のため、酒場での夜を徹したどんちゃん騒ぎのために、友人のため、女性たちのためにそそぎ込んだ。すくなからず驚かせ常軌を逸していたのは、この物理学的な熱狂がしめす学問的ならんちき騒ぎであった。週日かたくなに実験を行っていること、あえて痛みを感じる健康を害する実験を自分を実験台にして試みること、洪水のように論文を書くこと、次いでふたたび、いっさいを隅に投げ捨て、度を越して無為にすごすこと、詩作をすること、そして計画を立てること……。

リッターは、小心な人の先入見と俗物根性を共有しない多くの人によって支持され、後援を受けた。友好的にかれはゲーテとむすびついていた。ゲーテはかれについて、こう言っている、リッターは、「驚異としての一つの現象であり、地上の上にたつ真の知の天空である(8)」と。緊密な友情が、かれをノヴァーリスとヘルダーに結びつけ、かれを寛容に支援したのが、ヴァイマールのカール・アウグスト公とゴータのエルンスト二世公であった。そしてとりわけ、かれの二人のもっとも重要な出版者が、イェーナのフリードリヒ・フロムマンとライプツィヒのカール・ハインリヒ・レクラムであった。かれの友好的な諸関係のうちに一つのきわだった位置を占めているのが、当然フリードリヒ・シュレーゲルであり、シュレーゲルこそがイェーナのロマン主義の本来的な中心であった。

けれども、シェリングとリッターは、ともにイェーナにいるあいだ、注目すべきほど隔たっていた。それでもかれらはやはり、ともに自然の探求において哲学的に、また実験的にもほとんど同じ方向へ発展させた。二人は、たとえともにプロテスタントの司祭の家で生まれたとしても、すでにかれらの科学的な形成経緯から見れば、まったく異なった刻印をおびていた。一方は、おそらく当時ドイツで一般に可能であったもっともすぐれた学問的専門教育を修了し——チュービンゲン神学校——、リッターは、それにたいして多かれ少なかれ勤勉な独学者で学問の愛好家であった。

しかし、かれらがそのときそれぞれが独自に自然問題に向かう条件においては、まったく類似している。なぜなら、両者は哲学的にカントにもとづいて方向づけられ、両者が予感しているのは次のことだったからである。それは首尾一貫して力動的な物質把握というカントのプログラムが解決されれば——自然研究において、まもなくすでに次のことを、「歴史がなければ、全体がただ冷たい化石化に向かうだけであろう。新しい領野が開かれる。つまり、時間である」[9]ことを洞察するにいたるだろう。両者は、それによって、自然認識における要求された力動化、それどころか歴史化にかれらの仕方で貢献する。

両者、リッターとシェリングであるが、かれらは、その科学的な成果を相互に情熱を持って、またときおり陰険さを持って追求した。——「きみは知っているだろう、シェリングが無作法だったということを。かれは、しかし、またもやわたしを誉めたのだ。かれのおかげで、シェリングも私もともに悪魔になった」[10]。両者はあまりに似ていたから、永続的に優先権をめぐって争う危険が存在していた。なぜなら、かれらは相互に独立していたけれども、まったく類似した理論的な把握を持っていたにちがいなかったことが、少なくともリッターにとっては明瞭だったから。つまり、「わたしは、かれを〔シェリングを〕、しかしわたし自身の優秀さのために、いままで無視してきました。すなわち、かれのものを読みませんでした。……しかし、わたしが何かを望むとするなら、わたしたちが相互に異なっているところが問題でしょう」[11]。ふたりは、ほかの点でもまた同じ友人のサークルをイェーナとヴァイマールで持っていたが、けれども、かれらは個人的には明らかに慎重に避けていた。リッターはおそらく、かれにとって多くの点で尊大な、イェーナ大学（Alma mater Jenensis）の哲学的な飾りが自分の精神的な発展にとって必要であるばかりではなく、哲学的に老獪なシェリングがかれには照明を与える諸演繹によってもしかすると、まったくその実験にたいする意欲を堕落させるかもしれないことを予感していた。親しく交流するためには、かれらは、ともかくもその生活様式であまりにもちがっていたのである。

リッターの自然科学的な活動における新しい実験に推進力をもたらしたのは、ヴォルタによって確立されたガルヴァーニ電池がよく知られるようになったことである。このガルヴァーニ電池は、一八〇〇年の六月に王立協会によって知らされた。このような諸研究は、より大きく、またより価値のある素材を投入することを要求したから、いまやほとんどなお個人的に即興的に行う、あるいは個人的な財力にもとづいて研究をささえることはできなかった。このような仕事にたいする可能性が、リッターにとっては、いまや科学的に非常に、開明的なザクセン―ゴータ公によってフリーデンシュタイン城で生み出された。このヴォルタ電池において、リッターは、ガルヴァーニ電気にかんする認識を完成させた。ヴォルタ電池を改良し、またガルヴァーニ電気についての、これまで知られていなかった合法則性を引き出した。こうして、かれは、いまや電気分解の原理を発展させ、「乾電池」によって蓄電池の前形態を発展させた。かれは、また電磁気学の発見のほんのすこしまえに立っていた。電磁気学の発見は、友人ハンス・クリスティアン・エルステーズによって一八二〇年に現実に達成された。

方法的に興味深い発見を、リッターは、一八〇一年二月に達成した。（F・W・ハーシェルによる）赤外線光線の発見を評価するさいに、リッターは、さしあたって純粋に理論的に類推論理によってこう考えた。スペクトルの対立した側面で、紫外線が見いだされるべきであろうと。いまやこの推測のもとにとどまっていなかった。リッターは、この光線の存在の経験的な証明を行った。かれはカール・ヴィルヘルム・シェーレによって展開された方法を適用した。この方法は、塩化銀を塗った紙でもって光のスペクトルに晒すという方法であるが、リッターはそれを適用するさいに、はるかによく改良した。そのため、紫外線放射の化学的作用を〔塩化銀の黒さが紫の光線の範囲のそとにある〕も示した。

リッターの科学的評判にもかかわらず、多くの公刊物と発見にもかかわらず、イェーナ大学は、かれの科学活動の場としては、依然として閉じられたままであった。大学当局、なかんずく哲学部の学部長、Ｃｈ・Ｇ・ハインリッヒは、シラーを大学に採用する機会にもすでに賞賛できない態度をとっていた。ハインリッヒは、リッターに講義にたいする許可を与えるまえに、厳格に学術活動〔博士号、あるいは教授資格論文〕の呈示を要求した。それでも、一八〇三／〇四年の冬学期に、〔リッターが講義を行うという〕一つの例外が行われた。だが、リッターがゲーテとのコネにものを言わせ、「この関係がヴァイマールにおいて冬に私に購読させるというように余儀なくさせているから……」行われたにすぎなかった。

そのため、リッターの講義は打ち切られた。「わたしが博士号を取ろうとしないとかれらがみているように、かれらは、わたしに〔支払われるべき報酬の〕半分だけの博士号を与えた[12]」。

リッターのこの講義は打ち切られたが、しかし、ともかくも〔リッターが講義を行うことができたのは〕大学の没落の時代にぞくしていた。おおくのひろく尊敬された学者たちが、ザール河畔をはなれた。たいていの学者は、バイエルンに向かった。バイエルンでは、かれらはヴュルツブルク大学、ランヅフート大学[訳注1]あるいはバイエルン学術アカデミーで、モントゲラの時代の精神のおかげで非常に実際的で実質的に確実な仕事の条件が目の前にあるのを見いだした。そうして、リッターにとっても、たとえここイェーナでかれの生涯をきわめて決定的に規定したほとんど八年間を過ごしたとしても、イェーナを離れることは、困難ではなかった。リッターにとっては、そうこうする間にやはり非常に孤独であったから、離れることは容易であった。フリードリヒ・シュレーゲルを中心とするロマン主義サークルは、ノヴァーリスの死後（一八〇一年）崩壊しており四散していた。一八〇二年には、庇護者のバッチュ教授はなくなり、一八〇三年には、ヘルダーが、そして一八〇四年には、リッターの後援者エルンスト二世公がなくなった。シェリングは、すでに前年（一八〇三年）イェーナを離れ、南方に向かった。

一八〇四年一一月二四日に、リッターは、バイエルン学術アカデミーの会員に任命された。伝統、条令、階層順序そして日常の仕事において硬直した大学の仕事について悲惨な経験をした後、いまやライン同盟国家バイエルンで、「信じられないことだが、ミュンヘンの官職につき明らかに学問的な真理にとって重要な人物になるということを見いだしたのだが、ほかのところでは容易に有り得ないことだ[13]」ということを経験した。一八〇五年六月には、リッターは、ミュンヘンに移住し、そこでかれは――ともかくもすでに三〇歳である――はじめて安定した給料を得た。けれども、なおイェーナからかれは深く負債を抱え込んでおり、この悲惨さからかれの短い人生でもはや解き放たれることはないだろう。

イェーナ時代に公表された成果によって、かれはアカデミーの地位に上ったが、この成果は注目すべきものである。二冊の専門書、一八〇〇年から一八〇五年のあいだに刊行された雑誌八冊、ならびに三巻にまとめられた論文集である。

ミュンヘンでかれがはじめておおやけに登場するのは、一八〇六年三月二八日に行われたバイエルン学術アカデミーの創立記念祭の機会に行った「芸術としての物理学」という題目の記念講演である。この記念講演で、かれは、「黎明の色彩効果（コロリット）」[14]を発表した。すなわち、物理学をその歴史から解釈するという理念を述べる。ミュンヘンでの四年間に、リッターは、完全に異なった自然科学的な諸対象に従事している。すなわち、音響学、とくに「クラドニの音響図形」、化学、とりわけ「デイヴィのアルカリ金属の最初の叙述」、電信の解釈そして植物の電気生理学についての実験である。

かれの学術的な伝記のぬきんでてむずかしい点は、カンペッティ事件である。この事件によって、ロマン主義的な思考様式にたいする多くの偏見が強まった。リッターは、一八〇七年八月一九日に、アカデミーにイタリアの鉱山師、採鉱師にして水脈採取師であるフランチェスコ・カンペッティを紹介した。それは、「かれのより高次の〈興奮性〉の事実を確証するためである」[15]。しかし、善良なカンペッティは、実験的な基準にたえることができなかったし、また任命されたアカデミーの委員会（この委員会には、神学者インホーフ、医学者ギューテ、そして物理学者ゼンマーリングが属した）は、この仕事から離れなければならなかった。委員会はこの計画を、アカデミーによって財政的に援助されているとしても、リッターの「私的な研究」だと説明した。しかし、たしかに通常の軌道をはずれている実験としてはじまったものは、不幸にも、まもなく不本意にも一般的に自らの信用を傷つける結果になった。――ミュンヘンでは、いたるところで、シャンデリアで飾られた議場でなされたような騒ぎが、流行病のように広がった。「カンペッティ事件」は、リッターがミュンヘン社会を離れるのをはやめ、ますますリッターの憂愁が強まった。リッターにとっては、科学と友情とがほとんど取り替えが可能だったが、そのかれにとって、ミュンヘンには、ほんのわずかの友人しか残っていなかった。かれは、しばしばかれらと交流することができた。驚くべきことに、まず挙げられるのは、シェリングであった。リッターにとってここミュンヘンでは、通常では考えられないほど友好的なものであった。ついで、フランツ・フォン・バーダー、化学者アドルフ・フェルディナンド・ゲーレンがいた。ゲーレンは、一八一五年に悲劇的な仕方で硫化水素を用いる実験でなくなったが、ヨーハン・ヴィルヘルム・リッターの遺稿の管理者であった。そして、結局さらにミュンヘン・アカデミーの数学――自然科学部門の責任者、カール・エーレンベルト・フォン・モル男爵がいた。かれは当時のもっとも偉大な文献学者の一人であった。

　孤独のなかで病気にかかり、なんの手だてもなく、かれはいまやますます――それらすべてにもかかわらず――古き良きイェーナ時代を思い出す。かれは、当時、「いっさいの負債もなく、だれもが知っていたのだが、わたしはなにも持っていなかったことを思い出す。ただわずかに健康がすぐれなかったときに、わたしにはなにかを望むことができたことが心のうちに流れ込んできた。そして、わたしは、それを禁じなければならなかった」[16]。リッターはまさに活動するために、そしてみずからの科学的な生産性のために、いつも確固とした、性質のにかよった友人のサークルを隠れ家として利用した。ただ友人たちのもとでのみ、かれの奇矯なふるまいは、さまざまの業績のうちにつつみこまれることができた。なぜなら、かれらはかれのオーラ、神秘的な雰囲気を創り出したから。この雰囲気がふたたび、かれの生命の水となった。――ノヴァーリスは、それにたいして次のように言っている。「リッターは、騎士である。わたしたちは、その騎士に使える小姓でしかない[17]」。

　一八〇九年中に、戦争の混乱がオーストリアにたいするナポレオンの戦争の結果としてバイエルンにも影響をおよぼしはじめた（戦争税、口座の閉鎖、俸給の取消）とき、かれの生活状態は、きわめて深刻な状態になった。それによって窮乏は、ますますひどくなったが、しかしまた知的な破局にも影響をおよぼしたのは、猛威をふるう軍隊であった。――「そして、ひとたびまずはやい時期のリベラルであることから何ものかが過ぎ去ってしまえば、たしかにふたたび戻ることはない[18]」。一八〇九年八月に、かれは家族を（そうこうするうちに、四人の子どもがいたが）ニュルンベルクへ、友人ゴットヒルフ・ハインリヒ・シューベルトの庇護のもとに疎開させた。かれは一人でミュンヘンにもどり、そこにとどまっている。憂愁に満ちた自分の死をほのめかすことによって、人の気を引こうとするふるまいは増大する。リッターは、あいかわらず人生の放棄者としてはみずからを感じていない。だが、A・F・ゲーレンがエルステーズにたいする死の報告において書くように、リッターは「かれの人生を困難にし、ほとんど全世界と衝突していた[19]」。しかし、かれは、まさに肉体的な病気にかかっているばかりではない。むしろかれをめぐるうわさ話、もったいぶり、嫌がらせ、そして無分別にわずらわされている。要するに、かれはおなじように、自分の時代にもわずらわされている。かれは、かつてこう書いた。「わたしの主要作品をおそらく私の人生を犠牲にする時代にかんする皮肉ととっても悪くはないが、わたしはそのような作品を生み出すことによってなにも失わない[20]」。——一八一〇年一月二三日にヨーハン・ヴィルヘルム・リッターはなくなった。ちょうど三三歳であった。

方法的な処理様式において、主としてイェーナのロマン主義者たちは、知と学問における統一に対するあの本来理性的な要求に応じようとした。この方法的な処理様式は、一見してふたたびまったく逆説的である。すなわち、きわだって反体系的な傾向とアフォリスムと断片的なものを好むことによって、そうである。そのとき、このような傾向と好みには方法的には、類推すること、断片で表現すること、そして組み合わせることが対応した。イエーナのロマン主義者たちは、そうすることによって便宜的な理論家とはまったく習慣的な精神態度からして対立していた。かれらは、こうして専門家よりもむしろ認識の愛好者、ディレッタンティズム〔しろうと趣味〕の人である。なぜなら、かつてヨーハン・ヴィルヘルム・リッターがこう問うたから。「学問に生産的に関与することと学問的な経歴を一つにすることは、そもそも可能であろうか[21]」。

しかし、ロマン主義的なしろうと主義、ないしはディレッタンティズム、とりわけシュレーゲル―サークルのあの情熱的な愛好者たちは、まさしくきわめて異なった領域で革命的な業績に到達することができた。こうして文学と文学批判、そして哲学と自然諸科学の領域でそうであった。それらの業績は、科学と認識において、たんなる愛好者の権能喪失と欠陥のある業績能力という擬古典主義的な酷評を本来対象のないものにした。リッターとおそらく一般的にロマン主義的な自然科学にかんしては、かれらに今日までつきまとう先入見にたいして、力を込めて強調されなければならないのは、こうであろう。すなわち、「これまでかれらが経験データを顧慮しないで、ほかの時代の学者よりもかたくなに自分たちの把握に固執したことに対しては、なんの証明ももたらされていないし、かれらの偉大な成果にかんしては、またこのような証明がもたらされることは期待できない[22]」。

イェーナのロマン主義者たちは、ディレッタントなものの意味の転換に生産的に注意を喚起しようとした。すなわち、もはやすくなくとももっぱら禁止的にではなく、徹底して学問的なふるまいにたいして、入門的に理解できる。さらに、ロマン主義者とはたしかにまったく別物であったヴィルヘルム・トラウゴット・クルークは、ここでかつて――ともかくもまだ一八三二年に――次のことを熟考したとき、必要な感受性を示した。すなわち、「したがって、ある程度次のように言うことができる。芸術と科学を大きな、あるいは一般的な人間生活にみちびきいれるのは、本来ディレッタンティズムであると[23]」。

一八〇〇年頃のイェーナの精神文化における、ディレッタンティズム問題にかんして、一般に注目すべき価値がある、意味のずらしが考察できる。それまで、ドイツにおけるディレッタンティズム的なものは、かなりはっきりと否定的に使われていた。すなわち、それはとりわけ芸術的、ないしは科学的に熱心な人ができるかぎり含まなければならないあやまった業績として理解された。この評価にとって決定的であったのは、一八世紀の終わり、三分の一世紀のあいだに、わけても愛好者の特殊な形式というヨーハン・ゲオルク・ズルツァーのディレッタントの規定であった。すなわち、「好奇心にみちた愛好者[24]」という規定であった。このような規定にたいして、芸術と科学とはたんなる遊戯であり、時間つぶしでありつづける。

ディレッタントの概念における異なった意味規定を弁別することには、そのときとりわけ一七九九年のシラーとゲーテの共同のディレッタンティズム計画における努力が役立っている。芸術において愛好者の有用性と欠点とを熟考するさいに、とりわけシラーにとっては、人間の生産的ふるまいの可能性の圏域からディレッタンティズムを限界づけることが問題であった。ディレッタンティズムの登場は、「まだ正当な統制的なものが存在しない[25]」ところではどこでも、もちろん理解できるし、ほとんどさけることができない反応としてみられる。そのようなところでは、規範的なものと法則的なもの一般が、まさに一八〇〇年頃に観察することができるが、科学、芸術そして哲学において伝統的な生産と受容の諸条件の価値をきりさげ、価値を変更するのと同じく意のままにできる。それは、たしかに革命の時代の指標として理解することができる。

たんなる印象的なものにたいする限界づけにもかかわらず、またディレッタンティズムにおける受動的なものにもかかわらず、シラー——ゲーテのディレッタンティズム批判は、やはり「ディレッタンティズムが生産力を取りあつかうがゆえに、それは人間における重要なものを加工する[26]」という事態を無視することができない。

とりわけゲーテの場合には、この両面価値性がディレッタンティズムの現象にたいして感知することができる。けれども、ゲーテは——シラーと異なって——、ディレッタント〔しろうと愛好家〕としてのその力をほかの領域、たとえば政治学、そしてとりわけ自然諸科学にたいして検証するために、みずからまたしばしば大きな苦痛をともなって、芸術と文学の境界を乗り越えた。これに関連するゲーテの親和力（Affinität）は、かれをしてとくにイェーナのロマン主義者たちにたいして関心を持たせた。かれらは、ゲーテのうちに理解にみちた保護者を確かめることができた。

ディレッタントたちにとって、つねに非難のまととされた彷徨は、ロマン主義的なディレッタンティズムにおいては、まさしく新しい経験価値として肯定的にとりあげられる。リッターの友人ノヴァーリスは、かつてかれのサークルをそもそも駆り立てた哲学的衝撃をこう規定した。「哲学は、本来いたるところで家にいようとする望郷の念、衝動である」(27)と。だが、いたるところで家にいようとするこの衝動は、かれらのもとでは帰納的な、経験の中から取りあげられる怒りのうちでくみつくされたのではなく、かれらは、ある程度それを百科辞典的にみがきあげようとした。リッターもまた、同一的なものを多層的に異なったもののうちで読まれ、理解されうるような統合原理を探求した。要するに、かれにとって問題は、生きている自然と死んでいる自然を包括する普遍原理を発見することであった。そのとき周知のように、リッターにとっては、ガルヴァニズムのうちに、自然的世界における特殊性と一見して分裂したものを本質的に統一的な経過として認識することができるあの絆が見いだされたのである。

このロマン主義的なディレッタントの精神的な彷徨は、かれをしてまさにちょうどいたるところでただ一瞬だけ満足を与えることに没入させ、あるいは直覚的なものにおいて意志疎通なしに自分を失わせた。まさしくガルヴァーニ現象についてのかれの力動的な説明は、注目すべき論証性をしめすばかりではない。この説明はとりわけ確固として組みたてられ実証された思考と方法の図式を持つ伝統的な自然科学には疎遠であった〔自然科学の〕革新に対する同調性を証明している。シェリングは、一八三二年にアカデミーのポストにあって、イェーナのロマン主義者の知人たち（そしてそのほかの点ではかれ自身の）の通り一遍ではない、この自然科学の革新に関連した自らの業績を公表した。そのとき彼は次のように書いている。「すでにヴォルタ電池の発見以前にさえ、若干のドイツ人は、磁気、電気そして化学過程が一にして同じ過程の三つの形式にほかならず、この過程は、まさにそのためにもはや、なかんずく磁気過程、電気過程、そして化学過程と呼ばれるよりもむしろ力動的過程という普遍的な名前でもって証拠立てられたとあえて実際に言明していた[28]」。

ロマン主義的ディレッタンティズムの登場をうながした重要な科学理論的な変革にかぞえあげることができるのは、知、認識そして理論的なものの了解におけるこれまで拘束的であった方法論的な規範的なものの崩壊であった。それは、とりわけ超越論哲学にもとづく形而上学批判によって指導された。だが、まさしくこれを基礎づけたカント主義こそが、隠れた逆説のかなりの潜在力、あるいはまったく逆説の方法論を含むように見えたことは、多くのひとによって恐れられた。典型的には、この「不安の停滞」がベルリンの啓蒙家ニコライのもとでぶちまけられた。かれはこう書いた。「超越論的観念論から、かつて『パンドラの箱』から逃げ出したように、すべての芸術、科学がとりわけ最新の物理学と詩学とが逃げ出している[29]」。そして、なお老カントは、一八〇一年にガルヴァニズムにかんする多種多様な反省を下書きした。そしてこう強調した。「超越論哲学は、ガルヴァニズムである……ガルヴァニズムと名づけられるものは、本来超越論哲学である[30]」と。この驚くべき言い回しで、カントは、まもなく――ともかくもカントにもとづいて方向づけられた――自然科学者リッターがさらに追跡することになる一つの問題の集約的な遂行を視野のうちに取り入れた。ロマン主義的なディレッタント、リッターをしてそのとき現実に対する新しい統一の視野へといたらせる革新的な歩みは、諸事物のこのような対決であった。これらの事物は、これまでまだけっして視野に入らなかったし、したがって、これまでまだけっして分析的なつながりにおいて見られなかった諸領域の対決が、すなわち（自然理論という）理論的なものと歴史的なものの、発生論的なものの対決が見られたのである。チュービンゲンの学生シェリングは、まだ数年前に（一七九五年）にまったく厳格にこう要請した。「アプリオリな理論が何にかんして可能か、それにかんして、歴史は可能ではなく、反対にただアプリオリな理論を持たないものだけが、歴史である[31]」と。

この力動的な構想が論証された自然科学的な対象は、まさにガルヴァニズムであった。ヘンリック・シュテフェンスは、自分の生涯の回想において、この新しい自然の考察様式がかれに与えた印象を印象深くこう特徴づけた。「自信にみちた自然研究者は、たじろぐ。ガルヴァニズムは、将来の発展の発酵する要素を自然科学のうちに投げ入れた。あらゆる個別化した諸理論が動揺した。個別化した自然諸力の諸分裂は、もはや化学、電気、磁気の理論が、相互に分離しており、自己内で完結しようとすると主張できなかった。それらの理論は、あらゆる意味を喪失しはじめた。自然研究者はおそらくこの契機の大きな重要性を予感したことだろう[32]」。

リッターがこの研究過程でいまやもたらす新しい理念は、力動学を発生として概念的に把握すること、言い換えれば、友人シュレーゲルの次の言葉で把握することである。「哲学的な発生はここでは現実の発生に対応しなければならない。……わたしたちは、自然と世界を発生論的に構成しなければならない[33]」。時間化、歴史化というこの理念は、まったく自然の全構成を含んでいるが、かつて派生した自然の内的諸連関をよりよく概念的に把握することを可能にする。このように分析されたガルヴァニズム過程においてはじめて、自然科学的に精密に確証するように見えたのは、「二元論が徹底して自然においては生じない[34]」ということである。それによって、自然の内的なものに入ることができる一つの鍵がある。リッターは、こうしていっさいの現象のメタモルフォーゼの法則を見いだすことができ、その生成の導きの糸を、またこうして統一を現象させることができた。――こうして、かれは、自然における諸過程の内的形式を歴史的過程として指摘した。物理学には「歴史がなければいかなる歩みも可能ではない(35)」とかれが強調するとき、これは、物理学の過去への偶然のまなざしを意味しない。したがって、「物理学の歴史ではなく、歴史＝物理学＝歴史(36)」である。それにおうじて、リッターは、再三再四、一八〇四年四月八日付ゲーテ宛書簡で書いているように、「まさしく理論と歴史のあの結合をためらわずに探求し、はじめは不完全であるが、やはりより完全なものに向かって進む(37)」ことをくわだてた。

いずれにせよ、存在を生成として把握するこの偉大な企てにおいて、同じ時期にイェーナにおける哲学的前兆のもとで、なお若いシェリングが、またとりわけヘーゲルが従事している。若いシェリングは、『超越論的観念論の体系』において、発生論的に構成された主観―客観理論を展開した。ヘーゲルは、そのとき『精神現象学』において、今までに到達された歴史性の本質にたいする洞察の哲学的総括を呈示した。ゲーテは、ずっとのちになお再三再四あの発生論的な思考様式の偉大な意味を指示し、例えば一八三〇年のパリのアカデミー論争を批判する機会にもこの意味を指示した〔訳注2〕。

リッターの方法は、ただ断片的なさまざまなアプローチでしかないとしても、ある程度「自然の現象学」として、ヘーゲルの弁証法的構想にたいする補完である。リッターは書いた。「経験諸科学において――またわたしたちは、ほかの学を持つのだろうか――徹底して真理への道が最終的真理そのものと同じく教えるものが豊かである(38)」と。方法的にリッターの自然研究は、したがって、ヘーゲルがロマン主義的自然科学を非難するように、自堕落な経験主義ではけっしてなく、「酩酊した思想の火花」によって開示されているのではなく、その核心において経験を悟性の諸原理と媒介し、思弁を経験へと連れ戻して媒介するカントの意味において批判的である。それゆえリッターは、方法的に徹底して要求を満たした。「もっとも厳密な経験がもっとも明瞭な思弁と不断に調和を維持すべきです。そしてそもそも自然科学から消滅する精神をもう一度存続させるために動かすことです」[39]。この方法的な熟考は、リッターのもとでは、自然研究の領域で保持される。それだけではなくかれはこの原理をまた科学史記述においても適用する。すなわちかれの偉大な論文「最近数世紀の化学理論の運命の歴史」（一八〇八年）においてもそうである。

ロマン主義的ディレッタント、リッターの科学構想の限界（あるいは見通しと言うべきだろう）は、――もちろんみずから非難した――すべての数学化の断念であった。フランツ・フォン・バーダーに宛てて、かれは一度賞賛しながらこう強調している。「かれは、わたしたちのようなものがたんなる言葉で信じるものを計算して考慮します」[40]。この非数学的推論方法は、さらにのちにファラデーのもとで、またリッターの生涯の友人エルステーズのもとでも見いだされる。かれらには、あらゆる認識遂行のさいに、結局やはり、かれらの質的な発見的諸原理から量的に一般化する理論形成に到達することができなかった。こうして、リッターの方法的手段は、そのロマン主義的ディレッタンティズムをきわだたせるが、とりわけ実験、思考実験、類推そしてまたしばしば思弁的な寓話化でもあるが、しかし、いっさいのこれらの方法は、まさに直観性の方法である。経験拘束性と直観性とは、おそらくロマン主義的ディレッタンティズム一般の本質的なものに属するが、これらの自然理論はそのとき自然科学、哲学、芸術を合一する「芸術としての物理学」というプログラムに通じる（そのようにバイエルン科学アカデミーでの一八〇六年三月二八日の講演でリッターは言っている）。

自然科学にたいして、ここでリッターによって求めるところの多い目的が、すなわち「人間の女教師である」という、またその「分裂した自然との再合一、自然とのかつての調和への還帰」[41]を探求しようとする目的が付与される。

一八〇六年のリッターのこの熟考は、あの神話を負っている自然科学プログラムの救済として妥当することができる。このプログラム神話は、一〇年前の一七九六年、あの『最古の体系プログラム』において（その著者は、おそらくヘルダーリン、シェリングそしてヘーゲルのテュービンゲン友人サークルに由来する）構想される。すなわち、「わたしたちの長い、実験にもとづいて努力をかさねてすすむ物理学にもう一度翼を与えようとする」[42]プログラムである。

# 第七章　哲学の至福の時

## ——イェーナにおけるシェリングとヘーゲル——

だがもし個々の人間が
現代哲学を
消化できないで哲学的な
消化不良で死ぬとしても、
そのことが哲学にとって
不利な証拠とならないことは、
どこかでボイラーが破裂して
個々の通行人を吹き飛ばしても、
それが力学にとって
不利な証拠とならないのと同じである。
　カール・マルクス（ライン新聞、一八四二年七月一四日）
（村田訳『マルクス・エンゲルス全集』第一巻、一一五頁）

一八〇〇年前後の年は、ドイツにおける哲学の状況にかんして——必要な変更をくわえると——イマヌエル・カントの『純粋理性批判』（一七八一年）以前の哲学的状況と比較可能であった。

カント主義は、過去二〇年間に、精神生活、科学、社会のおおくの分野で支配的になっていた。このことは、おおくの知の領域で、問題設定と問題解決とにたいして実りゆたかに作用した。しかし、イマヌエル・カントの哲学は、学校哲学になってしまうという危機にもあった。すなわち、学術上の総本山が現れ、定評ある学派の領袖が反目し、絶えまなく境界づけをめぐって争い、思考を儀式化し、つねに新しい異端者が現れ、そしてついには——カント主義がますます制度化される（またカントの思想が矮小化される）にさいして——社会的、科学的そして政治的問題にたいして哲学的に時代にそくして対処できないことがますます感じられるようになった。形而上学批判的な思考は、かつてはおそれられた方法で——この方法は、きわめてするどい分析力を有し、また厳格な、方法を意識した悟性活動の方法であった——学術上の隠語へと変質させられた。典型的なのが、たとえば、ベルリンのカント主義で、その立役者がJ・G・キーゼベッターである。かれは、「カント主義の本来的な流行哲学者であり……かれらに伝達されたものを再現でき……他人にかれらが学んだ知恵をふきこめると偏狭にも確信していたが、講師の気まぐれによって、かれらの知恵がその役割を果たすさいに、はかりしれないものになっている(1)」。

学としての哲学という理念は、知的な田舎もの根性にすっかり埋没する危険にあった。学術的な哲学は、その「世界概念」（カント）を失った。カント主義からは、とりわけその反観念論的な攻撃路線と政治的に進歩的な傾向（たとえば、フランス革命にたいして）とが取り除かれた。カントの原理のさらなる形成といわゆるさらなる継続とは、そのように行われると、過小評価されるべきでない強さをもって、古い観念論的形而上学の再興へと行きついた。

哲学にとってのこのような危機的状況は、多くの人に感じ取られた。危機状況へと行きついていた精神的で社会的な事情を把握しようとする重要な推進力と危機状況を克服するための提案とが現れたのは、とりわけ左派カント主義である反対派自身から、すなわちフィヒテ、テュービンゲン神学校の最高の頭目たち、そしてイェーナ・カント主義のサークル（ラインホルト、フォーベルク、シュミット、シラー）からであった。しかし世紀の変わり目以後、ヘーゲルとシェリングとの共同作業がザーレ河畔〔イェーナ〕で端緒を開き始めたとき、学としての哲学を改新しようとする注目すべき推進力がとりわけここ、イェーナから出発した。ヘーゲルは、ここで一七九八年以来教授であったシェリングのなかに、慣れ親しんだテュービンゲンの学友を当てにできた。「僕が自分のまわりで見ているすべての人間のなかで、発言と世間にたいする影響とにかんしても僕が自分の友人を見出したいのは君だけです(2)」。

シェリング――ヘーゲルよりも五歳若い――は、哲学者としてすでにひろく知られていた。ゲーテは、シェリングのイェーナ大学での教授職のために個人的に肩入れしていた。シェリングは、すでにひろく注目されていた著作を生み出し公表していた。かれの講義は、よく出席されていた。それゆえ、シェリングは、フィヒテが強制されて転出した（一七九九年）のち、イェーナ大学の哲学的誇りだった。ヘーゲルがイェーナに来たとき、シェリングは、超越論哲学の根本問題についてフィヒテとすでに集中的に――手紙で――対話していた。そのさい原理的な点にまでおよぶ差異が明らかになった。もちろんこの論争は公けには気づかれないままであった。いまやヘーゲルは、こうした状況のなかでかれの最初の哲学的著作『フィヒテとシェリングとの哲学体系の差異』（一八〇一年）を発表した。この著作のテーマはかなり意外なものだった。「総じてフィヒテの問題とシェリングの問題とはますます分ける必要が出てくるだろう(3)」。このことは、フィヒテにとっても注目すべき主張だった――フィヒテは、シェリングとの往復書簡のなかでいつも知識学のいくつかの原理にかんするシェリングの誤解の可能性を手短にまた礼儀正しくほのめかすことで満足していた。このほのめかしは、語調からすると完全に一種の先生―生徒関係によって規定されていた。ところが、きわめて不調和にではあるが、見事なしかたでまた同時代の哲学的立場に鋭い批判をもって精通しつつ、いまやここで〔「差異」論文〕披露されたのは、カントの超越論哲学にかんして、超越論的原理のほかの改良あるいはさらなる展開とはちがって、シェリングとともに現に哲学的学問の基礎において新しい秩序が生じた、ということである。

シュトゥットガルトの『一般新聞』における一八〇一年のライプツィッヒのミヒァエリス本見本市〔秋の見本市〕での新刊本の概要のなかで、ある評者がヘーゲルの「差異」論文にかんして一般的な驚きの念を表明した。「これまでだれもが信じていたのは、シェリングがフィヒテの知識学の上にかれの観念論的な自然の寺院を立てている、ということであったし、フィヒテ自身もそう信じているように見えた。しかし、いまやシェリングは、一人の強力な擁護者をかれの祖国からイェーナへとつれてきた。この擁護者を通じてシェリングは、驚いている読者に、フィヒテもかれの見解の強い影響下にある、と表明している」(4)。このような哲学的デビューは、まったくもって月なみ以上のものであった——これは、一八〇一年の同じ夏にイェーナで教授資格を取得したこの著者が、やはり企てていたことへの小さな先取りであった。ヘーゲルの著作は、ふたつのことを提示していた——まず第一に、この著作は、かれの時代の哲学的状況の総括である。フィヒテとならんで真にカント的だと要求しているもうひとりの超越論哲学上の権威、すなわちカール・レオンハルト・ラインホルトが拒否されている。ラインホルトは、ドイツにおけるカント主義のそもそも最初の、実際に重要な宣伝者だった。一七九〇—九二年に二巻で公刊された、かれの『カント哲学についての書簡』は、ある意味で、イマヌエル・カントの作品を本来はじめて世間に通用させた、新しい思考の総まとめだった。第二に、このヘーゲルの「差異」論文は、カント以後、超越論哲学の体系的叙述を試みた作品——シェリングの『超越論的観念論の体系』(一八〇〇年)——を読解するための方法論的手助けである。シェリングのイェーナ時代のこの主著は、カントとフィヒテの『知識学』(一七九四年以降)以後の哲学的な学問の展開においてヘーゲルの『精神現象学』(一八〇七年)にいたるまでおそらくもっとも重要な著作だった。もっとも『精神現象学』において、超越論哲学は一般に克服されたのであるが。「差異」論文において、ヘーゲルは著述家として、シェリングがけっして持ちあわせなかった、ある能力を示している。すなわち冷静な狙い澄まされた論争をしかける能力であり、しかもこの論争自身は、言葉になって現れてこない。

ヘーゲルとシェリングとは、この時代にとても緊密に協働していたし、またシェリングはうたがいなく――かれの精力的な出版活動を通じてだけでもすでに――一時的により大きな学術上の功績を有していた。それにもかかわらず、ヘーゲルはやはりこの時代にもけっしてシェリング主義者ではなかった。ヘーゲル自身は、独自の論文においてむしろ同じく精神的に同等の仕方で新しい哲学的視点を開いた。フリードリヒ・エンゲルスはかつて強調した。「いかにシェリングがすでに、それとは知らずに、フィヒテを越え出てしまったかをシェリングに意識させたのは、ヘーゲルだった[5]」と。

ヘーゲルは、「差異」論文のなかで、シェリングの作品にかんしてこれまでつねに正統カント主義者の気に入らなかった、先の傾向を継続した。すなわち理性批判的な認識論を総体性の学としての哲学を再興することにまで拡張した。同時代の哲学的意識にとって、このことは歴然としたスピノザ主義の再興だった（しかもその危惧された実践的――精神的帰結をともなった）。このことは――カントに反して――おそらくすでに形而上学の再来だったのだろう。しかしそれは、カール・マルクスがかつて表現したように、形而上学の内容豊かな再興だった。「差異」論文は、新しい哲学的思考様式、弁証法的方法をもたらす。というのも、いまや「叡智界と実在界という生成してしまった存在を生成として、（産物としての）両世界の存在を生産活動として把握すること[6]」が重要だからである。

客観的現実性にたいするこのような新しい見地に立って、ヘーゲルが考察するのは、もちろん、まったく新しい程度で変化し、またとりわけ変化可能なものとしてまた実現可能なものとして経験された、社会的環境の革命後における経験である。このことは、歴史的変革のこのように動揺した時代における、変化したものにたいする哲学的な反応である。理性は、もはや硬直した対立状態にある現実に対置されるのではなく、理性は、いまや歴史的理性として――自然、社会、思考においてはたらくものとして――創造的に、また批判的に世界過程へと参加するものとしてみずからを見ることができる。

さらに批判的で哲学的な自己告知と時代の精神的・文化的診断とのこのような過程の頂点をそのとき表すのが、シェリングとヘーゲルとによって一八〇二年春に着手された『哲学批判雑誌』である。いくつかの指導的な全国的規模の文芸新聞における、この批判的機関の広告の中で、方針を示す形で述べられている。「いま哲学と自称しているもののいくつかは、自己自身を自己自身によって哲学から隔離し、まったく分離した。そして自己を主張しようとするほかの制限性から、ある制限性が次々におのずと抜け落ちている。その一方で、哲学がまちがった水路を通じて引こうとした哲学から出る弱々しい水流を通じてまだ露命をつないでいる、数少ないものたちは、この最後の手助けがかれらから切り離されるやいなや、まちがいなく枯れ死にすたれるだろう。こうして最後に純粋な道が引かれ、批判の手によって真の哲学の根拠基盤がおのずと形成されうるし、また静かに上昇するだろう」(7)。

『哲学批判雑誌』は、古典的市民的ドイツ的思考一般の時代における一連の傑出した雑誌に属している――『哲学雑誌』(F・I・ニートハンマーとJ・G・フィヒテ編、一七九五年―一八〇〇年、一〇巻)、『ホーラたち』(F・シラー編、一七九五―一七九七年、一二巻)、『アテネーウム』(A・W・シュレーゲルとF・シュレーゲル編、一七九八―一八〇〇年、三巻）であった。

一八世紀の八〇年代中頃にはじまったカント主義をめぐる論議は、じきに専門的な哲学の境界をはるかに越えた。この議論には、とりわけ多数の雑誌創刊が結びついていた。このことは、新たな、過度な、けれども分裂した読書愛好家の反映でもあった。それどころか、読書狂にまで達したが、この「読書狂はなんといっても、現代の病気に属する(8)」。しかし、おおくの、あまりにもおおくの、部分的には本当に短命な、その日その日のためだけに書かれた産物――とりわけ定期刊行物――によって文芸上の供給がこのように拡大されることに関連して、まもなくこのようなむなしい営みに反対して、批判的な衝動が、すなわちシラーが『ホーラたち』の論説で書いているように、「新しいものをたんに新しさゆえに探す、浅薄な趣味にけっして屈しない(9)」という衝動が確認されることになった。さらにまた、シェリングとヘーゲルとは『哲学批判雑誌』の指針を示す序文のなかで、知的な軽薄さ、皮相さに反対し、また枯渇した啓蒙の騒がしい通俗さに反対して、もっとずっと強烈な言葉を突きつけることになるだろう。

この時期全体の哲学的な雑誌活動は、『哲学批判雑誌』（一八〇二／〇三年）のなかに、もう一度知的水準における高揚と締めくくりをも見いだす。四半世紀後になってはじめて、ドイツ語の哲学雑誌がふたたび存在するが、これらの雑誌は、学問的なまた論争的な点で、あらためて、哲学的論文の、この時期の先の高い基準に根ざしている――とりわけ『学問批判年鑑』（一八二七―一八四七年）、『ハレ［一八四一年以後ドイツ］学芸年鑑』（一八三八―一八四三年）そして最後に、K・マルクスとA・ルーゲとが編集した『独仏年誌』（一八四四年）などであった。

『哲学批判雑誌』の発起人にして主宰者であるシェリングは、この時代の哲学的名声をみずから、まず第一に、学問雑誌における公表論文に負っていた。テュービンゲン神学校（一七九〇―九五年）の学生として、すでにシェリングは、ライプツィヒのある哲学・神学雑誌――『メモラビーリエン』（H・E・G・パウルス編）の一七九三年第五冊――にかれの著作『最古の世界の神話、歴史的伝説そして哲学説』を発表した。さらにシェリングが以後注目を集める哲学的論文を出版したのは、とりわけニートハンマーとフィヒテの『哲学雑誌』においてであった。たとえば、『独断論と批判主義にかんする哲学書簡』（一七九五年第三冊所収）、『自然法の新演繹』（一七九六年第四冊）、『知識学の観念論の解明についての諸論』（一七九六／九七年）そして重要な文献報告と書評（一七九七／九八年）などであった〔訳注〕。

一七九八年の『哲学雑誌』には、「そこに含まれている無神論的発言(10)」のためにザクセン選帝侯国の没収指令が科せられた。こうしてこの重要な雑誌の運命は確定された。シェリングは同年に教授としてイェーナに招聘され、ここでフィヒテと個人的に共働しつつ（ただし一七九九年の無神論論争の結果、フィヒテが追放されたために共働は一学期しか続かなかった）、共同して新しい哲学雑誌を創刊するために、はじめて共同の検討を行った。というのも、自前の定期刊行物は多くの点で、議論の場として、論争的なメガホンとして、またとりわけ短期間に、見知らぬ編集者に妨げられずに、発言できるために、不可欠だったからである。ほかのすべての考慮の対象になる機関誌は厳格に世界観的に、ないしは学校哲学的に拘束されるから、構想上の新しい着想あるいは同時代の展開にたいする実質的な批判を哲学の一般読者にすみやかにもたらすことは、非常にてまのかかること、いやそれどころか不可能なことになってしまったのであろう。

このような懸念に根拠がないどころではなかったことは、とりわけ、それをつうじてシェリングがまもなく有名な地元の『一般学芸新聞』とまったくの不和に陥ってしまった論争が示している。そのような雑誌は――この時代には全国的な意味を持つ雑誌がおよそ一二誌存在した――意見を形成する上で重要だった。また雑誌の威力を――ことに若い――哲学的な著作者たちは十分に感じ取ることができた。これは、かれらの作品の評価にかんしても、みずから寄稿者として（しかも検閲のかからなかった、二〇ボーゲン以上の長さの作品を通じてはじめてというのではなく）哲学の判断形成に直接参加できる可能性にかんしても、そうである。

いずれにしてもシェリングは、『一般学芸新聞』におけるかれの最初の自然哲学的作品（『自然哲学への理念』、ライプツィヒ、一七九七年）の書評にたいする反論をきっかけとして、ただちに正統カント主義の編集者の賛意をすべて失った。指導的な編集者（誠実な老文献学者）Ｃｈ・Ｃ・シュッツは、長年の学識者が有する熟練の論争術によって、また母校イェーナ大学の最新の哲学的お飾りを考慮することなく、『一般学芸新聞』の書評方針を弁護した。シュッツは、シェリングの以前のカリスマにまったく影響されることはないままだった。また――ここでシュッツは同時代の哲学同業者たちの大多数が言いたかったことを代弁している――「自然科学と詩作とにおいて思弁的物理学によって大革命を引き起こすという、シェリングの華やかな告知を、反対だという確信をわたしたちが手中にするまで」、シュッツは「軽はずみな振る舞いと考え」ようとした(11)。

『一般学芸新聞』の欄は、シェリングにとって、これから先もさしとめられたままだったし、また同時にかれはここから論争的な攻撃だけを見込まなければならなかった。――この運命は、シェリングとともにフィヒテを、また――別の理由から――フリードリヒ・シュレーゲルとかれの仲間をも襲った。芸術、哲学、文学、自然科学における精神的・文化的な世界を注意深く見守り、批判的に分析するために、このようなしかたで文化的な辺境におしやられた若きイェーナの知識人たちは、いまや共同して、かれらなりに、批判的機関誌を――『一般学芸新聞』という、この精神的に行き詰まった公共的機関にやはり反対して――創刊しようとした。

この計画は、宗教的、哲学的正統主義に反対する、青年層らしく批判的な、前向きに努力する人々を統一した反対派にもとづくものであった。だが、このような計画は、実際のところそれほど簡単には実行されえなかった。なるほどテュービンゲンのコッタとともに規模の大きい出版者の用意はできていた。この出版者について、シェリングは、かれ（コッタ）が「すでに三年以上前に……ライプツィヒでわたしに自由な……専門領域全体を書評する制度という、ずっと昔から抱かれていた計画をわたしに伝えていた(12)」ことを報告できた。しかし共同の雑誌のありかたについておたがいのあいだで、繰り返し、困難に陥った。

フィヒテは、この時代この件においてもっとも活動的だったし、自分を融和の要となる人物と解していた――もっともまもなく明らかになるように、不当にもそう解していたのだが。一七九九年一一月二三日にフィヒテは、A・W・シュレーゲルにある批判的定期刊行物のための計画書を送付した（『学芸年鑑』という題名のもとに出版される予定だった）。だが、計画されていた論文にたいするあまりにも厳格な体系的・学問的形式と編集者からのものと察知がつく厳しい指導とが、イェーナのロマン主義者たち（かれらは、総じて熱狂的なフィヒテの読者だった、少なくとも最初のうちは）の保留に出くわした。――おそらく「万事につけある種の君主体制や一般的な服従があてこまれている(13)」のだろうとA・W・シュレーゲルは、不平をもらした。かれは、一八〇〇年春に第三巻で出版を中止しなければならなかった、『アテネーウム』の共同編集者の一人であった。シュレーゲルもまた――フィヒテと並行して――『アテネーウム』の基盤よりももっと広い基盤にもとづいた雑誌を新しく創刊することをみずから考えていた。なぜなら、「それゆえ世間がまだそういう具合であるかぎり」、とA・W・シュレーゲルは書いているから。「批判は、大革命の不可欠な機関であるし、また実証的な学問にまったく専念できるであろう、そんな幸福な時代を、わたしたちがはじめて創らなければならない。それでわたしたちの批判的な計画は、昼も夜も、わたしの頭から離れないでいる（……）。つまり、わたしが考えているのは、ドイツ文芸批判年鑑である」[14]。けれども、この計画は、フィヒテの計画と同様に実現しない。この計画は、一方で、とりわけシュレーゲル兄弟とシュライエルマッハー、および他方で、フィヒテ（およびシェリング）側のあいだの個人的な敵意ある言動で挫折した。——「シュレーゲル兄弟とかれらのシュライエルマッハーと仕事をするのは……いつも嫌だった。かれらの口調はわたしの口調にはなりえない」[15]。ところで、フィヒテの計画の方は、フィヒテの側から見れば、とりわけシェリングとのますますきわだつ哲学的差異で挫折する。そのさいフィヒテは、シェリング自身よりも早く、すぐ後で生じることになる、両者にとってそのときになってみるとつらい結果をすでに感じていた。

一八〇〇年春に、シェリングの大作『超越論的観念論の体系』が出版された。この作品をめぐる議論の結果として、フィヒテ—シェリングの共同は、ついに（シェリングが長いあいだ認めようとしなかったことだが）壊れた。けれども、「超越論哲学と自然哲学とのあいだの対立は（フィヒテとの差異の）主要点です。知識学（すなわち、あなた〔フィヒテ〕によって立てられたような純粋な知識学）は、まだ哲学そのものではありません」[16]。さらにシェリングは、自然哲学的な方向でも一貫して研究を続けた——一八〇〇年にもまだかれは、独力で『思弁的物理学雑誌』（一八〇〇—一八〇一年）ないし『思弁的物理学新雑誌』（一八〇二年）を編集した。その両雑誌の論文をかれは、ほとんどもっぱら一人で担当した。しかし、この雑誌創刊はまだ、すでに長いあいだシェリングを動かしていた、壮大な批判的プログラムの履行ではなかった。ここで一八〇一年は、やっと新しい光をもたらした。こうして、最終的にヘーゲルというパートナーが見つかった。かれとシェリングとは友好な関係にあったし、シェリングは、留保なく共通の哲学的構想と革新的形式をも共有したが、この形式によってのみ哲学的学問は更新されうるであろう。ヘーゲルは、このことについてある友人に報告している。「現在ふたたび新しいものが、すなわち『哲学批判雑誌』の第一冊が発進します。僕は、シェリング（僕はかれといっしょに住んでおり、かれはあなたによろしく申し上げております）と共同して、この雑誌を編集しています。この雑誌は、一部には雑誌の部数を増やす傾向を、一部には非哲学的無法状態に目標と節度を与える傾向を有しています。雑誌が用いるでありましょう武器は、きわめて多様です。それを棍棒とも、鞭とも、ささらとも名づけられるでしょう……それについては、きっとあちこちで苦情が述べられるでしょう[17]」。

『哲学批判雑誌』が叙述しているのは、新しい弁証法哲学の発展における頂点であり、端的に両編集者――シェリングとヘーゲル――の個人的な共同作業における頂点そのものでもある。シェリングも、あるいはヘーゲルも、ほかの人とそのような実りゆたかな成果をともなった、そのような真心のこもった共同にたっすることは二度とないだろう。「そしてときおりまさに『わたしたちの』哲学と言われたとしても、それは二次的なこと、決まり文句ではけっしてなく……完全な学問的で、個人的な統一の表現であったし、この統一にあって、両人は、かれらの哲学的立場の最内奥にある核心において、当時は結びついているとわかっていた[18]」。シェリングとヘーゲルとのあいだの感銘ふかい告白書簡の往復、この往復書簡を二人の友人は、別離の後で、すなわちヘーゲルがテュービンゲンを去ったあとで、一七九五年から一七九六年の変わり目で交わしたが、この往復書簡が、指針を示すかたちで告知していることが、いまや実現するように思えた。この書簡のなかで、すでに両者は、公用の思考の欠陥すべてと欠陥の克服の方法とを突きとめている。この方法が、さらに『哲学批判雑誌』において表明される。ヘーゲルは当時書いている。「正統主義は揺さぶられえない。かれらの職業が世俗的な利得と結びつき、国家全体に織り込まれているかぎりは[19]」と。「理性」と「自由」というスローガンのもとに、御用哲学全体にたいして戦いが宣告されるべきである。二人は、「現代が産み出した偉大なものが、過ぎ去った時代の古いパン種とふたたびいっしょになるのを妨げ[20]」たいと思っている。カント主義の遺産を得ようとかれらが共同して努めたなかで、「カント主義者たちとちがい、カント哲学の社会的意味、市民的・反封建的本質をたしかに把握していたのは[21]」、とりわけヘーゲルである。そのさい、政治的、哲学的にさしあたり問題であるのは、カントをかれの愛好家たちに反対して救うことである。

シェリングとヘーゲルとは、二人とも卒業後、家庭教師あるいは貴族の家庭教師の職に就かなければならなかった。そのあいだに――ヘーゲルは七年間、シェリングは四年間――かれらは哲学的にまったくちがう仕方で発展した。シェリングは、超越論哲学の完成と結びついた哲学的問題により詳細に立ち入った。かれにおいては（一七九五年と一八〇〇年とのあいだに）非常に注目された、超越論哲学と自然哲学とについての著作が比較的短い間隔で続いた。ヘーゲルは、神学的（宗教批判的）、歴史的、政治的研究を行った。「ヘーゲルの思考活動は、せまい意味での哲学的活動ではけっしてなく、かれの時代の社会的現実に関連して行われた。ヘーゲルがさしあたって対決したのは、主として歴史的、政治的性質の問題だった。このことは、すくなくともイェーナの教職に就くまであてはまる[22]」。

そのさい、二人は異なる仕方で客観性についてのある新しい概念へとたどりついた。この概念は、多様性の統一と過程性とのことを意味しており、たんに有限な現実性（筋金入りのカント主義におけるように、より強力な物自体世界から区別されて）のことをも、たんに経験的に突きとめられうるにすぎないものの唯名論的な物世界（通俗哲学が考えていたような）をも意味していない。客観性についてのかれらの新しい概念の種差は、歴史性である。

ヘーゲルは、シェリングの哲学的発展を正確に知っていた――反対のことはまったく当てはまらなかった（一七九七年以来、シェリングは、ヘーゲルの消息をまったく聞いていなかったし、それまで出版物はまったくなかった）。

だが、その後一八〇〇年ごろ、ヘーゲルとシェリングとはその後二度とないほど精神的にお互いに近づいていた。シェリングの近くでなら、将来の体系的哲学についてのヘーゲル自身の理念がもっともよく促されうるであろうということを、ヘーゲルはおそらくきわめて正確に知っていたのであろう。ヘーゲルが、イェーナに来ることをシェリングに連絡したとき、シェリングには、「人間の生への介入への帰還を見つけだす(23)」という慣れ親しんだ動機が、響き渡ったにちがいなかった。

ヘーゲルはよい状態にあり、最初の哲学的出版物――まさに「差異」論文――とともにただちに気心があってシェリングの横にならぶ。ヘーゲルは――フランクフルト時代（一七九七年から一八〇〇年）のかれの草案からはっきりと区別されて――重要な思想上の進歩を行ったが、この進歩は、「決定的な程度で……シェリングとの出会いからまたそのさいシェリングから受けた刺激から、とりわけシェリングの哲学構想の根本思想の受容から〔説明される〕」、しかしそのさいヘーゲルには、自分自身の思想を、シェリングから受容したものと独自に結合する可能性も完全に与えられていた(24)」。ヘーゲルは、あらゆる点でシェリングにとって『哲学批判雑誌』の編集にとって相性のいいパートナーだったが、その一方で、哲学の一般読者に到達するという、ヘーゲルにとって有利な可能性が開けた。なぜなら、ヘーゲルはいまだまったく無名だったからである。このことは、シェリングの学術上の名声を落とすために、かれにたいして論争的に突きつけられもした。『哲学批判雑誌』の第一冊が出版されたすぐ後に、ある批判の該当者――ヴィルヘルム・トラウゴット・クルーク――によって匿名で公表された、あるパンフレットのなかで、とくに奇妙なしかたで注記された。「近ごろシェリング氏は、世界的に有名なヘーゲル氏とかいう人と結びついて、最近の哲学が陥っている、助けが必要な情況を……寛大にも改善すると、幸いなことにも決心した(25)」。

いずれにしてもヘーゲルは、営々とした活動に向けた、この出版の機会を利用した。質と量とから見て、『哲学批判雑誌』にたいするヘーゲルの関与は、より重要だったと、なんの問題もなく認められるだろう。けれども、忘れるべきでないのは、シェリングが同じ時期にまだほかの雑誌（『思弁的物理学新雑誌』）に自身の論文を出さなければならなかったこと、かれは、このときまだほかの作品――たとえば『ブルーノあるいは諸物の神的また自然的原理について』（一八〇二年）――をも刊行していたことである。

『哲学批判雑誌』におけるヘーゲルの仕事は、かれにとっておおむね大きな体系的作品にいたる途上での不可欠な発展段階だった。この雑誌におけるかれのより大きな論文（たとえば「信と知」あるいは「自然法」）は、すでに雑誌の論争的な地平を完全に越えているし、体系的新構想の印をまぎれもなく身につけている。シェリングがイェーナ大学を去った（一八〇三年五月）こととならんで、たしかに、このことも『哲学批判雑誌』が同年にその出版を中止したことにたいする重要な理由だった。雑誌は、二人の編集者それぞれの自己告知に役立ったし、必要な鋭さをもって必要な時点で、頑迷になった学術的な学校哲学と将来の学問的哲学とのあいだに存する、世界観上の前線を解明することに貢献した。

しかしながら、哲学にとって至福のときはすぎさった。残念ながら、またみっともなくもあるのが、古典ドイツ哲学全体にたいして果たした『哲学批判雑誌』のこのように大きな業績に照らしてみて、シェリングとヘーゲルとの作品集ののちの編集者たちが――一九世紀に――なるほどすべて匿名で出版されていた、あれこれの論文を雑誌から採用することをめぐって、そのときどきに責任編集していた全集版の有利なように、猛烈なまた偏狭な争いに巻き込まれていたことである。ヘーゲルとシェリングとの乖離は、一八〇七年以後、もちろんきわめて明らかだが、ただしそのさいこれに関連することを、イェーナにおける共同作業の最初の時期にまでさかのぼって投影しようとするのは、あまり自明ではない。

シェリングとヘーゲルとが時代の精神状況についてくわだてる、批判的な総括は、哲学の荒廃した状況にたいして、とりわけふたりの方法論的な不徳者を、すなわち健全な（平凡な）人間悟性〔常識〕と懐疑主義とを挙げる。両者は生産的な概念把握を妨げているのである。ふたつの現象は、ここで『哲学批判雑誌』によって批判の対象にされるのだが、その形式においても、作品においても、人格においても、カント主義の哲学的な「変種」である——とりわけひどく罵られたW・T・クルーク（かれは、一八〇五年にカントの後継者として、ケーニヒスベルクにあるカントの講座を担当するだろう）にしても、エネジデームス＝シュルツェ（のちには、ゲッティンゲンにおけるアルトゥール・ショーペンハウアーの哲学的教師）にしてもである。まったくちがって評価されるとしても、ふたりの場合には、カントの形而上学的・批判的な業績から、すなわちここでふたたび名誉を回復した有限者（認識過程を通じて把握しうる具体的なものとして）から出発する。けれども、（認識の結果としての）この有限者の構造と発生とにかんしてすでに、カントにおける信頼のおける理解においても、広範にわたって不明瞭さが支配していた。とりわけ、認識する主観の超越論的能力は——統覚の総合的統一を通じて——認識の産物（経験として獲得された有限者）をある類の連関へともたらすということが、より素朴なカント主義者にはまったく不明瞭なままだったからである。ところで、有限者のこの連関は、きわめて異なるカント解釈者においてほとんど問題化されず、あるいはまちがって問題化された。また有限者は、いわば疑似唯名論的な個別化へと還元された。有限者は、カントにおいて、認識過程の結果として、主観—客観の弁証法にそくして把握され、この過程のなかで有限者は、方法論的に厳格に物自体の「貯蔵庫」から取り出して準備される。この有限者は、個人相互の構成物としてではもはやなく、もはや背景を問うことができない要請として、なんらかのしかたで与えられたものとして理解される。

これに関連して単純化して理解された、自然、社会、思考における物についての見解が、さらに異なったしかたで論弁された。——一部には、「平凡な」人間悟性〔常識〕を通じて（物を硬貨のごとくあちこちでひっくり返しながら）、一部には、懐疑的に（確実な認識一般の意味と可能性とに絶望しながら）。そのさい、第一の場合に、動向は、最終的に実証主義的な思考方法の方向へと（すでに同時代人、たとえばヘルバルトにおいても）傾いていたが、その一方で、第二の場合の急進化は、ある種の理性ニヒリズムと科学ニヒリズムへとむかった——その後これには、生の哲学の構想が結びつくことになるだろう。

ところで、『哲学批判雑誌』のなかでは、——カント主義の結果としての、そのような退廃形態に反対して——絶対者の回復が、世界観的に高い要求をかかげる新しい現実性の展望が企てられた。この場合、『哲学批判雑誌』は、中心的な問題を、すなわち超越論的構想力の問題を、超越論哲学的な形而上学批判から、方法論的に取り上げることができた。けれども、このような哲学説は、カント自身においてまだ視野に入っていなかった急進化をこうむっている。すなわち、この構想力は、いまや「現存する絶対的主観と絶対的に現存する世界とのあいだへとはじめて挿入される、中間項としてではもはやなく、……根源的な、二面的な、同一性として、……一面では、主観として、……しかし他面では、客観として、また根源的には……理性自身以外のなにものでもないものとして[26]」把握される。たんなる反省思考を克服しようとする、『哲学批判雑誌』のこのような試みに、批判者たちはとくに集中した。しかし編集者にたいする、部分的に讒言的な色合いを示す非難——蒙昧〔反啓蒙〕主義、スピノザ主義、ニヒリズム、無神論——は、やはりカント以後のいわば第二の思考様式のこのような革命、すなわち歴史性のこのような新しい理念をともにあるいは跡づけで実感する能力が同時代の哲学にまったく欠けているにすぎなかった。「なぜなら、シェリング氏とヘーゲル氏との意見によると……世界は、まだ完成しておらず……哲学者たちによってはじめて作られ、あるいは構成されなければならないからである[27]」。『哲学批判雑誌』の現実性理解においては、具体的なもののある捉え方が紹介されている。それによって、学問を修得するさいに、つねに「すべての認識が人間の使命と適合すること[28]」に注目するという、カントの独自な業績が保持されている。それゆえ、ヘーゲルとシェリングとは、現実性の普遍的で発生論的な考察を主張するが、そのさい、諸物は、その現存在においてばかりでなく、その生成した存在、またその実現可能性においても見られる。

こうしてカント以来の哲学が、現実性とのかかわりあいにかんして、注目に値する前進を行ってきたことは、哲学的状況のもっとも鋭敏な観察者によって、完全に見抜かれていた。「超越論主義、この神的無神論は……いまやその最高の力を獲得した。しかし、すべてを自分のまわりで取り壊し、世界を自分自身から作り出し、死そのものから生を引き出してみせる勇気を持つ人はほんのわずかしかいない[29]」。

# 第八章　道具としての芸術作品

## ――シェリングの『超越論的観念論の体系』――

シェリング……
抽象的な思想のかわりに
肉と血との思想を
専門哲学のかわりに
世界哲学を据えた人！
カール・マルクス（「フォイエルバッハへの手紙」一八四三年）

テューービンゲンのコッタ社で、一八〇〇年の復活祭に、『超越論的観念論の体系』（以下『体系』と略記）が出版されたとき、その著者、若いイェーナ大学の哲学教授シェリングは、自然と認識とにかんする問題についての非常に注目された諸著作によってすでに有名になっていたが、みずからの最初の大きな体系的作品を公刊した――この作品は、かれの長い学者生活全般のなかでもっとも重要な著作であり続けるだろう。

フリードリヒ・ヴィルヘルム・ヨーゼフ・シェリング（一七七五―一八五四年）は、シュトゥットガルト近郊のレオンベルクに生まれた。かれは、ヴュルテンベルクの有名な神学校、テューービンゲン神学校での勉学のあいだ（一七九〇年から一七九五年）に、啓蒙主義の進歩的な思考を知るようになる。年長の学友ヘルダーリンとヘーゲルとともに、シェリングは、かれの時代の哲学と詩とにおける反絶対主義的な自由のパトスに熱中する。スピノザ、ルソー、クロプシュトック、そしてシラーが――ひそやかな――読書本に属する。けれども、ふたつのもの、すなわちフランス大革命とイマヌエル・カントによる思考様式の革命がとりわけ神学校にいた人々をいっそう新たな、ますます大きな感動で満たしている。――ここ神学校において、シェリングは、神学と教会とから訣別するにいたるが、かれの思考のこのような反宗教的、此岸的思想動向は、イマヌエル・カントの福音に負っていた。「超越論哲学は、すべての迷信の墓である」(1)。

まだテュービンゲンの学生として最後の学期に、シェリングは、一七九四年に最初の哲学的研究『哲学一般の形式の可能性について』を書くが、この作品によって、かれは、フィヒテとならんでカント以後のドイツにおける哲学的思考のもっとも重要な革新者になる。その後、シェリングはやつぎばやにこれに関連するさらなる著作、『哲学の原理としての自我について』(一七九五年)、「自然法の新演繹」(一七九六年)、「独断論と批判主義にかんする哲学書簡」(一七九五年)、「知識学という観念論解明のための諸論」(一七九六/九七年)、『自然哲学への理念』(一七九七年)、『世界霊魂について』(一七九八年)を公刊する。

その後一七九七年に、シェリングがイェーナ大学の教授としての招聘に予定されていたとき、かれに寄せられる期待は、かなりのものである。「もしあなたにシェリングが知られていないならば」、とフリードリヒ・シュレーゲルは一七九七年一月三〇日にCh・G・ケルナーに報告している。「かれとかならずや知り合いになっていただきたい。わたしはかれを、哲学のパルナッソス山上で、フィヒテのすぐあとに据えております(2)」。最終的に大学の人事を仕切ったゲーテは、とりわけシェリングの自然哲学的見解に興味を持っていたが、この見解とともに、シェリングは、フィヒテの主観的観念論という思考の地平をもうすでに乗り越えはじめていた。

一八世紀の終わりにおける哲学的状況の総括にさいして、カール・レオンハルト・ラインホルト――シェリングの『体系』の最初の書評者――は、イマヌエル・カントによる、超越論哲学的な新しい考察に関係して、シェリングの根本問題を指摘している。つまり、「超越論的なものの実在根拠」を返還請求することは、なにを意味し、どこへ導いたのか、という問題である。[3]

シェリングの著作とともに、超越論的観念論は、転回点にたっした。ほぼ二〇年前に、カントは、かれの『純粋理性批判』のなかでこの観念論を創設し、こうして伝統的哲学的思考様式を根本的に問題にした。

超越論的方法は、以前のあらゆる哲学のように、諸対象の認識を優先的に取り扱うのではなく、わたしたちの認識能力の認識を取り扱う。この能力の特別な構造が、カントが主張するように、客観的認識をはじめて可能にする。認識過程において客観を形成するのは、アプリオリに主観のなかに存在する直観形式と悟性形式とである。「超越論哲学は諸対象を考察するのではなく、人間の心情を源泉、ここからアプリオリな認識とその限界とは心情のなかで生じるのだが、この源泉にしたがって考察する」[4]。人間の認識能力の研究において、カントは、つねに経験的―実在的（個人的）であると同時に超越論的―観念的（普遍的）であるという、認識主観の二重性格にかんする実りゆたかな洞察へといたる。主観におけるこの超越論的形式は、人間についての非個人主義的な概念をめざしており、この概念をわたしたちは、人間の社会的性格にかんするマルクス―レーニン主義的概念の理論的準備作業に数え入れなければならない。「人間として……その威力は、やはり社会の力に依存している。それゆえ、人間は、社会全体以外のなにものでもない」[5]。

カントによって明確にされた主観における超越論的次元とともに、ある基礎づけの問題が言及されたが、この問題は、認識を基礎づける問題としてしかカントの興味を引かなかった。カントにとって、もちろん結果は、客観的現実性の統一性が断念されなければならないということだった。なぜなら、認識は――思弁、幻想などのようなほかの知的能力と対立して――現象領域（この領域は、人間によって行われる、もっとずっと包括的な現実性からの時空的な限定である〕を出ないときにのみ、カントにおいて可能だったからである。さらにすべての人間にとって可能な、検査可能な、科学的な習得のこのような領域は、経験の、すなわち人間の認識の内容を形成する。またこうしてこの領域は認識理論的に、原理的に物自体という経験を越える現実性から分離されていた。しかし、現実性のこのような理解において、人間が理論的に——認識を通じて——習得しうるもののみが哲学的に有意義だと表明されるという危険が、カントのこのような構想とともに生じた。シェリングは、理論哲学におけるこのような制約をカントにおいて見た。かれは、カントの形而上学批判的な原理を保持しつつもやはり哲学をふたたび総体性の学として革新し、客観性自身をふたたび哲学的努力の目標点にしようとした。それゆえ、シェリングは、認識の構造にたいするカントの問いをふたたび現実性の構造にたいするもっと一般的な問いへと拡張する。それゆえ、認識を可能にするために、認識能力はどのような性質であり、どのように構造づけられているか〔が問われる〕だけでなく、認識に近づきうるために、現実性はどのような性質であり、どのように構造づけられているか〔が問われている〕。古典的な超越論哲学的構想の体系的完成をこのように意識して、シェリングは、一七九五年一月はじめ、ヘーゲルに宛てて書いている。「哲学はまだ終わりではない。カントは、結果を与えていた。前提がまだ欠けている」(6)。

シェリングは、カントによって広く自律的なものとして立てられた超越論的主観を——自然としての——現実性と対決させる。このことが、シェリングの自然哲学のテーマだった。基礎づけの機能は、認識にたいするカントの超越論的という概念のなかで有益なものにされたが〔どのようにして総合的認識は可能か〕、その機能は、シェリングによっていまやはるかに普遍的に次のように見られる。すなわち、一体どのようにして主観は客観にとって可能か、ないしは客観は主観にとって可能か、すなわち認識可能か、制御可能か、実現可能か〔と問われる」。

シェリングがさしあたり自然哲学のなかで明らかにしたことは、以下のことだった。すなわち自然は——自我すなわち主観の発生論的、機能的、実質的基礎として——客観的現実性として、人間にたいしてつねにすでに提示されていたこと、また自然は、シェリングが言うように、人間の超越論的過去を現示していることである。しかし、シェリングは、自然と主観とを有機的に結合されたものとして把握する。ふたつの領域——自然と人間——を活動の異なる段階として、前者を無意識的な、後者を意識的な活動として把握するときに、カントにおいてまだ見受けられる、現実性における二元論が突破されたとシェリングは見ている。この主観—客観的総体性にたいするシェリングの言葉は、絶対者（絶対自我）である。

人は絶対者から、実在的な側面（無意識的に活動的な自然）を——自然哲学における——あるいは観念的な側面（意識的に活動的な自我）を——（在来の）超越論哲学における——切り離し、きわだたせて研究することができる。だが、両者は、一体となってはじめて、現実性の弁証法的な複合体をなす。シェリングの『体系』は、超越論的思考の最高段階として、主観的なものと客観的なものとの一致が、しかも意識的な人間的行動として、どのように可能かという主要問題に対応しつつ、絶対者の全分析とかかわっている。このような条件をともないつつ、シェリングは、さらなる哲学的展開にもかかわらず、自分が同時に思考法の超越論的・哲学的革命と原理的にも結びついていることを知っている。すなわち認識能力は能動的であること、また「理性自身がその草案にしたがって生み出すものだけを、理性は洞察する」(7) ことをシェリングは知っている。

『体系』は、カント自身が同じようにむずかしくもあり、重要でもあると見なした、『純粋理性批判』からの中心的な問題点に結びついている。「図式についての、カントによってはじめられた研究は、おそらく、それによって批判が〔哲学を〕ゆたかにした、もっとも重要な贈り物であろう[8]」。

理性批判のこの章――「純粋悟性概念の図式論」について――のなかで、カントは、次のことにたいする条件を提示する。すなわち、純粋にアプリオリな悟性概念によって認識は、事実上実在化されうる（しかも思考行動が進行しただけではない）ことにたいする条件を提示する。なぜなら、この純粋悟性概念は、さしあたって「たんなる思想形式にすぎず、これによってまだなんらかの特定の対象は認識されえない[9]」から。――認識に属するのは、「ふたつのもの、第一に、概念、これによって一般に対象は考えられる（カテゴリー）。そして第二に、直観、これによって対象は与えられる。なぜなら、概念に対応する直観が与えられないとしたら、思想は形式上可能であろうが、すべての対象を欠いており、対象によっては物についての認識はまったく可能ではないだろうからである[10]」。認識論の主要問題は、この調停の審級がなんなのかということである――なぜなら、「第三者、これは一方でカテゴリーと、他方で現象と同種でなければならず、前者の後者にたいする適用を可能にするが、この第三者が存在しなければならないことは明らかであるからである。この調停する表象は……一方で知性的、他方で感性的でなければならない。そのようなものが超越論的図式である[11]」。カントは、みずからの方法を「超越論的図式論」とよんでいる――この術語は、日常言語的な意味での「図式論」とはなんのかかわりも持っていない術語である――あるいはこの方法は、ここで本質からしてまったく異なる、ふたつの認識構成部分が「図式」によって相互に適合するようにされていることであるにすぎない。「超越論的図式論」はまさにそれゆえにきわめて重要である。というのも、図式論は、カントの認識構想のなかで認識にたいする基準を叙述するからである。なぜなら、純粋にアプリオリな悟性概念（カテゴリー）――ヒュームは、このことを疑う余地なく示していたが――は、自分からその妥当性にたいする権原（Rechtsgrund）を提示できない、すなわち純粋悟性概念は、まだ認識として見なされていない。悟性概念は、分析命題（解明判断）であるにすぎない。しかし、認識は、わたしたちの知識を拡大するべきである。カントは、まさに（アプリオリな）総合判断のてがかりをつかもうとする。それゆえ、カントにとって認識内容が問題である――ところでしかし、この内容は、けっしてアプリオリに現存しない、あるいは「生得観念」としてカテゴリーから呼び出すことができない。カテゴリーは、現象と対応しなければならないが、この現象の領域がみずからの認識概念によって指示されていると、カントは見る。カテゴリーと人間の感官によって時空的に取り入れられた現実性との結合の産物がはじめて、「認識」という称号を要求することができる。それゆえ、認識は、カテゴリーを介して現象の素材から構成される。ところで、この構成が成功するかどうかは、超越論的図式において証明される。この超越論的図式はこの図式にそくしてみれば、「純粋構想力の産物であり、またいわばそのモノグラム」[12]である。

次の時代、カントに――とりわけ『判断力批判』（一七九〇年）を通じて――結びついている哲学的・世界観的運動、これはシラー、フンボルト、フィヒテ――門下のＦ・シュレーゲルとノバーリスとによって支持された。この運動のなかで――フィヒテ自身の場合には、付随的にのみ――そしてとりわけまさにシェリングにおいて、超越論的構想力は、ある根本的に美的な形式規定性をこうむる。しかし、そのさい哲学の一部門としての美学が問題だったのではなく、美的なものが新しい世界考察一般の構成的な領域であり、哲学のオルガノンとして役立つことを可能にすることが問題だった。古典的な超越論的観念論のおおむね認識論的な体系構造は、修正されるとしても、そのなかでやはり超越論哲学の理念は、さらに進められる。構想力は――生産的な構想力として捉えられるが――ただちに、認識能力にかんする新しい洞察だけでなく、これをこえて、一般的な人間の、対象活動を行う能力にかんする洞察をわたしたちに可能にする能力として要求される。なぜなら、超越論哲学的に組織化された美学への転換によって、同時代の哲学が有する認識論としての理論的地位が、シェリングによって根本的に問いただされるからである。この哲学的思考の道に多くの伝統的カント主義者はしたがわない。だから、たとえばザロモン・マイモンは——超越論哲学を再構成しようとする、独自の試みのなかで——「不断に自分の領域を拡張し、理性を押しのけようとする構想力[13]」のこのような能力に警告を発している。ちなみに、マイモンによれば、このことによって、さらに唯物論も助長されるという。しかし、マイモンはここではまだおおむね構想力の前批判期の（心理学的な）理解によったままである。だから、たとえばJ・G・ズルツァーは、かれの美学百科事典のなかで構想力をまだ軽蔑的に「その所産である夢のように、それ自体軽率で、奔放で、奇抜である」ものとして規定した。このことによって、構想力は、もっぱら芸術の領域に制限されているという。「構想力は本来あらゆる芸術の母であり、また構想力によって、芸術家はとりわけほかの人間から区別されている[14]」。

　カントが『純粋理性批判』以来、構想力に割り当てている、構想力の総合的（図式化する）能力は、認識の産物のなかで論じ尽くされるのではなく、対象的な仕方で自己を外化することができる。すなわち、構想力は、ゲーテが書いているように、「純粋感性と知性とを結合」できるようにされており、「まさにこれによってのみ真の芸術作品は、生み出される[15]」。構想力の概念のこのような新しい次元がはじめて、カントの完成という、すでに多くの人によって試みられた仕事を正しい道へと導いているように見えた。なぜなら、「カントの体系において不十分なことは、かれがそもそも超越論的観念論を途中でやめてしまったことに由来する。それゆえ、この観念論をもっと徹底して検分し、叙述すれば、美的なものと芸術との本質へもよりふかく迫るにちがいないのだろう[16]」。

　生産的構想力の媒介機能をカント自身はまだ——そのすぐのちにおおむね美学的に捉えられた——形成と創造

との概念へと導いている。「すなわち、構想力は……現実の自然が構想力に与える素材からほかの自然をいわば創造することにかけてきわめて強力である」[17]。「外的自然」の生産についてのこのような常套句は、世界観的に見ると、重要な結果をともなうことがわかる。まだ進歩的な市民階級が有する、批判哲学の解放的な機能は、——ときとして非常に執拗な——啓蒙主義的な語り口から対象的な（たんに芸術家的とはいえ）行動へと移行しうる。——厳格に法則的な自然（「わたしの上の星がちりばめられた天空」）と個人的な自由（「わたしのなかの道徳法則」）とのカント的な二分法は、『判断力批判』のなかですでに行為論的な解決へとせまられた。「というのも構想力は……図式の原理にしたがうと……理性とその理念との道具であるが、構想力そのものは、自然の影響からわたしたちが独立していることを主張する威力である」[18]。現実の回避、それどころか逃避がさしあたりこのことによって意図されているのではない。むしろここでは「自然概念と自由概念とのあいだを媒介する概念」が、「純粋理論的合法則性から純粋実践的合法則性への移行」[19]が目標とされている。

ところで、以上のことには、とりわけ芸術作品が適合しているように見える。なぜなら、芸術作品は、主観的な作品として客観的な自然素材と目的を持つ主観性との対象的な共生を表しているからである。ヴィルヘルム・フォン・フンボルトが、『体系』の出版直前にゲーテについてのある大きな試論のなかで書いたように、芸術作品は、まさにこのことによっても客観的現実性を飛び越えるのではなく、「わたしたちに自然を新しい形態で」現示する[20]。——ここで芸術の世界観的に普遍的な意味が明らかになる。この意味が先の「ヴォルフガング・ゲーテ的芸術の時代」（ハインリヒ・ハイネ）にその——崇高な——印を与えている。生産的構想力——芸術制作の根源——は、とりわけ構成的ポテンツを示している。このことは、（自然の）無限な生産性から有限な産物（人工産物）への造りいれること［Ineinsbildung］という構想力の能力のことを言っている。この経過のなかで鏡像のように――意識して――弁証法的過程が正確に反復される。この過程は、自然のなかで無意識に行われる。ここでは自然の生産物（natura naturata）が、同様に自然の生産性（natura naturans）を有限化する。ある客観的生産物において客観的生産性の造り―入れることというこの構成的能力は、「もっとも本来的な、またもっとも厳格な意味で真なる生産行為である」[21]。

このことによって生産的構想力は、人間にとって実りゆたかな創造性の原理だとわかる。構想力は、「わたしたちに、個体自身における無際限なものをふたたび見いださせる……芸術は、わたしたちをつねにわたしたち自身へと連れ戻す」[22]。対象的行為――さしあたり芸術作品の構成において――は、カント以後の哲学的に決定的な問題として優遇されている。この問題から世界観的に中心的な問い、たとえば世界における人間の位置や人間の自由についての問いは、新しい答えを見つける。「ここでは、自由の構想力が助けとなる」[23]。

悟性（カテゴリー）と現象とが認識する主観にとって一致する可能性の条件にかんするカントの根源的な問いは、主観と客観とが行為する主観にとってどのように一致するのかという一般的な問題へと拡張され、ここに超越論的・哲学的体系論は、その本質が存する。この体系論の急進化によって、この能動的な主観は、シェリングの哲学概念の中心とされる。そしてラインホルトは、そのほかの点ではシェリングにたいしてきわめて批判的であったが、いまやこのように確定できる。「シェリングは、人間の自由な行動という特性から見て、全哲学の完成者である」[24]。――こうして、シェリングの出発点は、フィヒテの出発点とごく近接している。シェリングは、フィヒテとこの時代に友好関係にあり、また同時にかれとともにカントを乗り越えていこうとした。カントによる方法論的問題は、フィヒテにとっても、超越論的な構想にたいする統一的な基盤の基礎づけだった。カントにおいて認識論的に必須の、現象と物との二元論を克服することが重要だった。このためにふたつの方法が存在する。すなわち「物自体」を「妨害する」、つまり行動する主観の自由を制限する、物質的な要因として除去するか、あるいは主観的世界を総合するための方法を見つけるかである。フィヒテの〔いくつかの〕「知識学」（一七九四／九七年）において、最初の可能性が急進的な仕方でとりかかられる。「自我」は、フィヒテにおいて客観世界の無制約な創造者そのものである。「人間が頭の上に立ち〔逆立ちし〕、すなわち思想の上に立ち、そして現実性をこの思想にしたがって構築する」[25]という理念は、フィヒテの場合に、カントの哲学的な習熟においてだけではなく、とりわけ支配的だった歴史的な日々のできごと――フランス革命――にもとづいている。革命において実在的な主観が現実性にたいして総体的な権力を要求することは、フィヒテの「知識学」において、自律的な自我が有する総体的な生産性の能力として反映されている。

けれども、フィヒテは主観の理性という尺度にしたがって現実性を描き出すという、かれの斬新な着想をも、結局は、もともと主観的に立てられた原則にもとづく演繹能力としてしか説明できない。フィヒテにおいては、絶対的に定立された自我はすべてであるが、一方でシェリングは、反対にすべてのもの〔前提された物〕のなかに「自我的なもの」（すなわち能動的なもの）を探す。――一方で、シェリングは、こうして発生論的に考えることができるのにたいして、フィヒテは、当為〔Sollen〕にはまりこんだままでいる。フィヒテは、最終的にあまりにもせまく捉えられた主観性の呪縛を克服できない。「結局、フィヒテの『知識学』よりもカントの批判により多くの客観性は存在した」[26]とシェリングは断言した。

しかし他方でシェリングが経験的な人間やその自然的環境へと踏み込むことにより、ある新しい哲学的思考法への道が開かれる。「フィヒテ的な自我の自己定立行為は、自己定立過程にさせられた」[27]。シェリングとフィヒテとの初期の差異は、同じ超越論的・哲学的術語が――後になってはじめて明らかになるだろうように――やはりはっきり区別される意図にたいして使われることにより、覆い隠されてしまう。もっともシェリングの自然哲学の計画――この仕事にフィヒテは、一度も意見を述べなかった――によって、シェリングが初期のうちに「知識学」から「逸脱」していることにさしあたっては気づかないでいようとするほど、フィヒテは思いやりがあった。さらに後でわたしたちは両者にとって苦渋にみちた解明の経過を指摘することにしよう。

もちろんシェリングは、主観概念（自我）をたとえば経験的心理学（ヒューム、それどころかロックも）の手段によってではなく、厳格に超越論主義的に解釈する。これと関連する中心的な能力として、カントは、とりわけ自己直観（自己触発）を認識していた。この自己直観は、いわゆる内官ないしはその――カントが言うように――アプリオリな（直観）形式、時間の能力である。カントは「内官の原理にもとづいてまったく一般的にこう言える。つまりすべての現象一般は、すなわち感官のすべての対象は、時間のうちにあり、また必然的に時間との関係のうちにあると[28]」。この内的感官（時間）はカントにおいて、（物自体の）現実性を継続的に把握するための器官である。というのも、「時間は意識の形式、すなわちそのもとでのみわたしたちが物を意識する、条件だからである[29]」――このように捉えた結果の産物を、カントは現象とよぶ（そして悟性カテゴリーはさらに、この「現象を経験として読みとりうるために、現象を判読すること」にのみ役立つ[30]）。

したがって、自我は超越論哲学以来、もはや実在性を欠いた――無時間的な――自律的な悟性として把握されるのではなく（もっとも合理主義においてはまだそうであるのだが）、――その内観のために、「時間」というアプリオリな直観能力のためにつねにあるものに、ある客観に向けられているものとしてのみ把握される。それゆえ、自我を「それ自体で」把握しようとすることはできず、つねにある対象と接してのみ把握することができる。自我（主観）がある物（客観）を把握しようとする場合にのみ、自我は、それ自身つねに把握可能になっている。

それゆえ、「能動的主観」は、ある対象をこのように継起的に――時間的に――把握することである！　こうして主観は、内容によって「満たされ」うる「空虚な形式」ではけっしてなく、主観―客観として定義される。シェリングは、カントの超越論的主観概念におけるこのような弁証法的着想をさらに展開できる。シェリングの体系にとってひじょうに重要な「知的直観」という概念が導入される。「自我は、自己自身にとって客観となる生産的構想力の伝統にたっている。すなわち、超越論的主観の総合能力が表現され（「直観」と「知性性」との結合は、このことをほのめかすはずである）、この能力によって、まさに主観は、主観―客観として把握され、また実在的存在者を獲得する。

は、さしあたり「自我を……自己自身の生産活動として」[31]把握する。さらに、このようにして、シェリングの体系にとってひじょうに重要な「知的直観」という概念が導入される。「自我は、自己自身にとって客観となる生産活動、すなわち知的直観以外のなにものでもない」[32]。シェリングは、このような概念にかんして、カントの生

知的直観のこの能力――それは美的活動のなかで対象化される――は、芸術作品のなかで実証される。「この能力は、理性の客観化の最高の様式である。というのも、そこで感性的表象は、知性性と合一されているからである」[33]。それゆえ、知的直観は、認識様式（直覚〔Intuition〕あるいは本質直観〔Wesensschau〕）のことを言っているのではなく、もしくはある客観を悟性の努力なしで把握しうるような、観照的な種類のものというのですらまったくなく、行動の一形式として把握されなければならない（この形式は、もちろん認識の「代用」をしているのではない）。このことによって、シェリングは、むしろ同時代の哲学においてひろく孤立して研究された認識問題の新しい、弁証法的な理解の仕方をねらっている。シェリングは、認識をいまや過程として理解している。この過程のなかで、人間的な創造的主観〔Schöpfersubjekt〕は、その創造の産物とそのつどつながりあっているのをみてとる。なるほどシェリングが認識と行動との関係において、新しい問題の視圏を展開するさいにしたが

うモデルは、現実性の美的獲得から取ってこられた。けれども、ここからヘーゲルの『精神現象学』、とりわけその序文に、構想上関係ある道は通じている。――これにたいして、自明なことではあるが、カントの批判主義が正当にも警告を発しなければならなかったのは、原型的知性［intellectus archetypus］というような虚構にたいして、つねに――無時間的に――あらゆる可能な認識を所有しているという、一種のラプラースの悪魔にたいしてであった。ちなみに、それは、一八世紀においてそれまでずっと理解されていたような認識にカントが関心を持っていたことと関連している。もちろんシェリングの知的直観は、この路線上にはない。というのも、シェリングは、カント後の時代に哲学的思考における重大なパラダイム・チェンジを始めたからである。これは、すなわち超越論的主観の歴史化、すなわち人間的主観の自己生産という理念、シェリングによってもちろん芸術的活動としてのみ示される、対象的活動における主観の生成である。

この能動的主観のすべてのポテンツの展開は、弁証法的な主観―客観過程として示される。この展開のなかに、シェリングは、いまやかれの超越論的体系の課題を見る。――自我のこのような自己形成過程が特別な地位をうるのは、絶対的主観の精神的総体性が、この過程の結果として回復させられることによってではなく、具体的・感性的に把握可能な総体性が、過程の完結として現れることによってである。というのも、「芸術における生産は自分の外に向いており、その結果、無意識的なものを、産物をつうじて反省することになる……この種の哲学が理解されるさいの固有な意味は、それゆえ美的な意味であり、そしてまさにそれゆえに芸術の哲学は哲学の真なるオルガノンである(34)」。

それゆえ、超越論哲学は、シェリングの理解ではさしあたり「その本性からして生成するもの、また生きているものにむけられており……その第一の原理において生成的である(35)」。『体系』は、そのような発生の条件、妥当性、そして限界を分析する。シェリングの体系構成は、根源的な同一性によってではなく、この同一性の生成の可能性によって刻印されている。こうして、この体系は、——超越論哲学の新たな意識の時代の内部において——最初の歴史哲学的体系である。この体系のなかで、ヘルダーに対応する伝統がさらにつづけられる。『体系』は、人間に対立している外界にたいする、人間の支配の哲学的発展史を繰り広げ、その条件と限界とを解明する。

第一の問題圏（主観的精神）において、さしあたり自我（自己意識）の主観—客観構造が分析される。——第二の問題圏（客観的精神）は、客観的世界と自己意識とのあいだの相互作用に向けられる。この章は、包括的な物象化批判であるとわかる。そのさい、シェリングの全注意は、自由な行為の可能性に向けられる。

ここで超越論的自我の個人相互間の構造が、またそれと同時に自我を行動の総体性という、生産された構造へと客観化する可能性が展開される。そうすると、個人的に行動する主観の枠組みを、主観の活動圏を、主観の創造性と限界とを境界づけ表示するのは、この主観—客観行動である。「世界は、自我によってのみ定立されているにもかかわらず、わたしから独立して存在している。なぜなら、世界は、わたしにとってほかの叡智者の直観のなかに存在するからである」とシェリングは書いている。さらにこのことから同時に明らかになるのは、「孤立した理性存在者が自由の意識へ到達できないだけでなく、客観的世界そのものの意識へも到達できないだろうということ、それゆえ個人の外にいる叡智者とそのような叡智者との絶えまない交互作用のみが意識全体をそのすべての規定とともに完結させる」ということである[36]。したがって、シェリングは、客観的実在性と個体性との差異性を完全に承認している。しかし、かれは同時にまた両者の両立可能性——しかも、まさしくこのことがとりわけ問題である——を活動として認識している。なぜなら、たしかに行動は、つねにすでにほかの行動と、またほかの（しかも、ここで意味しているのは、過去の）行動の産物とも直面している。制限も限界もない行動の可能性は、それゆえ（自然と歴史として捉えられた！）ほかの主観性の存在によってつねに主観性にたいして原則的に拒まれている。この洞察は、シェリングの歴史的対象的実在性の意味をきわだたせている。あまりにも主観主義的なロマン主義愛好家たちは、『体系』をさほど喜べなかった。シェリングの批判的な洞察は、まさに以下のことである——しかもこうしてさしあたりは行為する人間の日常的経験が概念へともたらされる——すなわち、「自由な行動は、それどころか未知の必然性によってもともとすでに不可能にされている、……このことによって人間は、ときとして自然の優遇と不遇、ときとして運命という宿命をとがめたり称揚したりせざるをえない[37]」。ところで、この制限の背景を——主観と客観との同一性の可能性をつねに顧慮しつつ——その背後を問うことが重要である。「わたしたちは、ここで超越論哲学の最高の……しかし解決されていない問題へといたる。——自由は、必然性であり、必然性は、自由であるべきだ……あるいは別の仕方で表現すると、意識的な……活動に……無意識的な活動が対立するべきで、この活動によって……まったく恣意的でないもの、またおそらく行為者の意志にはんしてまでも、行動者自身がその意欲によってはけっして実現できなかったようなものが成立する[38]」。行動する人間に隠されている必然性が、効果を現すというこの問題は、超越論的に説明されるべきである。「この問題は」それゆえ、「わたしたちが完全に自由に、すなわち意識をもって行動することによって、わたしたちがけっして意図しないことが、また自己自身に委ねられた自由がけっして成立させることがなかったであろうことが、いかに無意識のうちに[39]」わたしたちにたいして成立しうるのか「ということである」。このことの根拠は、まさしく類の——見通されていない、疎遠になった——歴史的運動に存する。この類は、この運動において先の隠された必然性を構成し、また類の統合的な威力におのおのの行動する個別者が従属している。自己意識の歴史の途上で、シェリングは、いまや歴史的合法則性の問題性につきあたる。けれども、過程は、ここでもまだ終わっていない。この合法則性は、主観によってその外面性、さしあたりこの外面性のなかで合法則性は、主観にたいして生じるのだが、この外面性からつれもどされなければならない。――合法則性は、その隠された必然性の状態から現れでなければならない。このことは、シェリングにとってふたたびたんに理論的な事象ではない――たとえば、この必然性へのたんなる事象という経過ではない。

いずれにしても世界過程は、その構成のこの段階においてまだ十分な同一性を明らかにしていない。なぜなら、客観的な外界のなかで行動する主観が持つ疎遠化されていない連関が、まだここでは作りだされえないからである。行動する主観は、まだ不満足であり、「永遠の断片でありつづける。なぜなら、その行動は、必然的であり、だから自由でなく、あるいは自由であり、だから必然的でなく、合法則的でないからである」(40)。

したがって、要求されるべきことは、「ある直観が示されるべきことであり、この直観によって、同一の現象のなかで、自我は自分自身にたいして意識的であると同時に無意識的であるのだが、そのような直観によって……はじめて超越論哲学の全［最高］問題［主観的なものと客観的なものとの一致を説明する］も解決される」(41)。

このことは、第三の問題圏、すなわち超越論的観念論の体系の頂点にして締めくくりとしての芸術へとつうじる。この締めくくりの部分は、要求された同一性の構成への要請にそくして見ると、以下のことを保証しなければならない。すなわち同一性は（ａ）超越論的主観の産物として把握されるべきであり、また（ｂ）対象性と客観性とを示さなければならない。自然と自由との抗争は、ある証明可能な総体性のなかで止揚されなければならない。ところで、この新しい総体性は、シェリングにとって芸術作品のなかで示される。この作品は、「先の驚異的な能力」によって生産されるとシェリングは書いている。「この能力によって……不可能なことが、すなわち無限の対立を有限な産物のなかで止揚することが成功する。それは……最高のポテンツにおいて自己を反復する生産的直観……わたしたちがそれによって矛盾するものをも考え、またまとめることができる唯一のもの——構想力である」[42]。だから芸術作品において、ひとつの結果が、客観の法則性と、素材的に与えられたものの意欲された主観的形式化とから、構成されることができる。美的生産性は自然そのものの主観を限定する客観的法則と規範的なものからと同様に、意識的に意欲する主観からも、帰結する。この生産性は自然の生産的ミメーシス（模倣）である。

超越論—哲学の根源的に最高の問いに答えることを目指して、体系全体は構想されたのだが、この問いが次のように解決される。同一性は、あらかじめ立てられた第一原則ではなく、つねにまず弁証法的な主観—客観過程の産物である。——したがって、シェリングはここですでに、現実性を克服するために、最初の論理性を超克する、疑似実践的メカニズムをわたしたちに提示する。こうして、美的活動は実践的社会的活動の範型を出現させる。実践としての芸術——こうしてシェリングは、もちろんきわめて例外的なしかたでではあるが、すでに労働問題をつきとめていた。けれども、かれは、このような哲学的構成によって社会的現実性の弁証法にもっと深い洞察をえることにはもちろん貢献しえない。なぜなら、このように機能する芸術は、やはり労働の略語でしかなく、労働そのものではないからである——要するに、芸術は、実践であることにとどまっている。しかしそれによって、古典的市民的ドイツ哲学の内部で、対象的活動の問題である労働がそこから供給されてきた、ほかの源泉が示唆されている。このことは——この問題にたいするヘーゲルの関心を顧慮すると——ある程度無駄に終わる。労働問題の哲学的解明に広範にわたって重要な関与をしたのは、ヘーゲルがはじめてであり、しかもそのさいかれはシェリングとはまったく別の道をとった。ヘーゲルはこの問題を、芸術家的対象的活動の問題性からではなく、イギリスの市民的経済学（アダム・スミス）と密に接して獲得するが、このことによってヘーゲルは、人間が自然的社会的環境にたいしてとる態度について、はるかにより明解な、またより素材を生かした発言をすることができる。

超越論哲学は――初期市民社会の世界観にたいするドイツ特有の貢献として――内面的に分裂して終わる。一方で、芸術哲学における社会的活動の機能は、シェリングにおいてなるほど対象的活動として妥当させられるが、しかし特別な――美的な――活動としてその機能を果たすとされる。他方で、同一性の構想は、ヘーゲルにおいてのちにこの一般的社会的活動を現に労働として、もちろんふたたび精神的な労働としてではあるが、把握することができる。

シェリングにおける芸術作品は、――寓話〔アレゴリー〕として――生産された総体性を意味するだけでなく、――象徴〔シンボル〕として――総体性である。芸術作品を生産する美的活動は、「客観的になった知性的活動」[43]以外のなにものでもない。この活動を通じて、「実在的なものと観念的なものとの同一性が実在的なもののなかで現示され、したがって実在的なものそのものの精華が現示される」[44]。

もちろん、美的活動におけるこのような客観化によって、主観の時間構造は、啓蒙主義の哲学にとって重大な変更をこうむる。すなわち、芸術作品は――ほかの重要なカント主義者、フリードリヒ・シラーが書いたように――「時間のなかで時間を止揚でき、生成を絶対的存在と、変化を同一性と合一できる」[45]。こうして開けてくるのは、――しかも超越論的体系の中心的問題から――ここ、『体系』の最後では、ある程度不可避的なのだが、神話的次元である。すなわち、「芸術は、哲学の唯一真の、永遠なオルガノンであり、同時に記録である。……まさにそれゆえに哲学にとって最高のものである。というのも、芸術は、哲学者にあたかも至聖所を開けるからである。そこでは、自然と歴史とのなかで分離されているものが、また生と行動とにおいて、思考においてと同様に、永遠に自己から逃れなければならないものが、永遠な、根源的な合一のうちで、あたかもひとつの炎になって燃えている[46]」。

芸術は、――人間の産物として――なるほど現実性の中心に定着する。しかしそれにもかかわらず、最高度に隠された、人間の同一性の避難所になる。初期資本主義における、急速に進行する社会的分化過程は、人間を自然から、同胞から、そして自分自身から疎外化する過程として感じとられる。この過程は、ある自律的な反対世界のなかで――芸術として――追いはらわれるはずである。ここに芸術の批判的機能の大部分が要約されている。「詩作は……最後にふたたび、詩作が最初にそうであったもの――人類の教師にふたたびなる[47]」。このように理解された美的な活動において、階級社会により生産された、宿命的な結果をまねく、理論と実践との反目は、止揚されるように思われる。人間が自己を外化する可能性、対象化する可能性一般の空間をはかりはじめたとたんに、伝統的哲学は、――理論的な、主として認識を基礎づける活動として――活動する人間の要求にはもはや明らかに適していなかった。いまやシェリングがこれまでの哲学の精神的地位を原則的に克服しようと試みるとき、かれはこのことを世界観的に考慮に入れようとする。それで、かれは哲学を芸術へと転換する。シェリングの友人、カール・アドルフ・エッシェンマイヤーは、『体系』のこの傾向をはっきりと認識していた。「〔『体系』の〕すぐれた方法についてわたしは、あなたになにを言うべきでしょうか？　……哲学が自分自身の絶滅をめざして突き進んでいるという思想がますます実現されています[48]」。

シェリングは芸術によって現実における差別の地ならしをねつ造するが、またそれゆえにかれの芸術哲学的な普遍主義は、おそらくやはり、かれが自分ではそう思って行った治療ではなく、むしろ病気だったのだろう。

その後、シェリングの友人でこのイェーナ時代の同僚であるヘーゲルが社会的総体性の弁証法的構造を解明するための新たな一歩を踏み出した。シェリングが一八〇二／〇三年にイェーナでかれの大「芸術の哲学」を講義したとき、ヘーゲルは、比較的短い『人倫の体系』を書いた。ここでヘーゲルは社会的な、道具を媒介とした、社会の構造にたいする注目に値する洞察へといたる。ヘーゲルは、総体性についてのみずからの構成のなかでひきつづき芸術作品を道具によって代替している。弁証法の問題の理論的克服は、こうしてその決定的な推進力をうる。「道具のなかで主観は、自己と客観とのあいだの媒語をなし、この媒語は、労働の実在的な理性性である……道具のなかで主観は……客観性を自己からきりはなす。主観は、他者を破壊へとゆだね、他者を破壊の主観的部分へと引き延ばす。同時に労働は、個別的なものであることをやめる。労働の主観性は、道具のなかで普遍的なものへと高められている。おのおののものが普遍的なものをまね、同様に労働することができる。道具はそのかぎりで、労働の不断の規則である。――道具のこのような理性性のために、道具は、媒語として、労働することよりも、また……加工された客観よりも、享受あるいは目的よりも高いところに存在する……」[49]。

ヘーゲルは、普遍的な活動概念を「現実的な」道具の問題によって構成し、またこうして美的直観を押しのける。それゆえ、かれはいまや道具そのものに（しかもその一時しのぎである「芸術作品」にではなく）媒介過程の「媒語」を容認する。こうすることによって、ヘーゲルは、シェリングよりもうまく、図式構造の本当の意図を保持している。なぜなら、道具は、「一面からすると……主観的であり、労働する主観の権力のうちにあり、またこの主観によって完全に規定されており、……他面で客観的に対象に向けられているからである。この媒語によって、主観は、破壊することの直接性を止揚する」[50]。

「あなたの著作がはじめて出版されたすぐあとからいまにいたるまでのあいだに、わたしが聞き知ったのは」

とシラーは、一八〇〇年五月一日にシェリングに宛てて書いた。「この著作についての判断がきわめて分かれているということであります[51]」。こうして、シラーは、この作品の受容史の主要な傾向をすでにほのめかしていた。――著書を献呈されたゲーテは、礼状のなかでシェリングに美しい告白をした。「わたしが旧来の種類の自然研究からはなれて、モナドのように自分自身につれもどされて、科学の精神的領域のなかであちこち迷わなければならなかったとき以来、わたしは、あちらこちらで心引かれることはめったにありませんでした。あなたの学説に決定的に心引かれました[52]」。

『体系』は、フィヒテとの関係で、二人の思想家の合一不可能な区別を、結局決定的に出現させた。このことは、直接的な影響史のもっとも重要な結果と見なされなければならない。――フィヒテの判断は、シェリング自身にとって、つねにひじょうに重要だった。もちろんシェリングは、フィヒテにすぐ献本をおくった。だが、フィヒテは、一八〇〇年秋まで『体系』に論評を加えることをためらった。だが、その後、かれの拒否は、もちろん明らかだった。ある――ちなみにシェリングにとってまったく好意的でない――書評雑誌のなかで、フィヒテは、ある声明を掲載させたが、そのなかでかれの隔たりは明らかになる。「わたしの才気にともむ協力者、シェリング教授が……かれの新たに出版された『超越論的観念論の体系』のなかで、超越論的見解へと立ち入ることに、「知識学におけるフィヒテよりも」どれほど成功したのか、このことをわたしは、ここで調べるつもりはない[53]」。――自然哲学と超越論哲学との同権的な取り扱いと、とくに「あなたによって立てられたような……知識学は、まだ哲学そのものではありません[54]」というシェリングの意見は、フィヒテに奇異な印象を与えるにちがいなかった。他方で、シェリングの超越論哲学は――しかも驚いたことにすでにシェリングの初期の作品、たとえば『哲学雑誌』におけるかれの諸論文さえも――、フィヒテが書いているように、「わたしのうちに、あなたが知識学を見ぬかなかったのではないかという推測を」呼びおこさせた。「しかし……わたしが望むことは、時間が十分あれば、あなたが欠けているものをおぎなうであろうということです(55)」。

ほかの人々にとっても、たとえばかれのイェーナにおける弟子、Ｊ・Ｂ・シャートにたいしてもフィヒテが明らかにしたのは、シェリングの『体系』が、もちろんフィヒテの『知識学』から、すなわち「シェリングがけっして理解しなかった体系(56)」から区別されなければならないことである。――フィヒテとの差異は、『体系』の同時代の読者層にとっては明白だった。

『体系』の方法論的にもっとも重要な結果をともなう影響は、『精神現象学』の理念と叙述とへの影響だった。ふたつの作品は、構造的類似性を示している。しかしながら、ヘーゲルの作品の序文では、そこで批判されている絶対者の構想（「絶対者は夜であり、そのなかではすべての牛が黒い」）がしばしばシェリングに関係づけられている。このことは、すくなくともヘーゲルの自己理解においては、事実的に正当化されていない〔訳注〕。ヘーゲルは、このような誤解をすでに予防していた。「とくにきみの形式を使ってこんなにばかげたことを行い、またきみの学問を素っ気ない形式主義へとおとしめている月なみな表現にたいして、僕がやりすぎたことを、きみが序文で見つけることはないよ」（ヘーゲルからシェリングへ、一八〇七年五月一日）。それゆえ、ヘーゲルは、シェリングの学問を、流布していた、シェリング流にかたよる熱狂家たちが吹聴する誇張から完全に区別している。ちなみに、ヘーゲルは、上述の手紙で親密な友人にかれの最初の作品の書評をたのんでいる。ふたつの著作――『体系』と『現象学』――は、うたがいなく古典的市民的ドイツ哲学の内部における、弁証法的思考の偉大な創立の記録に数えいれられる。

ジャン・パウルは、シェリングの作品を読んだあとで、かれの友人Ｆ・Ｈ・ヤコービ（かれとシェリングとは一二年後センセーショナルな「私的」な無神論論争を行った）に宛てて書いた。「シェリングの超越論的観念論は、鋭敏さによる傑作であり、人はこれを喜んでまた同様に怒って読んでいますが、人が怒って読んでいるのは、シェリングが現実的なものをより複雑だと思うにつれて、それだけかれは……現実的なものの創造をさらに簡単にしてしまうからです。……きみはこの本を読まなければなりません[57]」。

四〇年代にもまだ、進歩的な諸力において、老シェリングという一人のありうべきヘーゲル後継者についての幻想がほとんどすべてとうの昔に消え失せていたときに、しかしながら三月革命以前の時代の哲学におけるこの反対派勢力のなかから、まさに『体系』から将来の哲学にたいする注目に値する理論的要素が指摘された。たとえば「にもかかわらず、この著作のなかに、〈人間的行動の〉選択意志のなかで、「歴史の原理」を探し求める、ソフィスト的な夢想家を人は認める[58]」。『体系』の——シェリングの生前における——最後のもっとも重要な読者は、おそらくカール・マルクスだったのだろう。ところで、かれの博士論文を準備するために書かれたベルリン時代の抜き書き帳は、『体系』の読書とならんでさらに七冊のシェリングのほかの初期作品を示している。ヘーゲル哲学、「そのグロテスクなごっついメロディーは、わたしにとって愉快ではなかった」が、この哲学とはじめて接触したさいに明らかにひるんで、マルクスは、今度は——ある程度事柄そのものへと、実在性へと達するために——「自然科学と、シェリングと、歴史とをある程度学ぶようにした」、そして——消失してしまった——哲学的対話『クレアンテス』を書いた。「ここでは、それまでばらばらになっていた、芸術と知識とがひとつになり……概念それ自体として、宗教として、自然として、歴史としてみずからをあらわしていく……哲学的・弁証法的展開です。わたしの最後の命題は、ヘーゲル体系の発端だったのです[59]」。

# 第九章　同一性哲学における神話問題について

認識可能なものはすべて、
それ自身すでに認識するものの、
すなわち悟性の、知性自身の刻印を身につけていなければならない、
たとえこの刻印が認識するもの自身ではないとしても。
フリードリヒ・ヴィルヘルム・ヨーゼフ・シェリング（一八三五年）

シェリングの神話問題が主題化されると、さしあたりかれの後期哲学が参照されることになる。少なくともシェリング研究は、このような印象を引き起こすことができる。たとえこの時期のシェリングの思考をドイツ観念論の完成として強調しつつ称えるためにせよ、あるいはこの時期にたいして手厳しく誹謗するためにせよ。ところでその一方で、神話学説は、シェリングの全作品のなかで見受けられるので、以下ではシェリングの思考道程の始まりにおいてすでに存する、神話的なものが有する注目すべき次元に注意が向けられることになる。テーゼは、超越論主義が有する反論の余地のない優勢とならんで、神話がシェリングの初期哲学の形成に構成的に関与しており、また「自然」、「歴史」、「芸術」、「同一性」というような中心概念は、この両問題圏を同調させて考察することではじめて理解されうるということである。

シェリングの初期作品をわたしたちは、かれのイェーナ時代のおわりまで数え入れ、またそれらの作品は、わたしたちにとってかれの哲学的な熟達の時代を表している。この初期作品の重要なテキストの個所はかなりある。

一七九二年と一七九三年とにはすでに、テュービンゲンの神学校で、シェリングは、神話的テーマにかんする二本の論文を書いている。さらにわたしたちは、重要な作品の決定的な個所において〔このテーマに〕対応する文章を見つける。たとえば、「独断論と批判主義にかんする哲学書簡」（一七九五年）において、「歴史哲学は可能か」（一七九七年）という論文において、イェーナ時代の主著『超越論的観念論の体系』（一八〇〇年）において、またとりわけ包括的な『芸術の哲学』（一八〇二／〇三年）において、である。けれども、この関連で傑出した記録文書は依然として、いわゆる「最古の体系プログラム」（一七九六年）[1]である。これは、その革新的な言明とその熱狂を与えるカリスマとによって、ドイツ・イデオロギーの領域においては、ほとんど「フランスの密輸品」として資格を与えられている。

シェリングにおける神話との出会いは、初期の頃にはじまり、まずはじめに『人類史の憶測的起源』（カント）からの、あるいは『人類史の最古の史料』（ヘルダー）からの、歴史的なまた啓蒙的な報告にこだわっている。ヘルダーとカントによって典型的な仕方で、また本質的であるが同時に異なる二つの精神的な源泉が持ち出されるが、この源泉からイェーナ期のシェリングの哲学は存立している。すなわち客観的なもの、自然的なもの、実在的なものと観念的なもの、超越論的なものとである。

もちろん若いカント主義者シェリングは、神話受容においても同時代の研究のはるか高みに立っている。この高みは、ヘルダー、ハイネ、シュレーゲル兄弟、モーリッツによって担われていた。ところで、先の時代において、神話はたんに学問的考察の問題ではけっしてなく、深く根を下ろした教養の材料だった。ゲーテ時代の思考一般において、神話的なものが有するこのような重要さは、――ついでに言うと――もっとも重要な芸術小説、『親和力』（一八〇九年）のなかで、輝かしいばかりに美的に対象化されている。

ところで、二つの精神的な要素、超越論主義と神話の受容とは、シェリングにおいて並行したままでいるのではけっしてなく、固有な仕方で結合し、相互に浸透する。二つの要素はお互いにたいしてまさに触媒のように作用し、また若きシェリングの世界観を共同して形成する。シェリングは、「構想力の驚くべき能力を理論理性と実践理性とを結びつける中間項として……哲学の本来的オルガノンだと宣言した。シェリングは、構想力にかれの新しい神話を基礎づける……神話を表現力にした……世界観は、まったくもってカントの観念論である」[2]。このさいシェリングにとって、カントの超越論哲学からとられた本質的事態は、超越論的図式論という現象ないしはそのカテゴリーの根拠、生産的構想力である。超越論的図式の総合機能を通じて体系的観点のもと、シェリングの同一性哲学は本質的に実現する。いまやシェリングは、そのような総合構造を神話における重要な要素とも見なす——しかも、かれは、神話をとりわけ芸術作品として理解するからであるが、そのなかで自然的なものと歴史的なものとは、融合している。そのような神話概念をかれは、カール・フィリップ・モーリッツの研究から取っている。モーリッツの最大の功績は、シェリングが『芸術の哲学』のなかで書いているように、「はじめて……神話をこのような詩作上の絶対性のうちで叙述した[3]」ことに存するという。

ところで、シェリングにおける同一性哲学の超越論哲学的な構成条件がこの哲学にたいして引き起こしたのは、哲学的体系から美的なもの、芸術作品への類推的な転回、それゆえこの時代におけるかれの神話——理解をもまさにきわだたせている転回である。——ところで、このことは指摘されるべきであろうが、二つの思考像の混合を可能にしているカテゴリーは、象徴のカテゴリーである（これについては『芸術の哲学』第三九節をも参照）。

現実性の二つの大きな領域——自然と歴史——の同一性哲学的基礎づけにたいする帰結は、このような見通しのもとでは、次のようになる。

第一に、シェリングは、かれの予期されるべき同一性構造を対象的にまた客観的に形成できる。なぜなら、まさに体系的理由から芸術は哲学の中心にすえられているからである（芸術——それは、いまやシェリングにおいて、同時にまた、必然的な条件としても、また神話の第一の素材としても、要求される）。ついでながら、ヘーゲルはのちに——しかもこのことはたしかに後退を表している——かれの同一性哲学をこれと比較して極端に観念論的に、精神的総体性として形成するだろう！

第二に、しかし、このことによって超越論的図式論の総合思想によって、超越論哲学的に見るとすでに傾向として確立されている歴史構造がダメージを受ける。歴史問題は、たしかに現実的になっていた。——わたしたちは思い出すし、またシェリングは、のちにこの問題をかれの哲学史講義のなかで要約している——なぜなら、かれは、「自我と自我によって必然的に表象された外界との引き裂きえない連関を、現実的な、あるいは経験的な意識に先行する、この自我の超越論的過去によって説明〔しようとした〕からである。この説明は、したがって自我の超越論的歴史へと通じていた……それゆえここが体系の要点だった」と書いている。さらにシェリングは、「ここでは……最終的に歴史自身が、人類全体が巻き込まれている大きな過程として話題になった[4]」と書いている。

ところで、この歴史喪失の傾向は、シェリングによる歴史的なものの解明の瞬間において、たしかに、かれにとって模範的な神話構想の没歴史性に帰せられる。歴史哲学の可能性を問うた論文において、かれは書いている。「神話は……もともと自然の歴史的図式論以外のなにものでもない[5]」。それで神話は、ここで若いシェリングにおいて——そのもっとも優れた素材は、芸術ではあるものの——自然からの復活であるとわかる。自然と芸術とは、神話において同一であり、それゆえ、ここではわたしたちにとって——シェリングが『芸術の哲学』第四二節で書いているように——芸術そのもののなかで、自然がふたたび連れ戻される[6]。初期シェリングにおける神話思考が有する、宿命的な歴史哲学的意味は、ヴァルター・ベンヤミンの有名な言明によって要約される。「自然の顔には衰滅という象形文字で『歴史』と書かれてある[7]」。シェリングの同一性哲学の偉大な発見は次のことである。すなわちさしあたって疎遠な、また重苦しい客観的なもののなかで、本来つねに人間は自己のものに対峙すること——ただし歴史的に異なる配置関係においてではあるが——、それゆえ根本的に、自己の行為は、歴史的過程において、客観性の主導者であることである。このことは神話のなかでつぎのように徹底化される。すなわち、ここではつねにすでに客観的なものと主観的なものとの、個体と類との同一性が支配している——神話的な神々は、この同一性を神格化する。なぜなら神話は、「……その可能性のために、一人の人間がそうであるような個体である類を必然的に要求する。この理念がわたしたちの時代にたいして持つかもしれない不可解さは、この理念の真理からなにも奪い取りえない。この理念は、全歴史にとってそもそも最高の理念である[8]」。同一性構成のこのような徹底化は、実際にはこの構成の短絡化へと通じる。というのも、ここでまさに歴史が、すなわち同一になることの可能性の条件一般が、静止しているからである。明らかにシェリングは、すでに初期のうちに、自律的な、自己にのみ依存する存在者としての人間、失われた同一性を探し求める途上にある人間、このような人間の両義性にたいして敏感になっていた。自律へと解き放たれていること——これは、シェリングが超越論哲学の思想家としてもちろん啓蒙主義全体と分かち合う思想像である——にもかかわらず、フランス革命の結果をともなった革命後のジレンマにも直面して、このような問題が、シェリングにとって明らかに残っている。「しかし、このような自由によってこの小説の人物たちはどこへ連れて行かれるのか？　かれらは新しい洞察に眼を開かれるどころか、現実としてひそかに恐れをいだいていることにたいして、盲目にされるだけである[9]」。またそれゆえ、シェリングは、歴史的相対性という渦中にある人間をこのように救おうとする。すなわち、人間に神話という歴史から自由な避難所、同一性という永続的な黄金時代を提供することによってである。ところでしかし、人間は、先の正真正銘の同一性を超越論的経験として媒介されつつ受け取っており、実践的に対象的に行為するものとして課題として受け取っていないこと、このことが、「新しい神話」というこの人類に負わされているプロジェクトにダメージを与える。こうしてシェリングは、初期においてすでに神話のなかに、ヴィーコとヴォルテール以来の進歩的で世俗化された歴史哲学が有する、自律テーゼの解放的な潜在力を保持しようとした。

「絶対精神」が有する神話としての重要性は、ヘーゲルの体系の内部でも見通しがきかないように思われる。「絶対精神」の構造、機能、発生がまさに、問題意識を持ったすべてのヘーゲル研究にとって目下のところもっとも重要な懸案事項のうちの一つを現示している。ここではヴァルター・イェシュケに賛同するべきであるが、かれはこのように明言している。「これにはんして、大幅に明らかにされていないのは、『絶対精神』の構成問題である……『エンチクロペディー』の叙述が有するこの最後にして最高の領域がまさにもっとも詳述されていないということで……分析は難しくなっている。テキストが芸術、宗教、哲学というたんなる継続を越え出るような、ある種の絶対精神の理論を確実に推測させることは、けっしてない(10)」。

それゆえ、第一に、この絶対精神が思弁的神学にたいして、とくに神の人格性を把握することにたいする能力の程度が問われるべきである。すなわちここでは絶対精神によってキリスト教的な神の表象を解釈できる限界が指摘されるべきである。第二に、絶対精神を神的人格として神学的に読む仕方によって、この読み方が宗教哲学的な事態を理解可能にまた解釈可能にするかぎりで、超越論的主観性哲学の最高段階（また論理的終点）に到達したのか？〔が問われるべきである。〕それとも第三に、この思考形式の周辺から、宗教的な表象を再構成し、

またそうして理論的に獲得する、まだ別の可能性が存在するのか？〔が問われるべきである。〕

第一の点について。ヨハン・ゴットリープ・フィヒテは、超越論哲学の理性批判的な禁札という印象を引き起こしつつ、神の認識を方法的に意識して拒絶した。――というのも、「神をある概念の対象にするやいなや、神はまさしくそのことによって、神であることを、すなわち無限であることを、やめてしまうことは明らか」[11]だからである。フィヒテが拒絶したのちに、たとえばヘーゲル以後の思弁的な哲学者、I・H・フィヒテとCh・H・ヴァイセとは、ヘーゲルにとって典型的だった同一性理論的な哲学のタイプを放棄してのみ、神を認識する権限があると見てとった。そのさい、かれらは、哲学的思考におけるある種の新たな二元論（と非合理主義）の危険によってもひるむことはなかった。これにはんしてヘーゲルは、ちなみにシェリングと同様に、自然物と、人間と、信仰との方法的に統一的な認識を、また当然のこととして、とりわけ神の認識を望んでいた。

ヘーゲル自身もこの問題を十分に解決しようという意識を持っていた。――実例となるのが、たとえば『エンチクロペディー』（一八三〇年）においてだが、そこでかれはこう書いている。「絶対精神は、永遠に自己自身のうちに存在すると同様に自己自身へと還帰する、また還帰した同一性である。……宗教は、この最高の領域が一般にそう表されうるように、主観から出発するものとして、同様に……客観精神から出発するものとして、見なされるべきである」。そして、「ここで、また一般に信仰は知に対立しているのではなく、信はむしろ知であり、信は知の特別な形式であるにすぎない」[12]。この文脈でしばしば指摘されるのは、ヘーゲルにおける哲学は、結局のところ礼拝、神学である、思弁的なものは宗教的なものである等々、という先の定式である。

だが正確に考察してみると、絶対精神のみが神の人格性を超越論的に認識できることが明らかとなる。絶対的主観は、信憑性にもとづく、ないしは類推にもとづく考察を媒介としてのみ、神認識の引き立て役として役立ちうる。その場合、「神」という言葉は、まさに伝統的な名称であるにすぎない、まさに絶対的主観にたいするもうひとつの名前であるにすぎない、ということではないから。ある論理的な中間領域が空いており、この中間領域についてW・パネンベルクは、――私見によると神学的に正当であるが――このように注記している。「神は、絶対的概念あるいは絶対的主観であるというヘーゲルの思想は……神的現実性の秘密の背後にとどまっている比喩という価値を持ちうるにすぎない」[13]。W・パネンベルクは、最近にも絶対的神論におけるある神学的不足にきわめて強く注意を向けた。絶対的精神はやはりおそらくキリスト教の神ではないのだろう（ヘーゲル自身はそれをこのような意味で理解しようとしているとしても）。けれども、わたしは、W・パネンベルクによって持ち出された差異をたんに「神学内部的」差異と見なすことはできない。なぜなら、そのさい、やはり哲学と神学とが区別されること一般が実際のところ、問われるであろうから。神は絶対精神のなかで、おそらく想定可能であるように見えるであろうが、そのなかで止揚可能であるようには見えない、と言われるならば、W・パネンベルクの結論に賛同できる。

それゆえ、絶対精神を「神」と名づけることは、たしかに可能である。だが、こうすることが論理的にも必要であろうか？　エーバーハルト・ユンゲルは、このことに関連して、神についてのキリスト教的言説の根本的アポリアをきわだたせている。「なぜなら、近代的思考が伝統からさしあたって完全に受け継いできた、神の絶対性についての公理は、自己の自由のなかで絶対的存在者によって脅かされていることを経験している人間の防御心を、長ければ長いほどより強く、呼び覚ましたから[14]」。

第二の点について。ヘーゲルの絶対的主観は、たとえば『精神現象学』において「絶対的に自己のうちにある個別性[15]」として現れるとしても、（カント以来の）超越論的主観性にかかわる、媒介理論的な文脈のなかでつねに見られるべきであろう。このことが見損なわれるのは、私見によると、ヘーゲルの絶対的主観が（内向した）ロマン主義的主観性へと近づけられる場合である。もっともこの主観性にとって、さらにくわえて、自己を主観—客観として構成しうることは、原理的にきびしいであろう。しかも、ここでW・パネンベルクにたいする批判的反論を許していただきたいのだが、それゆえ上述のことが見損なわれるのは、このように言われる場合である。「絶対的主観性についてのヘーゲルのテーゼは、有限な主観性の鏡像であり、理想であるにすぎない。それゆえ、ヘーゲルは、結果においてロマン主義的主観主義を克服せず、むしろ先鋭化した[16]」。

しかし、ヘーゲルの絶対的主観性が——カントにたいする批判にもかかわらず——それでも関与している、方法的な構成モデルは、『純粋理性批判』における純粋悟性概念の超越論的図式論にかんするカントの理論である。カントは、かれの理性批判のなかでこう詳述した。すなわち純粋悟性概念は、たしかにさしあたりたんなる思想形式であるが、この形式によってはまだなんら特定の対象も認識されない。——この悟性概念（カテゴリー）は、まずはじめに実在化されなければならない。そのさい根本問題は、わたしたちは、それ自体非同一的なもののあいだで、感性と悟性とのあいだで、どのようにして、あるいはどこで同一的なものを見つけるのかである。図式論の問題全体は、ヘーゲルにとって依然としてそもそも「カント哲学のもっとも素晴らしい側面のうちの一つであり、それによって、純粋感性と純粋悟性とは、絶対的に対立した異なるものとして……言明されたが、合一される[17]」。

ヘーゲルは、経験問題の再構成にさいして、カントにおいてすでに現れている以下のような思想を取りあげている。すなわち、総合可能な主観が（認識するものとして）みずから（認識—）対象そのものを創造し、この生産の経過のなかで、自己が生産されたものそのものと結びついていることを見ており、そうして自己を主観—客観として経験する。しかし、こうして同時にカントが先のように経験問題を認識論的問題と見なすことを、ヘーゲルは乗り越えており、またヘーゲルは（超越論的）主観性の新しい解釈へと到達している。カントの総合思想がつねに向かったところは、ヘーゲルの理解では意識における有限な同一性であったが、これが経験とよばれる。この歩みを進めることに、イェーナのヘーゲルは、構想力の新しい解釈によって成功している。構想力は、いまやヘーゲルにおいてもはや「現存する絶対的主観と絶対的な現存する世界とのあいだへとはじめて押し込まれる、中間項としてではなく、……一面で主観一般となり、しかし、他面で客観であり、また根源的には両者である、根源的に二面的な同一性として、……理性そのもの以外のなにものでもないものとして[18]」捉えられるべきである。

このようにヘーゲルは、それまで異なるものとして現れていた、主観と客観との絶対的同一性という新しい哲学原理を、カントの正真正銘の超越論哲学へと明らかにさかのぼりつつ構想している。たとえば、フィヒテへとさかのぼるのではない。ヘーゲルは、さらにこの根源的な主観性理論を絶対的主観性へと、思弁的概念へと、徹底した。この思弁的概念は、さらに自己自身を思考することとして、普遍者と特殊者との媒介として、具体的な普遍性として展開される。このことは、関連をたもちながら論理学で行われる。ところで、ヘーゲルは、絶対者を絶対的概念として把握するという概念把握の強迫観念に迫られて、事実上「わたしは考える」という先の思考形式の展開においてある頂点に達したように見える。しかし、まさにかれの方法的結論において、論理的な媒介モデルは欠陥があると分かる。というのも、このモデルは、絶対知における絶対的主観のたんに認知的な自己媒介をめざすことになるからである。

第三の点について。しかし根源的超越論哲学が有する同じ問題分野において、この哲学概念を放棄する必要はまったくないだろうが、ほかの媒介モデルも考えられる。このモデルとともに絶対者は――宗教的な対象として捉えられると――その理性的な獲得が、同様に可能であるだろう。つまりこのモデルとは、「理性は、理性自身がその構想にしたがって産み出すものだけを洞察する」[19]という、イマヌエル・カントの認識指導的な理念のもとでのみ可能であるというモデルである。

このような見通しのもとに、たとえばヘーゲルの青年時代の友人ヘルダーリンは、ヘーゲルとちがい傑出したカント主義者だったが、宗教的な表象を理性批判的分析の対象にした。そのさい、宗教的表象は構成物として現れたが、この構成物は、「その表象のなかで知性的でも歴史的でもなく、知性的に歴史的……であり」[20]、すなわち、この構成物はたんに理念ではなく、あるいは多かれ少なかれ厳密な概念でないばかりではなく、たんなる歴史的出来事あるいは事実でもない。そしてそのような構成物を、ヘルダーリンは神話と呼ぶ。

超越論哲学的な理解にしたがって組織化されているように見える神話は、媒介理論的に見ると、絶対精神と類似的に構造化されている。神話は、絶対精神とちがって歴史によって媒介されている、ないしは歴史を媒介している。神話は、――シェリングの表現を借りると――「自然の歴史的図式論」[21]である。超越論的論理学の図式論の理論をこのようにさらに展開するにともなって、同一性哲学の哲学説が先取りされるが、この学説は、宗教的構造の問題点への洞察をもまさに深化させる。超越論哲学的思考様式から同一性哲学的思考様式へと移転する、包括的な過程は、この新しい思考の弁証法的受容能力を高めることに結びついている。このことが可能になっているのは、現実性についての新たな統一表象（同一性、絶対者）が歴史形態で構造化されているように見えるからである。

それゆえ、宗教的暗号をこのことにもとづいて、もっと正確に読み解くことが可能になるのは、この見通しのもとだと「超感性的世界の物についてのすべての学説が（なぜならわたしたちはこの世界にたいして何らの自然法則をも有していないから）歴史に」なるからである。[22] とりわけ、このためにたとえばシェリングは、イェーナ時代にもまだ、キリスト教の歴史的構成に向けて努力するようになるが、この構成は、『学問研究の方法についての講義』のなかに含まれており、さらにまたかれに『世代論』[23]についての十年にわたる思弁を行わせることになった。

それゆえ、ここで定式化された神話―概念において、いぜんとして重要であるのは、超越論的論理学のなかにこの概念が媒介理論的に定着していることである。なぜなら、ここでは「構想力の能力が理論的理性と実践的理性とを結びつけている中間項として、哲学のもっとも効果的な……またもっとも本来的な機関となる」[24]からである。さらにここから、先の「最古の体系プログラム」によって定式化された「理性の神話」という新しい見通しが開かれる。こうして指針を示す形で純粋に弁証法的に刻印されている哲学によって、現実性を美的に獲得する様式の潜在性〔ポテンツ〕、必要条件、限界について新たに反省するように要求される。なぜなら、この新しい神話の本来の素材は芸術だからである。このことは、のちにカール・マルクスも共有する洞察であるが、そのさい、かれは、神話を「自然（……社会を含めた）の芸術家的な加工」[25]と呼び、また神話の業績を、自然の疎外化からの解放のうちに見ている。

ここで美的活動は、指針を示す形で発見法〔ars inveniendi〕となっている。このことは、ヨーロッパの啓蒙哲学において考案された、先のいわゆるヴィーコ定理を履行する一つの形式だったし、またここで哲学的意識が新たに形式化される点に達していた。この意識は（エーバーハルト・ユンゲルの表現によると）、「『わたしは考える』から『わたしは行う』[26]」へと転換している。

ところでもちろん論議の余地がないことであるが、ヘーゲルは、それにもかかわらず、まだ思想形式にまで高揚しなければならない、概念把握の前段階だけを見ていたであろう。それにもかかわらず、神話は、かれの理解では「空想する理性の作品」として、思想、哲学説、要するに真であるものを——潜在的にだけとはいえ——含んでいるのではあるが。しかし、問われるべく残っているのは、やはり、神話概念は、もしそれが絶対精神のひとつの前段階の形式として理解されるならば、超越論哲学の精神から現実にまさに有意義であるのか、それとも神話概念においてはまだ生産的次元は発見されえないのか？　ということである。ここでは、よく注意してみると、宗教哲学の文脈において、宗教的事態を把握することを可能にすることにおいて、神話概念が有する解明力が問題なのである。この問題圏に、私見によると、さらに考察に値する三つの問題があるとおもわれる。

（a）　神話概念によって宗教的事態を把握するさいに、あらゆるキリスト教中心主義、いやそれどころか神中心主義が回避されることができる。神話は、カール・バルトの証言にしたがおうとするならば、一般に「人間の創造」[27]であるにすぎず、したがってまた神の啓示がキリストにおいて質的に比類ないことを把握することに神話はいずれにしても適していない。それゆえ、カール・バルトは、まさに聖書の物語の「脱神話化」をもおのずと無効だと考えている。

（b）　神話概念においては、美的なものへの接合が、さらに神話の脱神秘化へと進まなければならないように思われる。美学〔Ästhetik〕への転換は、構想力の超越論的構造（図式論の根拠として）のなかですでにあらかじめ形成されていた。このことによって媒介の問題性は、さらにある程度「物質化」される。図式化という根源的な超越論哲学的な媒介理論は、ここではそのたんに認識論的でしかない適用範囲から解き放たれている。というのも図式化は、「特殊者における絶対者の完全な現示を意味しえないからである。たとえ図式が普遍者としてふたたび特殊者でもあるとしても、しかし普遍者は特殊者を意味する、という仕方でのみである[28]」。ここに象徴〔シンボル〕の問題がむすびつく。象徴は、（本来の）図式論（そのなかでは、特殊者が普遍者を通じて直観される）にたいしても、寓意〔アレゴリー〕（そのなかでは普遍者が特殊者を通じて直観される）にたいしても、際立たせられるべきであろう。「特殊者のなかで、普遍者と特殊者との絶対的無差別によって絶対者を現示することは、象徴的にのみ可能である[29]」。

そして最後に（c）神話概念のなかでは、たとえば物語の歴史化といった意味で、歴史性思想の前史が追究されうる。ここではとくに「神話[30]」という現象の哲学的獲得についてさらに研究することはやりがいのあるように思われる。

# 付論　いわゆる「最古の体系プログラム」

しかし必要なのは、
無知のこのような幻想のかわりに理性の現実性を
また僧侶のまやかしのかわりに
自然の真理を立てることである。
わたしたちは心像なしでは何も把握しえない。
最高に抽象的な分析においても、最高度の形而上学的推論においても
わたしたちの悟性は心像によってのみ把握する……
それどころか悟性は心像にのみ基づいている。
（フランス国民新聞〔Gazette〕一七九三年）

ドイツ哲学においてさまざまな点で（言語的にも、構想的にも、そして世界観的にも）たぐいのないこの文書――この文書は一九一三年にベルリン国立図書館によって競り落とされた――は、その初公開以来[1]、革命時代の文芸と哲学とについての国際的な歴史記述を揺り動かしている。そうこうするうちに、体系プログラムについての七〇年以上にもわたる受容史と議論史とのなかで「そもそも考察されている立場は、全部採られ、批判的解明の考えられうる変形はすべて……試され、議論され、非難された。しかし、このような色調のコントラストに本当に富んだ議論の歴史を書こうという試みは、依然として懸案事項である[2]」。

体系プログラムは、比類ない仕方で刷新を目指す哲学的思考様式の、先取りをする傾向、野心、希望、脅迫感をも要約している。このテキストは、共和主義的理性が有する修辞的な力からくる印象を伝えることができる。

体系プログラムがある道徳的世界、そのなかで「国家の観念は存在せず」、「すべての人々の絶対的自由」が支配しており、「人々の普遍的自由と平等とが〔支配する〕」ために、「啓蒙された人々と啓蒙されていない人々とが互いに手をさしのべる」のだが、(3) この道徳的世界の理念を実現するよう要求するさいに、理論的—哲学的要請・要求と実践的—政治的要請・要求との総合がカントの超越論哲学の精神からはっきりと現れてくる。すなわち体系プログラムの福音は、用語上も意図上も、「カントの用語とカントの思考の一般的知識との枠に順応させられるべきである」(4)。

体系プログラムの著者は〔訳注〕、精神的に(イェーナ—テュービンゲン)左派カント主義の原理に結びついている。カント受容—自己理解にしたがうと、正真正銘の受容——のこのような形式、ないしはカントの批判主義のプログラムをこのように完成させることは、同じように哲学批判的でもあり、時代批判的でもある論文を指向していた。この論文は、「カントの体系とその最高の完成とから……ドイツにおける革命」(5) が期待されるべきであるという、指導的理念に服していなければならないとされる。

体系プログラムは、この見通しのもとでいわば「合一哲学的」なプログラムを構想する。このプログラムによって可能となるはずなのが、主観(超越論哲学)についての、外界(自然哲学)についての、同様に人工産物(社会、国制、国家、芸術)についての、これまで分離されていた哲学的研究をあらためて同一性哲学的に把握することである。とりわけ「精神の同盟」の友人たち(ヘーゲル、ヘルダリーン、ジンクレール、ツヴィリンク、またシェリングも)をつき動かしたのは、たとえどんなに違っているとしても、このように構想された理念である。ちなみに、かれらはみな多かれ少なかれ理性のそのような新しい建築術にたいして確固とした礎石をもたらしていた。

ここから、私見によると（目下の資料状態から見ても）、ヘーゲルの筆跡で現存するこの二頁の文章の唯一の著者を最終的に確定した形で特定することは、まったく不可能である。なぜならこのテキストは、「たしかにある孤独な思想家による、もっとも重要な計画についての自己通告ではない(6)」からである。

しかし、著者論争は別にしても、体系プログラムの精神的母胎にたいする起源のうちの一つをシェリングの哲学活動（一七九三年と一七九六年との間）の圏内に探し求めることは、依然として十分な根拠が存在する。少なくとも、かの「目に見えない教会」、このなかで「わたしたちのもとで新しい宗教が(7)」（「人類の最後の作品として(8)」）祝われるであろう、この教会の丸天井にたいして、体系プログラムの要石はシェリングの手になるサインを刻んでいる。体系プログラムは、ここで「まだ誰にも思い浮かんだことのない」理念について語っている「――わたしたちは新しい神話を持たなければならない、しかしこの神話は……理性の神話にならなければならない。（……）神話は哲学的にならなければならないし、哲学は神話的にならなければならない、……その時にわたしたちのもとで永遠の統一が支配する(9)」。

シェリングの作品は、神話問題を一貫して取り扱っていることを証明している。この問題はシェリングのあらゆる哲学的努力にともなう根本テーマと呼ぶことができるだろうし、このことは少なからず正当化されるだろう。シェリングが四学期後テュービンゲン神学校（シュティフト）時代に提出したラテン語の修士論文から、一九世紀の五〇年代初頭の最後のベルリン・アカデミー講演にいたるまで、神話の概念と事柄とをめぐって理論的に努力していること、このことは異なる強さで表され、異なる仕方で重要視されているが、このことをわたしたちは繰り返し見る。

シェリングによる超越論的神話の理念へのアプローチは、そもそもかれにおいて、同時代の啓蒙的な神話研究の立場から生じている。この研究の立場はとりわけカール・フィリップ・モーリッツによって代表された。シェリングは、モーリッツを引き合いに出してこのように書いている。「神話を……その詩的絶対性において叙述することはドイツ人のあいだで、またそもそも最初にモーリッツが行った偉大な功績である。見解の最後の完成がかれに欠けており、またかれは、この詩にかんしてはこうなっていると示すことができるだけで、そのことの必然性と根拠とを示せない〔それゆえ、かれは、超越論的に対処していない——ディーチュ〕にもかかわらず、かれの叙述にはやはり詩的センスが完全に支配しており、またおそらくゲーテの痕跡がそのなかに認識できるだろう。ゲーテはこの見解をかれ自身の作品のなかで完全に表現したし、またこの見解を疑いなくモーリッツのなかにも目覚めさせた(10)」。

「新しい神話」を体系プログラムの意味において基礎づけることに唯一適しているように見えたのは、本質的に、「詩的絶対性」を有する、この文脈において定式化された神話概念であった。「新しい神話」というこの思想を、わたしたちは、体系プログラムがおそらく執筆されたであろうすぐ後に、おそらくシェリングの『超越論的観念論の体系』が有する決定的な学説のうちの一つにふたたび見出す。「新しい神話」というこの思想は、その原型において、指針を示す理念として、ここ体系プログラムにおいて、完全に示されうる。

体系プログラムは、まさに若いシェリングの発展からよく知られるようになった、哲学にとって最終的に唯一適切な感覚としての美的感覚をも〔哲学にとっての「オルガノン」としてシェリングの『超越論的観念論の体系』は、この感覚を示している！〕、またこの感覚と神話との関連をも主張している。体系プログラムの解釈にとってとくに重要なこととしてはまさに、シェリングの神話概念がとりわけ啓蒙主義の神話研究に根ざしていることである。またわたしたちはこう考える。たとえば、O・ペゲラーがシェリングの神話——把握をハイネ〔Heyne〕の歴史的神話概念とのみほぼ同一視しようと試みるとき、テュービンゲン時代のシェリングによる、神話というこの現象についてのさまざまな洞察がすでに誤認されていると。[11] これにたいして、一七九三年のシェリングの神話研究は、歴史的神話と哲学的神話とを、二つのまったくちがう課題領域によって、きわめてはっきりと区別している。おそらく一般に、若いヘーゲルの思考の端緒と比較して、若いシェリングの思考の端緒における、神話概念のはっきりと異なる位置価が確認されるべきであろう。このような位置価から思い浮かぶ推測は、体系プログラムのなかに定着しているような、「新しい神話」という計画のなかにシェリングの理念要素が認められるということである。体系プログラムが示しているような、神話のこの「理論要素」は、超越論哲学的な理念から同一性哲学の新しい視点へと移転し、さらに進展する過程のなかで、一つの具体的な転回点である。「神話は個々の人間の作品でも……類の作品でもありえない。神話は……その可能性のために、個体であると同様に一人の人間でもある、一つの類を必然的に要求する。この理念が現代にたいして持つかもしれない不可解さは、この理念の真理から何も奪いえない。神話は全歴史一般にとって最高の理念である[12]」。したがって、神話は、自然と歴史との同一性の超越論的根拠であると同時にまた経験的根拠でもある。それゆえ目指されていた和解は、神話のなかで成就する――ここでわたしたちに生じるのは、擬人的な仕方で、一つの存在者として、ひとりの人間として現れる同一性である。もっともこの存在者が同時に類であるかぎりで、であるが。神話のなかでは、こうして自然と自由との根源的な和解が想起される。「古い神話における神々の素晴らしい点は、神々が個人、歴史的存在者であるばかりでなく、……永遠の自然の存在者であり、この存在者は、歴史へと介入し、歴史のなかで活動することによって、同時にその永遠の根拠を自然のなかに持ち、個人として存在すると同時に類としても存在する、ということである……それゆえ、神話そのものの可能性は、より高度なものを、それが全体においてであれ、個別においてであれ、人類の再合一をわたしたちに示すのである[13]」。

ところで、神話のこの領域は、美的手段によってのみ獲得されうる。こうしてのみ、人間的活動の媒介の働きは成功する。すなわち実践的に有効である。またこうして、自己自身を疎外化する類は、神話のなかで——たとえば、最高存在者の礼拝のなかで——その根源的な同一性を経験し、こうしてこの類は、自然の人間化と人間の自然化との過程を同様に遂行する。

体系プログラムをめぐるどの歴史記述的な努力にかんしても、著者問題を度外視するとしても、将来にわたってペゲラーの次のような言明は、まだ妥当しうる。「体系プログラムをめぐる論争は、いずれにせよ、ドイツ観念論の発展にかんするわたしたちの考えの修正を要求する。しかし、この論争の最終的な調停が前提するのは、若いヘーゲルの発展だけではなく、若いシェリングの発展も十分に知られまた研究される、ということであろう[14]」。

# 第十章　ロマン主義的時代批判
## ——ボナヴェントゥーラの『夜警』——

わたしがしばしば笑うというのは本当だ。
しかし、わたしは笑わない。
誰かがどのような人間かについては。
かれが人間でありそのためにかれはともかくもなにもできないことだけを、
わたしは笑う。
そしてそのときわたしは自分自身を笑う。
　ゲオルク・ビュヒナー（一八三四年）

ドイツにおける初期ロマン主義の運動圏（一七九六―一八〇六年）において、イェーナ——ここではフリードリヒ・シュレーゲルを中心とするグループが生活していた——とならんで、ザクセンの小都市ペーニヒに——出版社の所在地として——時間的にはほんの短い時期であるけれども、やはり永続的な意義が帰される。それをかつて指示したのはファルンハーゲン・フォン・エンゼであるが、かれはこう書いた。「ペーニヒの出版業者ディーネマンは、ロマン派の業績に身をささげ、ロマン派のために大きな出版所を作った。かれは、よい印字と繊細な紙をできるだけ立派にしようと配慮した(1)」。

ヨーハン・フェルディナント・ディーネマン（一七八〇年四月一八日に生まれた）は、この出版社を一八〇二年に設立した(2)。かれは、新奇さにたいするすぐれたセンスで、また出版社としてのリスクをおそれずに、かれの文学的な出版計画を構想した。それによって、かれは、若い文筆家たちにたいする出版社として、特色を打ち出した。あるひとたちは、その熱烈な才能を花火のように燃焼させた。かれらはデビューを果たし、そしてF・ホルン、J・B・キュッヘルベッカー、J・G・ヴィンツァー、F・Th・マンあるいはW・シュナイダーのように、ふたたび沈黙した。またあるひとたちは、文学上ののらくらもので反抗的であり辛辣な皮肉屋であった。かれらには、才能あるJ・A・カンネのように検閲が背後に迫っていた。しかし、ディーネマンがかかわった若干の人たちは、ともかくも文学史上に、そして哲学史上に確固とした位置を獲得した。こうして有名な通俗小説家のCh・ヴルピウス（ゲーテの義兄弟）、クレメンス・ブレンターノそしてゾフィー・ブレンターノ、自然哲学者J・W・リッターそして、G・H・シューベルト、当然上述のカンネとりわけボナヴェントゥーラがいる。

その出版社の著者のたいていの人は、出版業者ディーネマンと個人的にしりあっていた。大学から（かれは、一七九七年から一八〇〇年までハレとライプツィッヒで哲学と法学を学んだ）か、あるいはイェーナのロマン主義共同体の知人のサークルからかである。かれ自身もまた友人たちや著者たちのもとで、ロマン主義的な心性のあの生き生きとした印象を残したにちがいない。これにかんしては、印象深く次のことが証明する。アーヒム・フォン・アルニムが（かれのハレの仲間の一人）、「ディーネマン」をかれの「ハレとイェルサレム」という作品において、重要な人物像として登場させたことである。

イェーナの文化場面にたいするかれの関わりの一つの高点をたしかにつぎの事態があらわしている。すなわち、ディーネマンが一八〇五年五月二一日にイェーナ大学から哲学博士に叙任されたことである。(3) そのさい、ディーネマンが――学術的な慣習に抗して――いかなる文章による仕事もなさず、こうして伝統的な特権意識も瞬く間も問題にしなかったということは、皮肉なしにはありえない。

いまや同じ一八〇五年という年に、ペーニヒのディーネマン出版社でボナヴェントゥーラの(4)『夜警』が出版された。これこそ今日まで不可分の注目を要求することができる、めったにない時代にそぐわない近代を予感させるテキストであった。文筆家リヒャルト・デーメルは、かつてこの小著を「観念的なブラック・ユーモアの古典的なはしごの話の宝物として(5)」推薦した。

『夜警』という包括的でアイロニカルな表現は、凌駕しがたくロマン主義的イロニーを徹底して根源化していることを現示する。実際、またこのロマン主義的イロニーもすでにボナヴェントゥーラのアイロニカルな批判に陥る。かれは、批判家としてふるまい局外者の役割をひけらかさなかった。なぜなら、さまざまな社会的な性格を表す仮面の全方位でこの役割を果たすことは、かれにとって、すでに行動者の背後で、この異なった仮面と役割を分配する、あの事態をまじめにとりあげることを意味するだろうから。ボナヴェントゥーラは、たんなる批判、当然反省されなかった共同のなにものもまったく考えなかった。そして、かれは、世界に演技をしむけることにかんしても、まったくなにも考えなかった（ともかくも、それは認識されない）。ボナヴェントゥーラは、ただおそらくたんに、「夜警」において記述するように、「わたしの内なる運命づけられた矛盾(6)」をたえることにいたるし、できるなら補完しようとするにいたることだけはわかっているだろう。

ボナヴェントゥーラは、明晰に、また社会的想像力にみちて、すでに革命後の市民社会の敵対関係を文学上の新しい様式で表現した。そのさい、かれは、明らかに社会的な画期的な変革を反省する。この画期的な変革は、フランス人の偉大な革命の印のもとにある。ただ、かれは、ドイツの展望からあの革命運動においてまさにそのテルミドールの反動以後の政治状況でなんら持続的な希望にみちたものを形成できないだけである。むしろその政治状況は、かれには、「……道化役のハンスブルストが……自由と平等として、好んで棚のかわりに人間の頭を揺さぶるような偉大な悲喜劇(7)」として現れる。かれの生きる「揺れ動く時代(8)」において、ボナヴェントゥーラは、——後にゲオルグ・ビュヒナーが感じるようになるのと同様に——「歴史の残忍な宿命論のもとで破壊されるかのように(9)」感じる。そのさい、ボナヴェントゥーラは、たとえここから繊細な時代認識と最高の芸術が生じることができるとしても、隠された避難所をもとめる途上にあって過敏な神経を持つ、ナルシスティックな「最終戦にのぞむ演技者」ではなかった。

ボナヴェントゥーラは、社会的矛盾性をパラドックスとして知的かつ芸術的に取り扱い、だがそれを克服しようとすることによって、この社会的矛盾性に向かい合っている。ロマン主義の精神から出てくるこのような経験とこのような取り扱いを、かれが次のように書くとき、あのロマン主義学派の有力な頭脳のひとりが明確に述べた。「ただちにうちのめされないために、最高のまじめさを滑稽なもののうちに把握するように、時代がやはりなぜ人を駆り立てるのか(10)」。哲学史上に生じているようなパラドックスは、——それ自身ふたたびイロニー的な——認識手段である。それは、——機知として——自体的にはひろがっていない多様性の諸連関にたいする瞬間的な洞察をそくざに組み合わせることによって、驚かせるような構成として可能にすることができる。こうして、このパラドックスはカント主義の理性批判的な伝統のうちに、とりわけドイツ初期ロマン主義によって展開される形式のうちに立っている。したがって、現実的なものの象形文字を判読可能にすべく促進することは、たんに才気にとんだ態度、あるいは刺激性の強い文学的な付属品であるばかりではなく、徹底してまじめにとられるべき方法的な手段である。パラドックスの長所は、いまや次のことに存している。すなわち、ここで社会的、自然的実在の乖離性、矛盾性、弁証法的なものがまさにこの矛盾性のうちに現前しており、同じものがきれいさっぱりと破壊されないことのうちにある。しかし、パラドックスに付着しているのは、当然いつもなんといっても認識の欠陥であり、それは、結局まさにたんに舞台にたいするものであって、教壇にたいするものではない。

パラドックスは、自体的に直接的なもののあいだで、一八〇〇年頃の典型的なイロニー理論家であるフリードリヒ・シュレーゲルが記述するように、「無制約なものと制約されたもの、完全な伝達の不可能性と必然性の解きがたい抗争」のあいだで媒介しようとする。(11)

このパラドックスによって、断片的なもの、警句的なもの、現象的なものが前進する。それと結びついているのが、現実的なものにたいする指示と原理的なものからの乖離である。パラドックス的なものは、ふたたびフリードリヒ・シュレーゲルの次の言葉とともに登場する。「個別的にまったく予期しないで、突如として、変節者として、いわば、というよりもむしろ無意識世界から生じてくる火花として登場する……そして、このような仕方で、わたしたちの意識の断片的な状態を非常に適切に現示する」。(12) パラドックスは、方法論的に考察されれば、もはや抽象的な総合（典型的には理論を具体化するような総合）ではなく、ある程度直観的な総合であり、それゆえ、とくに文献的な手段としてふさわしい。

パラドックスとイロニーというこの問題にかんして、一八〇〇年頃のドイツ文学および哲学において、とりわけルートヴィヒ・ティーク、フリードリヒ・シュレーゲル、そしてかれの仲間であるK・F・ゾルガーとジャン・パウルによって緊密に検討された。このさい、この問題にかんして理論化されたばかりではなく、この手段でもってそれ自身さまざまに文学的に研究された。「今週、わたしはなにがパラドックスなのかを発見しました」とかつてラーエル・ファルンハーゲンは書いた。「真理、なおいかなる余地も見いだせない真理を叙述すること、この真理は強力に世界に入り込み無理な姿勢で突如として現れるのです」。(13)

だが、イロニー（とその核心、パラドックス）の問題にかんして、ここで達成された反省の状態は、たとえば啓蒙主義時代の文学においてわたしたちがであうような従来の風刺とは異なっていなければならない。ちなみに、啓蒙主義時代の風刺は、ヴィーラント、ムーゾイス、クニッゲ、ニコライなどの場合である。イロニーの新しい形式の場合に、とりわけ風刺的なもの、あるいは喜劇的なものの根源化が指示されうるだけではなく、両形式の質的な差異性も指示されうる。――ちょうど、レッシングがすでに、『ハンブルク演劇論』において、笑いと嘲りとの根本的な区別にするどく注目させたような意味においてである。とりのぞくことができる人間的な、あるいは社会的な弱点にたいして啓蒙主義の風刺がくったくのない形式で論争しようとするとき（ヨーハン・カール・ヴェッツェルのようなそのよりよい代表者のもとで、これまでにもう、それはまったく辛辣に見えた）、ロマン主義的イロニーとパラドックスの背景で、自然から有限につくられた人間による無限世界を獲得する戦いにおいて、結局機会を失うかもしれないことにたいする絶望的な洞察がここにはある。成功の望みのないその行動は、こうして緊急に補完的なイロニーとイロニーの補完を要する。

ボナヴェントゥーラは、劇場の隠喩を現実性とのイロニー的な交渉にたいする影響力あるオルガノンとして引き立てる。それで、このように利用することで、かれはとりわけこの現実性の変更可能性を志向し、「人類の修正と若干の最高の必要な世界の修繕」[14]を志向する。したがって、この劇場の隠喩は、ここでは徹底してイロニー的な世界隔離にたいする印であるばかりではなく、とりわけ透明性にたいする印でもある。ボナヴェントゥーラは、ここで徹底して舞台を道徳的な施設として考察する伝統のうちに立っている。

ボナヴェントゥーラのイデオロギー的な同時代性にさらに目をやることによって、わたしたちはかれの劇場の隠喩において徹底して、次のことを認識する。たとえば、シェリングの哲学的議論のなかの、とりわけ『超越論的観念論の体系』（一八〇〇年）や、あるいはかれの芸術哲学にかんするイェーナ講義（一八〇二／〇三年）は、プログラム的な仕方でオルガノンとしての、すなわち人間に適切な「第二の自然」の創造のための、道具としての芸術の能力について詳論されたものである。ここで解放的な潜勢力は、活動することができた。すなわち、シェリングによれば、〔この潜勢力は〕美的活動性のもとで主観的に（意識的に）、客観的な（無意識的な）自然の合法則性に対応する法則にしたがって生み出される。すなわち、あの美的活動性は、したがって劇場的な取り組みもまた、自然的な活動性の模倣（Mimesis）である。だが、それによって、このように芸術的で、作品を作り出す活動的な人間が、――自然の尺度にしたがって――疎外され、よく知られていない日常世界の芸術的で非自然的な諸構造を突破する。芸術的な過程は、ここでは現実性の逃避点として対立するのではなく、現実性を再構成するパラダイム〔範型〕として、すなわち現実性を現実に人間的に獲得することのパラダイムとして、根底に置かれている。

もちろんボナヴェントゥーラは、世界克服についてのかれのかなり洗練されたオルガノンの疑わしさを知っている。こうしてかれは、急激な劇場的な効果を抑制しようとする。――ばか笑いするものとともに。「やはりなにも笑いを越えていかない……」[15]。『夜警』における笑いは、それにふれるいっさいが価値があるかないかを示すはずの「試金石」[16]のように、「解毒剤」[17]である。笑いで、ボナヴェントゥーラは、かれの演出が無意味であることを、その完全な挫折が迫っていることを、防げるのと同様に、釣り合わせる。というのは結局、「世界史のこの大きな悲喜劇に……傍観者として居合わせることは、やはり滑稽であり、努力の価値がある」[18]から。それによってわれわれにとって――『夜警』の終わりで三重の「無」にかんして――このテキストが「ニヒリズムの総体的な芸術作品であり、……〔ティークの〕ローヴェルとならんで、この種のもっとも純粋な作品である」という魅力的な先入見が笑いながら非常にまじめに現れる。それがこの笑いである。

うたがいなく比喩と現実が一致してずれ始めるように、演じられることとは、驚くべきことである。「いっさいが役割であり、役割そのものであって、そしてそこに隠れているのは、演技者である。そしてその演技者においてふたたびかれの思想、さまざまな計画そして熱狂といたずらが役割を演じる」[20]。ただしこれは全くのニヒリズムなのではなくて、――まったく俗物根性の――ニヒリズムではなく、仮面をつけた仮装の人物のこの人形劇の世界において、「その悟性をほかの人の指導なしに使用する」[21]準備ができており、また使用することができもする人物の根源的な診断である。まさにこの場合に、さらに笑いの機能もまた可視的になる。それは、治療法的な笑いである。

『夜警』においては、それによっておそらくドイツ文芸一般のうちではじめて、まったく現在の、資本主義とともに登場する疎外関係が反省されるだろう。このテキストは、ヨーロッパにおける文芸的な発展のはじめに立っており、容赦のないほど明瞭であり、芸術的に見てきわめて簡潔で的確である。このような表現によって、ここで個人と社会のあいだの敵対が暴きだされ、記述される。ちなみに、この発展は、ゲオルグ・ビュヒナーとハインリッヒ・ハイネ、ボードレール、ロートレアモン、ダダイズムを超えてフランツ・カフカとシュールレアリズムにいたる。ここでいっさいを結びつける精神的要素は、ボナヴェントゥーラがイロニーを高めるものであるが、それは、ブラック・ユーモアである。それによって、イロニーは破壊的になる。笑いにおいてパラドックスは、その適切な運動形式を見いだす。笑いは、アンドレ・ブルトンがかつて利口なフランス人を引用したように、「人間ができる、壮麗な、それどころか、まさしく自堕落な無駄遣い」[22]である。『夜警』においては、したがって、わたしたちは、ニヒリズムの神格化と人間侮蔑にであうのではなく、まさに笑いにおいて可視的になった隠されたモラリズムにであう。この笑いは、まさに笑いがはじめて一瞬にして、まったく笑うことができないところにはさみこまれ、それによって、転倒した世界の転倒した論理を目に見えるようにすることに貢献する。なぜなら、「笑いは、たしかに喜びのいかなるはたらきでもないから……。笑いは、このようにすべての陽気な印象からまったく独立しているから、しばしば悲劇性ときわめて暗黒の濃い退屈さにおいて、暗黒における火花のように生じる。けれども、霊魂は、その悲惨な状態から引き裂かれない[23]」。

ところで、しかし、このボナヴェントゥーラは誰か。この頑強な匿名性にかんする解明をめぐる努力がますます大きくなる状況は、パラドックスにおいてするどくなった。ボナヴェントゥーラの仮面にたいして強く目が向けられれば、それだけいっそうその仮面は、見通しがきかなくなる。ところで、ボナヴェントゥーラは、『夜警』においては注目する価値がある自画像を示した。かれは自分自身にかんして次のように書いた。「わたしは、カントの鼻、ゲーテの目、レッシングの額、シラーの口、そして幾人かの有名な人物の尻を持っている。……そして幸運が、わたしにはたいそう十分であるから、いまやかつてカントが自分の足で歩いた靴で颯爽と歩き、昼は、ゲーテの帽子をレッシングのカツラの上に置き、夜には、シラーのナイトキャップをかぶる。……わたしは、コッツェブーのように泣くことを学び、ティークのようにくしゃみをする[24]」。

ボナヴェントゥーラを確認するさいに立てなければならない重要な方法的な基礎問題は、この著者が同時代の文学上、どのような階層的な地位を有していたかを了解することにたいする問いである。——要するに、ボナヴェントゥーラは、独創的な才能であったか。争う余地がないのは、わたしたちがこのテキストが持つ今日的なものを、驚きをますます大きくして心にとめることである。だが、この新しい見解は、わたしたちの今日の経験に関係するということである。

それにたいして、ボナヴェントゥーラが同時代人に示した文学的な固有のあり方は、ほとんどただ無理解にぶつかったにすぎなかった。〔このような評価がなぜかを〕若干の正当性をもって想定できるのは、『夜警』がその出版にさいして異常なものの、まったく才能的なもののオーラに包まれていなかったことである。またこの作品がほとんどまったく反響がなかったことは、世紀の大事件にかんしてうらやまれて言語を喪失したということに基づかない。まったく反対に、ボナヴェントゥーラの同時代人にとって、かれらがそもそも乏しい版について知ることができたとすれば、この巻は、もちろん若干の希望のきっかけとなった初心者の、むしろ不幸な仕事であった。――こうして、〔反響は〕名声ある「新ライプツィッヒ学芸新聞（一八〇五年八月二三日付）」における『夜警』にかんする若干のドイツ語による書評のいくぶん恩着せがましい調子しかなかった。

『夜警』は、実際文学的才能を証拠立てる。けれども、その才能がはじめて近代を発見するのは、偶然ではない。ボナヴェントゥーラがそこで一八〇四年に生み出したものは、時代の了解において（そしてまたおそらく著者の自己了解においても）正当にも偉大なもの、オリジナルなものと見なされるべきものではなかった。テキストは、明らかに小説あるいは長編小説にたいしてアリストテレス以来拘束力を持つ基準の一つをもほとんど充たさない。[25]そしてこの形式喪失は、かれをそのほかの点で、ディーネマン社で刊行された、多かれ少なかれ才能ある、陽炎のように短いあいだ賞賛をえて、消え去った人たちから区別する。テキストは――現代風に言えば、――コラージュであり、かれの時代の文学的な成功の通常の持ち出し装置から組み合わせてまとめられている（謝肉祭劇、立っている鬼ごっこ、書簡体小説、対話など）。しかし、いつでも人気があったモチーフとジャンルからなるこのパズルは、当然今日まで知られていなかった偽名の人物の心情的な習慣に戻って推論することを許容する。「現象的には無礼さを有する『夜警』は、まったくもって若者の作品であり、最初の『怒れる若者たち』の文学的な表明である」[26]。

時間が経った。そこで偽名の「ボナヴェントゥーラ」は十分露わになったも同然だとみなされた。それは、一九〇八年にいたるまでの最初の百年間には、シェリングが一般に著者とみなされた(27)。シェリングは、実際一八〇二年にこの偽名を若干の特定の機会に作られた詩にたいして使用した〔訳注〕。かれが一八二五年以来『ドイツの学識者たち』という伝記辞典において、また一八三〇年にはラスマンの偽名辞典で『夜警』について一定なかば公式に認められたとしても、やはりくりかえし、シェリングが著者であるという権限にたいしては批判的な調子が存在した（たとえば、ルドルフ・ハイムあるいはヴィルヘルム・ディルタイ）。ときとして、またかれの賢夫人カロリーネが考えられたり(28)、あるいはE・T・A・ホフマンが考えられたりもした(29)。一九〇九年には、さらにフランツ・シュルツ(30)がきわめて決然と十分構成された証拠を挙げた証明でフリードリヒ・ゴットロープ・ヴェッツェルをボナヴェントゥーラとして紹介した。三年後には（一九一二年）、苦笑せざるをえない文献学的しろうと芸でクレメンス・ブレンターノが話題にのぼらされた(31)。

ヴェッツェル仮説は否応なしに一九七三年まで、ヨスト・シレマイト(32)とホルスト・ファイク(33)がアウグスト・クリンゲマン（後に有名になったブラウンシュヴァイクの劇場支配人で、ほかに、ゲーテの「ファウスト1」をはじめて上演した）についてこれまで慎重に証拠を挙げて証明するまで維持された。

逆説的な仕方で、いまやまさしく仮説のインフレーションが入ってきた。すなわち、その後多くの候補がまだけっして決まっていないように同時に存在した。たとえば、出版者ディーネマン自身(34)、ドイツのジャコバン主義者、J・B・エーアハルト(35)、デンマークの詩人イェンス・バッゲセン(36)、ジャン・パウル(37)、通俗文筆家F・C・アーノルド(38)とW・A・ゲーレ(39)、結局まったく不幸なJ・K・ヴェッツェル(40)、そして『夜警』が遺稿であると言いふらされるG・Ch・リヒテンベルク(41)である。『夜警』でもってドイツ文学の天空に今日わたしたちが驚きをもって目を上げる一つの恒星がのぼっているあいだに、このテキストをめぐるいっさいのほかのものが消滅という復讐の女神にさらされていた。――出版社は、遠いセント・ペテルスブルクにおける検閲の打撃のもとで急激に評判を失い、終焉を迎えた（一八〇六年）。出版社の公刊物は、広範囲に失われた。――それらは、今日書物愛好家の稀覯本である。そして結局、出版者ディーネマンは、一八〇八年以来行方不明になっている。

かつてカール・ヴォルフスケールが、もしかするとかれの時代にもっとも重要なドイツの書物愛好家カール・ゲオルク・フォン・マアセンがディーネマン社の文庫を洞察することによってボナヴェントゥーラの存在証明にかんする確証をえたかもしれないことを示唆した。――「かれにとって「ボナヴェントゥーラの夜警」の秘密が開示されるのにうまくいっているようには思えないのではないか（わたしはそれにかんして多くを露見することを守るだろう）[42]」と。――その後、そうこうするうちに、いっさいの推測と証拠を挙げた証明を超えて、遺稿の発見によって、アウグスト・クリンゲマンが著者であるという仮説が、シレマイトとファイグによって最終的に確証された[43]。

# 第十一章 「思弁の全体系が、私の見解では歴史に――精神と世界の歴史にならなければならない」(*)

わたしは彷徨する、たしかにわたしは君のように
自然の諸力と信頼に満ちた同盟に立っていない
わたしには将来的なもののように開かれていない。
だが、喜びをもって神々の夜に入り込み、
その翼はわたしの感官を沈黙させ、
依然としてより威力ある目を恐れさせない。
フリードリヒ・ヘルダーリン（エンペドクレスの死）

「わたしたちが、わたしたちの時代において、かならずしもすべてを体験しないこと」、このように一八〇二、〇三年という時代の転換点に、観察者は、同時代のイデオロギー的状況にかんしてみずからの狼狽を反省した。「共和主義者のいない共和国、宗教のない教会。いまやかろうじて理性のない哲学だけが欠けていた。この哲学は、長いあいだなかなか生じなかった。結局……このような哲学もまた、しかし、やはりすでに生じている」(1)。嘆きは、さしあたってまさにようやく現れた、『哲学批判雑誌』第二巻にかかわっていた(2)。しかし、それをこえて、一般にふたりの編集者の一方の、これまでの哲学的な総体の業績にかかわっていた。この、当時のもっとも重要なドイツの哲学雑誌である『哲学雑誌』（一七九五―一八〇〇年）とならんで、イェーナ大学〔アルマ・マータ・サラーナ（alma matar Salana)〕における哲学員外教授――フリードリヒ・ヴィルヘルム・ヨーゼフ・シェ

リングの総体としての哲学活動にかかわっていた。おそらく理性のない哲学にかんする嘆きは、非常にすみやかに場所をえ、こうして新しい哲学一般にたいする非難になった。この新しい哲学は――すでにフィヒテの最初の『知識学〔『全知識学の基礎』〕』(一七九四年)によって展開され、――いまやとりわけシェリングとヘーゲルによって展開された。

理性の喪失という非難を免れることは、その後、シェリングの哲学的―論争的な出版活動の主要動機の一つであった。かれが一八一二年にヤコービを攻撃したのちに、公表された意見にたいする哲学のこの闘争の不毛を諦観をもって断念し、まず――一八五四年のかれの死まで――そもそもはやなにも公刊しなくなる(ほかの思想家の著作への二、三の前書きをのぞけば)まで続いた。〔訳注〕

この理性の喪失は、シェリング哲学にとって、この時代の新しい哲学的思考形式にたいして原型的に負わされている。だが、このような理性の喪失は、理論的に不十分で、劣悪な心情の持ち主の論争上の失敗として、主観的であるばかりではなく、あるいはあまりに主観的すぎるばかりではない。この理性喪失は、――客観的にさしあたって、(理性学としての)哲学そのものが動いていたし、哲学そのものが革命時代の社会的、政治的、そして世界観的な大変革という世界史的経過に組み込まれていることにたいする印である。この社会的な大変革は、フランス革命の結果として登場し、(思考様式の革命としての)カント哲学の結果として精神の諸運動と有機的に連関していた。それにかんしては、まさしくシェリングは、カントへの追悼文(一八〇四年)において、強く訴える解明を与えることができた。すなわち、二つの大変革において、「長いあいだ教養形成された同一精神の自由な空間こそが、国民の差にしたがって……そこで実際の革命の、ここでは観念的な革命の雰囲気を創り出した(3)」と。

シェリングとかれの哲学にたいする攻撃によって否認されるべきではない精神は、変革可能性、生成、作ることの精神であった。——歴史性の精神こそが、ここでは軌道をはずれ、伝統哲学的な方法では体系にもたらすことができず、それによって理性性が拒絶されたのであった。それとならんで当然、なお完全に実践的な思慮が存在した。この思慮は、アカデミックな学校哲学が歴史性という不確実な土台にのることを妨げた。けれども、それによって——したがって、すべての存在が形成されたものに（そして可変的なものに）かけて問われたときに——なかんずく伝統、宗教、教会の無時間的な理性性、そして教義が歴史的な、すなわち正当化する問いにかけられるだろう。カント以来、哲学は、自分とその現実における役割と決着をつけようとして、理性の問題化、それどころか自己批判にとって、この自己反省の一定の点で、理性性が争われ、次いで、すなわち、理性が歴史として把握されはじめた。

哲学的理性が有する可能性と過大な要求を批判的に自己考察することによって、カントをつうじてもたらされた世界観的で理論的な問題性は、超越論哲学的な思考様式を歴史性の理念の方向で（とりわけ、まさにシェリングによって）さらに発展させることによって、新しい地平へと高められていた。シェリングの反ヤコービ論文（一八一二年）についてのある書評者が次のように書くとき、この傾向をきわめてはっきりと認識した。「その論文によってはじめて、カントの時代は、完結されたものとみなされることができる」(4)。シェリングは、最後の偉大な超越論哲学者であった。しかし同時に、かれはまた超越論主義の限界をも超えていった。

シェリングの思考傾向は、はじめから——すでにテュービンゲン神学校における研究（一七九〇—一七九五年）のあいだに——カント主義の理論的で啓蒙主義的な、解放的な印象のもとにあった(5)。テュービンゲンは——さほど重要ではないとしても——、イェーナとならんで、プロテスタンティズムの支配するドイツにおけるカント主義の第二の中心であった。けれども、テュービンゲンのカント主義は、カントの哲学がここでは厳格に神学に奉仕させられるということによって、いつもすでに制限されていた。本来やはりはっきりとカントの精神に矛盾したこの位置関係から、テュービンゲンの学生たちのもとでは、典型的にはシェリングの場合には、はやくからすでにカント哲学の根源的な「世俗化した」受容が必要だという意識が発展していた。カント哲学のもとでは、理性の根源的に自己批判的な潜勢力が働いており、こうして唯一、哲学の進歩が保証される。

テュービンゲンの学生たち（少なくとも最善の頭脳を持つ学生たち）のカント受容は、神学的なものにたいするカントの肯定を精力的に拒絶した。そしてまたつねにすでにカントを超え出ていくことを指示している。――これらのカント受容の主旨はこうである。カントは解決ではないが、しかしカントなしの解決もないと。

シェリングの関与した「左派カント主義」は、進歩的な哲学的理性と伝統的な宗教的信仰の癒しがたい混交にたいして対決した。「無知、迷信、そして熱狂は、次第に道徳性の仮面をかぶっていった。そして――なおいっそう危険なことであるが――啓蒙主義の仮面を受け入れた。……非理性的なものを理性的にし、歴史を嘲弄する……哲学者であろうと欲した[(6)]」。とりわけ、このような実践的―精神的な諸帰結のために、シェリングは、新しい哲学的諸構造をテュービンゲン正統派が誤って利用することを批判した。カント哲学は、テュービンゲン正統派の了解では、――ゲーテの卓越した比喩によれば――「くったくのない踏査が、経験の領野へと制限されるとする囲い地の祭り[(7)]」でありつづけた。

カント哲学と神学のこの和解させられた権力的な連結は、終わらせられねばならなかった。――これこそが、シェリングがテュービンゲンを離れたのちに――そして職業としての神学の課題を離れたのちに――学としての哲学の実りゆたかで影響の大きい新しい基礎づけにいたらせる、学問政策的な衝動であった。一七九四年と一七九六年のあいだにつぎに生じるのは、超越論哲学を継承し、さらに展開する最初の驚くべき、関心を喚起する諸論文である。すなわち、「哲学一般の形式の可能性について」、「哲学の原理としての自我について――知における無制約者について」そして「批判主義と独断論にかんする哲学書簡」である。

はやくからすでに――まだテュービンゲンの学生として――若いシェリングは、この新しい哲学的な努力のために、無神論にしてスピノザ主義という中傷的な非難とともに生きなければならなかった(8)。文化活動のより広い意識に入り込んだとき、シェリングは、本来かれがけっしてもはやこの先入見から、どうにも免れ得ないと確信していたかもしれない。同時になお、この資格付与が、当然のこととしてかれの哲学を適切で客観的に受容することを妨げた。――そしてそれは、そのほかの点で友人や信奉者たちのもとですらそうだった。かれらは、一部は防衛の心性から、一部は自己主張的な反抗心から、そして、一部はまた無理解から、まもなくもう一つの付加的な荷重を現示する。かれらがシェリングの周りに神託の陰鬱なオーラをめぐらせたからである。イェーナでは、K・L・クラウスがかつて報告したように、無遠慮な学生たちが、かれを「陰鬱な帽子先生（マギスター・ドゥンケルフート）」と名づけた。

シェリングはしたがって、かれの精神的なありかたのはじめから、二重の困難を解決しなければならなかった。つまり世論にたいして、――数多くのかれに感動した人たちのもとで、ならびにまたいっそう多くの敵対者たちのもとでも――かれは、いつもスキャンダルの危険に取り巻かれていたから。さらに哲学上の専門家の同僚にたいしては、かれの現実的で理論的な業績にかんして徹底的に無縁で知られないままであったから。

哲学的思考の新しい方法が有する疎遠性は、いつもよくシェリングに論争的に向けられた。しかし、その疎遠性は、すでに多くの同時代人によって文句をつけられた、カント自身の古典的な超越論哲学の固有のあり方であった。シラーは、ゲーテに宛てて、一七九四年一〇月二八日付書簡でこう書いた。このあり方は、「主要点そのものにおいていかなる寛容も許しませんし、あまりに厳格主義的すぎる性格を有しておりますから、このありかたの調停が可能ではないでしょう。……このような哲学は、したがいまして、またたんなる拒絶によってははねつけられないでしょう」(9)。シェリングは、かれの哲学的計画性を、まさに根源的な超越論哲学の理論的に中心的な諸問題から展開する。かれは、カント主義者として自己了解する。――九〇年代中ばからのヘーゲルとの往復書簡で、それはまったく明らかになる――しかも、広く思考し、非正統的なカント主義者として自己了解する。「哲学は、まだ終わりにいたっておりません。カントは、諸結果を与えました。すなわちまだ諸前提が欠けております。誰が前提のない結果を理解することができるでしょうか」(10)。緊急な基礎づけ問題（それをシェリングは、ここでヘーゲルにたいして言明する）には、哲学の自己確証のために不可欠の、理論的、ならびに実践的な、哲学的理性と現実の二元論を克服することが属している。カントは理性批判において、純粋概念と知覚経験的な直観のこの二元論をめぐる媒介理論的なパラダイムを与えた。この二元論は、「合理論」と「経験論」という対抗的な哲学的思考方向の形態で、あまりに普遍的に拘束的な真理の能力を持たない理性を、一つのスキャンダラスな自分自身との矛盾にもたらした。

カントの前提を探求すること（シェリングが一七九五年一月付ヘーゲル宛書簡で宣言するように(11)）は、しかし、理性の自己批判という厳密な方法の取り扱いのもとで行われるべきである。それゆえ、この探求の途上で、若いシェリングは、認識理論的な理性の分析の目を理性の生成にたいする問いに向ける。この理性の生成にたいする問いは、生成の理性性にたいする洞察において解決される。この新しい方法論的な基本計画にかんして、シェリングは、絶対者という、哲学によって克服されるべき問題を解決しようとする。ちなみに、この絶対者とは、日常意識において混沌として与えられている現実性の多様の同一性を意味している。したがって、目標とする回答のもとで、方法的手段のために、――とは言っても同時代のシェリング批判が強調するように――混沌たる一様性が問題ではけっしてなく、いつもただ絶対者の内的差別性と力動性だけが問題でありうるだろう。この構造を明らかにすることは、唯一新しい超越論哲学だけができる。なぜなら、ただ超越論哲学だけが、「その本性から見て、生成するものと生きているものに向かっているからである。というのは、超越論哲学は、その最初の諸原理において発生論的であり、精神はそこで世界とともに同時に生成し成長するからである[12]」。

こうして、シェリングは、かれの哲学的な諸作品において、イェーナ時代の終わりまで（一八〇三年）歴史性というこの理念を、無意識的に過程的な自然と意識的に行動する自我（主観）のあいだを媒介するきずなとして追跡する。

かれの偉大な体系的な諸作品において、『自然の哲学への理念』（一七九七年）、『世界霊魂について』（一七九八年）、そしてイェーナ時代の主要著作『超越論的観念論の体系』（一八〇〇年）において、またかれの論争的で哲学批判的な公刊物において、――とりわけ、ヘーゲルとともに一八〇二／〇三年に編集した『哲学批判雑誌』において――若いシェリングは、哲学的な学を（カント主義の）その超越論的で方法批判的な思考様式から、弁証法的で現実性を意識した思考形式へと転換するために、いっさいの前提を展開した。

ヘーゲルの『精神現象学』のある書評者は、なお一八一〇年頃にも、哲学的な思想の進歩に寄与した（数少ない一人として）シェリングの業績を承認した。すなわち、「シェリングこそが、わたしたちの時代に力強くかつほんとうに励まし、あの神聖であるが、しかし長いあいだ行方不明であった、自然の神聖性と事物の生命にかんする古い教説を告知した人であった。そして、時代精神の思い上がりにたいして優勢になろうとした人であった[13]」。

イェーナ時代の終わり（一八〇三年）におけるシェリングの哲学は、本人の自己了解によれば、たとえ「自然哲学」、「超越論哲学」そして「芸術哲学」という題目のもとでヤーヌスの頭のように見えるとしても、やはりいつもただ「一にして同じ哲学」[14]にほかならなかった。この「一にして同じ哲学」は、絶対者の、まさにそのつどさまざまな顕示を有限な世界のうちで現示しなければならなかった。シェリング哲学の数多い誤解に数えあげられるのは、この貫通する統一性が認識されなかったこと、またその統一性が——シェリングの信奉者たちによっても、——いつもただその統一性のそのつど異なった諸部分において個別諸科学的な関心にもとづいて受容された場合に、それがいつもきまって思考傾向の縮減（とまた錯誤）に通じざるを得なかったことである。シェリング自身、かれの哲学をときとして自然哲学であると示す場合、そこには当然、個別科学的な自然論が志向されているのではなく、自然の歴史哲学的な了解が（自然史としてではなく）めざされている。「外的世界は、そこでわたしたちの精神の〔わたしたちの理性の〕歴史をふたたび発見するために、わたしたちの前に開かれている」[15]。この新しい哲学的構想でもって、シェリング（およびヘーゲル）は、スピノザ主義の復活とあやまって考えられたものを最終的に準備するだろう。このように扱いやすく無内容であるが、それにもかかわらず、イデオロギー的に調停する価値づけは、そのとき汎神論、無神論、唯物論を意味しており、まったくもって一七九九年にヤコービがはじめて超越論哲学に公開の「フィヒテ宛書簡」で準備して完成させようとしたニヒリズムをも意味した。「こうして、いったいにいまやシェリングは、絶対的観念論でわたしたちになにを無理に押しつけようとするのか。——いまや、実際手でつかみ取ることができる。……それこそつめたい、道徳的に死んだ……唯物論である。かれはそれと、わたしたちを接ぎ木するだろう。……本当だ。……新しい観念論的諸形式のもとにおける、古い盲目的な唯物論の繰り返し……」[16]。

こうして、シェリングの哲学的な体系が、哲学と宗教との関係において哲学の宗教からの解放を強固に主張するばかりではない。それぱかりではなく、神学的諸概念についての、教会当局から見れば我慢できない解釈をも呈示する、シェリングにたいする攻撃が確固として計画されている。――「異端と神にかんしてなにも知らず、慕わしい自然に、馬鹿者たちのように惚れ込んでいる超越論哲学者を裁判にかけることが妥当する」[17]。

一八〇三年という年は、イェーナ大学史における「危機の年」[18]として理解された。多くの著名な知識人たちが、大学を去った。とりわけ、二つの理由のために、――学問的論争と特に財政的諸問題――最後の一〇年間に非常に希望に満ちた興隆のうちにある大学に滞在しつづける多くの知識人を不快にさせた。たとえば、正教授たちは――たとえささやかであるとしても――固定給を受けていたが、その一方で員外教授たちは、――一七九八年以来シェリングはそれであった――もっぱら聴講料と謝礼で生活しなければならなかった。イェーナの教授たちにとって二つの近隣の大学が、今やよりよい可能性として目の前にあった。――プロイセンのハレ大学と最近はじめて新生バイエルンのヴュルツブルク大学である。

ヴュルツブルクは、――カトリックのユーリウス大学は、すでに一五八二年に創立されている。――まさしく（一八〇三年二月に）王国代表団の直接的決定によって教会の司教区として廃棄され、ライン同盟のバイエルンに帰属することが認定されていた。だが、それによって、啓蒙主義的で近代的な支配の厳しい、影響力のある指導のもとにおかれた。総理大臣モントゲラス伯とチュールハイム伯が大学の事務総長となり、かれらによって代表された。かれらは大学を新しい組織的諸構造（たとえば、今や四つの部門が古い四学部のかわりに設立された）によって、財政的に魅力ある新しい招聘と教授団にたいする信仰告白の強制の廃止を改革した。その結果、これが事実上、新しい創立と等しくなった。バイエルンには、それによってたとえ短い期間（一八〇六年まで）であるとしても、二つの近代的な大学――古いバイエルンの大学であるランヅフートといまやヴュルツブルクが存在することになった。

新しく招聘された教授たちに数えあげられるのは、とりわけ神学者パウルスとニートハンマー、医学者フォン・ホーヴェン（カールスルーエのシラーの青年時代の友人）とJ・デーリンガー、法学者のG・フーフェラント、ならびにまさに正教授として、確固とした年棒の一六〇〇グルデンで任用されたシェリングだった。すでにテュービンゲンとイェーナでそうであったように、シェリングは、ここカトリックのヴュルツブルクで驚くべき仕方でたとえひかえ目であるとしても――ふたたびカント主義の中心に登場した。なぜなら、まさしくヴュルツブルクから、カント哲学の反対同盟がカトリックの南ドイツに広まったから。当時かつての騎士団士、イエズス会士カール・レオンハルト・ラインホルトがイェーナで新しい哲学の生き生きとした先導者になった。それと同様に、ヴュルツブルクでは、最初の人物として、ベネディクト会士――哲学教授マーテルン・ロイス（一七五一―一七九八年）[19]――がカント哲学のために関心を喚起し、それに対応する諸講義を行った。けれども、自分の哲学的で学問的な諸計画を重荷を背負わずに継続したいという、シェリングの希望は、ヴュルツブルクでは充たされなかった。実際、かれはイェーナを去ったことによって、生涯の歴史で知的に運命的な誤った彷徨を始めたのである。シェリングにはその危険を、解決する力がなかった。

それにもかかわらず、シェリングがさまざまな時期に非常に多くの、非常に異なった崇拝者を持ち、またしばしば専門知識のある信奉者を持ったとしても、かれは、やはりけっして「学派」を形成することができなかった。この場合学派は、カントが、あるいはさらにヘーゲルが持ったような忠実な追従とおおよそ比較できるだろう。

シェリングは、かれの自然哲学的な諸論文が知られるようになって以来（一七九七年以後）、自然科学者と医学者にたいしてある程度持続的な影響を与えることができた。しかし、ここ南ドイツにおけるシェリングの影響力の中心は、ヴュルツブルクではなく、ランヅフート大学であった。[20] この大学からシェリングは、一八〇二年に医学部の名誉博士の尊称すら受け取った。

それにたいして、ヴュルツブルクにおいて、ただちに「古いイェーナ人」（とりわけ、パウルスは、ここでシェリングの生涯にわたる宿敵になるにいたった）のもとにおける敵意が硬化された。そしてとりわけ、土着のカトリックサークルが、――穏健な、いわゆる啓蒙主義的な神学者たちから最高の公職にある人たちにいたるまで――シェリング哲学にきわめて精力的に戦いを挑んだ。そのさい、こうしてシェリングにたいしてまったくきびしい制限がなされるにいたり、ヴュルツブルクの司教団が、シェリングの講義を聴くことを神学徒たちに禁止し、（シェリングの）新しい哲学を学校や女子校で教えることを禁止する（一八〇四年一二月三一日の訓令書によって）にいたった。

南ドイツに滞在して以来、シェリングはまさに一八一二年にいたるまでの時期、一般にかれの影響力がおよんでいる神学者たちのがわからのきわめて強い理論的イデオロギー的な留保にでくわした。カトリックならびにプロテスタントの遵法主義的な神学者たちである。たとえば、F・ケッペン、F・G・ジュスキント、K・ヴァイラー、J・ザーラト、R・フィンガーロース、そして当然F・H・ヤコービである。ならびに――さほど攻撃的ではないが――H・M・ザイラーである。例外をなしたのは、ランヅフートでは、パトリッツ・ベネディクト・ツィンマーであった。かれは、さらにまた、まもなくシェリングに追従して大学のキャリアを失うという罰を受けざるをえなかった（一八〇六年）。

シェリング哲学の重要な神学的な受容[21]については、出発点がここで証明された。そしてシェリング哲学の影響は、この時期にかなりわずかしかなく、例えば、ヘーゲル宗教哲学の異常に強い同時代的な神学的な影響とまったく比較できないほどであることが明らかになった。シェリング哲学にたいする激烈な神学的な留保にあって、実際また一八一一年にテューービンゲン大学に招聘されるというシェリングの試みも挫折した。――ヴュルテンベルク王フリードリヒによる――最高審級上の拒絶は、そのとき大学の安寧という名目のもとで行われた。なぜなら、ヴュルテンベルクのフリードリヒ王が、シェリングと仲が良くかれの招請に賛同していた大学事務総長K・A・ヴァンゲンハイムに次のことをよく考慮するようにうながしていたから。「たとえシェリングの諸原則と体系とが思考する人間にとって危険で……ありえないとしても、わたしは、やはりわたしたちの神学者とかれらの多くの追従者のもとでかれが入口を見いだすことができるかどうか疑います。そしてかれを任命することが大きなセンセーションを巻き起こさずに主要講堂にいることができるかどうかを疑います[22]」。

シェリングにたいする神学的な留保を、――非常にのちになってもなお――ヤーコプ・ブルクハルトがかつてベルリン聖堂でシェリング〔の講義〕を直接聴いたことにもとづいて、一八四二年六月一九日付のG・キンケル宛に手紙を書いたとき、すぐれて次のように要約した。「シェリングのキリスト教をなお愛することができる人は、広い心を持っていなければなりません[23]」。

二〇世紀になってはじめて、シェリングは、興味深い神学的な対話のパートナーとして発見される[24]。しかし、いまやとりわけ神学と教会そのものの強く変化した関係のために、シェリングが発見されるのである。

シェリングは、かれの時代のイデオロギー的な闘争における多くの個人的な経験をもって、重要な実践的―精神的な諸問題がどこにあるかを明らかにした。このような問題は――近代的に語れば、社会的意識にまで影響を与えようとする場合に、哲学的に新しく考え抜かれなければならない問題である。「イェーナから離れるにさいして、わたしは、生活をおもいだしませんでした。ただつねに生き生きとおもいだすのは、ほとんどわたしの全感覚を制限する自然だけです。それ以来、わたしは、国家においては宗教が、公共的信仰が、生活が、いっさいがそれをめぐって動く点であり、その点で梃子が始まらねばならず、この死せる人間というかたまりを振動させるはずであることを見ぬくようになりました[25]」。それによって、同時に、シェリングの将来の哲学的思考を規定することになる哲学的諸主題が定められている。神の概念と人間の自由とは、いまやもはや体系としての哲学の問題ではなく、生成の哲学の問題である。ヴュルツブルク時代のシェリングのもっとも重要な公刊物は、「哲学と宗教」（一八〇四年）という論文である。そこでシェリングは、かれのヴュルツブルク時代の友人で、医学者のK・A・エッシェンマイヤーが『非哲学への移行における哲学』（一八〇三年）において呈示した異論に回答する。このエッシェンマイヤーの論文は、絶対者の有限な事物への関係にかかわり、把捉できないものとしての絶対者にかんして、シェリングにたいして宗教の権能を主張しようとした。イェーナ時代からのシェリングの古くからの知人、フリードリヒ・シュレーゲルは（カロリーネ・パウルス宛書簡、一八〇四年九月一九日付）、それにたいして斟酌するように求めた。「……考えてみてください。かれ［シェリング］は、そのように宗教として事物が存在するという思想にはけっして陥っていないでしょう。それをわたしは、古い時代から知っております[26]」。このシェリングの仕事は、その神学的な問題性によって、かれの哲学的な問いにおける新しい方向づけを表現する。しかし、この新しいアプローチは、かれの従来の哲学的な確信および目標とのいかなる亀裂でもなく、シェリングの発展史的な哲学構想は、〔宗教、信仰のような〕これらの対象においてもみとめられるだろう。これらの対象は、学問的討議にたいするカントの批判主義によって呈示された基準によって、これまで哲学的に捉えることができなかったがゆえに、厳密な理論的分析を受ける必要はなかった。またシェリングも、新しい二元論の危険を哲学的思考のいちじるしい醜聞として防止しようとした。この新しい二元論はまさしく弁証法的な諸原理に基づいて方向づけられた哲学からすべての信頼すべき価値を失わせることだろう。とりわけ「自由論」（一八〇九年）と「反ヤコービ論」論文（一八一二年）で示されるのは、シェリングがこれらの神学的な問題状況を当時の神学の意味で（すでにまったくその手段ではなく）解決するのではなく、それは、フォイエルバッハの、神学的な問題の克服のはっきりとした予感である。シェリングは、このとき人間学化と歴史化（Anthropologisierung und Historisierung）という大きなプログラムを神学的な問題設定の説明として構想する。

シェリングを刺激して「哲学と宗教」（一八〇四年）を書かせた友人エッシェンマイヤーに、シェリングは、のちにもう一度神学的な問いにかんする哲学的な説明についての——そしてそれだけがシェリングにとって問題であった——かれの了解をはっきりさせた。「どこにもいかなる擬人観もないし、そしてさらに人格的な、意識と意図を持って行動する神（それは、実際神をまったく人間的にするのです）にかんする表象もないか、あるいは制限されない擬人観、一貫した、……全体としての神の人間化があるかです[27]」。

したがって、シェリングの「体系転換」は、無神論的な同一性哲学から「キリスト教的哲学」への転換として理解されるべきではなく、シェリングは、いまや同一性原理を拡大し、構造を変革しようとしていることを検証すべく企図している。これは、まさに必然的になった。というのも、今や宗教問題は、カントの場合ほど学的—哲学的に克服しがたいとして排除することができるからではない。そうではなく、いまや新しく統一的な哲学的説明原理にしたがって自然ならびに知の諸事物が、ならびに信仰、希望すること、そして人間的自由の事物が探求されるべきであるから。

ところで、同一性原理のこの深化が、シェリングをして実際、いっさいの哲学的思考の始源にして終わりとしての「自我」中心化から抜け出させる。この「自我」中心化は、その観念論的な形式規定性において、おそらくいつも哲学的な学における一つの「体系」―構制につうじざるをえないものであろう。シェリングは、このような「自我」中心化を自分の哲学的由来にしたがって、典型的にフィヒテのもとで学んだ。シェリングはいまや、哲学的思考におけるすべての「体系」のせまさを回避しようとする。なぜなら、シェリングは、同一性にたいする問いが次のような歴史性にたいする問いにおいて解決可能であることをいまや認識するから。「むしろ生成の概念が諸事物の本性〔自然〕の唯一のものに適していることを認識する」[28]とかれは、「自由論」（一八〇九年）において書いている。

歴史的なもの、生成、過程的なものという流動体において、人間は、自然の思考のいっさいの事物を、そして自分自身を理解する。すなわち、主観と客観の媒介は、シェリングの了解では絶対知という虚構においては理論的に受容可能ではない。ちなみに、この虚構は、ただ主観―客観の脱対象化（Ent-Gegenständlichung）という犠牲を払ってしか思考できない。そうではなく、あの媒介は、いつもただ生成するものとしてのみとらえることができる。同一性は、端的に存在しているのではなく、ただ過程としてのみ捉えることができる。世界は、不断の世界発展の過程であり、この宇宙生成論的な過程は、シェリングによれば、しかし同時にまた神統系譜学的な過程でもある。すなわち、世界が不断に新しくなるのと同じ程度において、神は不断の過程において生成する。

かれの論文「哲学と宗教」（一八〇四年）で宗教の問題性にシェリングは目を向けた。そのことは、かれの意図にはんして興味ある公共性の不確実さをわずかなものにしなかった。シェリングは、イェーナ一般学芸新聞の「広告欄」で一八〇五年五月六日に「公衆へ」という声明を公表した。この声明において、かれは、かれの断念をなりゆきにまかせた。――公表された意見についてどんな見解を持つとしても――「一にして同じ見解によって……一方で保証され、その見解はカトリシズムに通じ、もう一方で無神論に通じる。今週はそれを――神秘的な酩酊として、次の週には――唯物論として、もうひとつの自然の体系（ein anderes Système de la Nature）としてののしられる」[29]。ヴュルツブルクにおける嵐のような君主不在期間は、シェリングにとってまもなく過ぎ去る。――一八〇五年一二月のプレスブルグの和議ののちに（アウステルリッツの戦いの後で）ヴュルツブルクは、――バイエルンが勝利をしめるライン同盟国家として――有利な地域的な「順繰り交換」として新しい領地を獲得する。――そのバイエルンの支配下にはいる。

シェリングはヴュルツブルク大学をやめ、一八〇六年にミュンヘンに向かい、学術アカデミーに行った。かれは、バイエルンでいやがおうにも一八四一年までとどまる。一八二七年にようやく、かれは、ふたたび大学の教授職を獲得する。一八〇六年にバイエルン科学アカデミーにシェリングが登場したことは、両方の側にとって、――バイエルン国家にとっても、また哲学者〔シェリング〕にとっても――応急策であった。シェリングは、長いあいだもはや賛美され、争い得ない大家の思想家ではなかった。そのような人物としてヴュルツブルクには招かれたのだが。ほかのいまや唯一のバイエルンの大学へ、ランヅフートへの本来首尾一貫した招聘は、宮廷の抵抗にあって失敗した。一八〇七年にランヅフートにおける二つの哲学教授職があいたときただちに、ふたりの、はっきりとしたシェリングの敵対者が、すなわち、F・ケッペンとJ・ザーラトが教授職を獲得した。

しかし、ミュンヘンでは、あらゆるその本質的な敵対者たちが、影響力ある地位に座っていた。すなわち、学術アカデミーの長としてのヤコービである。そしてそのヤコービにおもねるヴァイラーである。ヴァイラーは、まもなくアカデミーの事務総長になった。そしてカトリック改革運動の首領ザイラーである。

一八〇七年という年は、シェリングの生涯にとって、またくわえてドイツ哲学の更なる発展にとって二つの重要な事件が起こった。――一八〇七年一〇月一二日に、シェリングは王の洗礼名の日を機会に「造形芸術の自然にたいする関係について」という講演を行った。この講演は、一般に――ヤコービをのぞいては――大きな反響を読んだ。J・W・リッターが友人エルステーズに手紙で書いたように、「シェリングのミュンヘン人にたいする関係にもかかわらずに多くを言おうとするものである」[30]。シェリングは、その結果として、ちょうど新しく創設された造形芸術アカデミーの事務総長の地位をあたえられ、一八二三年までその地位を占めていた。ゲーテは、こう表現した。「シェリングの講演は、わたしにはたいへんな喜びでした。かれの講演は、わたしたちがよくとどまる領域で動いています」[31]。ここで、シェリングは、もう一度あの自然の神格化を実演して見せた。この自然の神格化は、そのときヤコービにシェリングにたいする汎神論という叱責を解き放す最後の衝撃を与えるだろう。かれの著書『神的事物とその啓示について』（一八一一年）において、ヤコービは、自然が「いっさいの事物を自分自身から生み出し、作品を能動的に創造する」[32]というシェリングのテーゼをイデオロギー的に動機づけられた批判の対象とするだろう。

ところで、芸術は――その召命を現実にはたすとき――、実践的―対象的に、すでに「哲学と宗教」においてと要求されたあの関係、絶対者と有限者のあいだの関係が、すなわち絶対者の「自己二重化」としてどのように遂行されることができるのかを示す。――この絶対者と有限者の関係は、絶対者への再統合への能力があるとすれば、有限者への新しい見方であった――。

一八〇七年は、もちろん早い時期にすでに哲学的事件が生じた。その事件は、それにもかかわらず、同時代人によって、ただしく評価されなかったのだが、――ヘーゲルの『精神現象学』の刊行である。一七八一年にカントの『純粋理性批判』の刊行のさいにすでに示されることができたように、時代を画する論文をためらいながら受容することがほとんど繰り返された。ふたりの哲学者、シェリングとヘーゲルとは、長年友好関係にあった。かれらは、結局イェーナで一八〇二／〇三年に共同して有名な『哲学批判雑誌』を編集した。――いま、一八〇七年には、両者は、まだ相互にかれらのもっとも新しい哲学的な公刊物を、そのつど友好的な添え状をつけて送り合った。ヘーゲルは、『精神現象学』にかんする書評すら古くからの友人に依頼した。そしてやはりまさしくこの年、一八〇七年秋の暮れにかれらの哲学的な共同は決裂する。そのさい、たいてい『精神現象学』序文におけるシェリングにたいするヘーゲルのいわば差し挟まれた論争が指摘される。「私はほとんど私のことだとは考えておりませんから、やはりこの論争を私には関係させて〔理解して〕おりません。したがって、その論争は、君が手紙で［一八〇七年五月一日付］わたしに表明しましたように、この論文そのものでは私を論争から区別していないとしても、ただいつも誤解と口まねにすぎないでしょう。君は〔私が〕これを一度厄介払いできることをどんなに喜んでいるか容易に考えることができることでしょう(33)」。それによって、ふたりの哲学者のあいだの往復書簡は終わる。すくなくともわたしたちに今日まで知られるようになった書簡の往復は終わる。まったくさらに人格的なものにまで入り込むことになる厳格な亀裂にかんして、おそらくこの時期まだ語ることができないだろう。シェリングは、まだ一八一二年に、かれの「反ヤコービ論」において『哲学批判雑誌』掲載のヘーゲル論文に賛意を表して何度も言及する。しかし、うたがいなくシェリングとヘーゲルとは、――前者は息を飲むほどの知的な誤謬の彷徨を開始し、後者はすくなからず息を飲むほどの思想構築に従事しはじめる――はっきりと異なった道の途上にある。

一八〇九年にシェリングは、ランヅフートで哲学的な論文集の第一巻（それは唯一の巻であった）を刊行した。

すでに有名な仕事、重要な初期諸論文「自我について」（一七九五年）、「独断論と批判主義にかんする哲学書簡」（一七九六年）、そして「知識学という観念論解明のための諸論」（一七九七年）ならびに「哲学と宗教」（一八〇四年）そして一八〇七年のアカデミー講演（造形芸術の自然にたいする関係）とならんで、この論集は、唯一の新しい作品として「人間的自由とそれに関連する諸対象の本質にかんする哲学的研究」を含んでいた。この論文は、『精神現象学』とともに、一八〇〇年頃のドイツにおける弁証法的思考の問題史の内部で始まる亀裂を刻印している。それで、ヘーゲルがもう一度大きな観念論的な歴史主義へと高まる（フィヒテの後継において）一方で、わたしたちは、ここでシェリングのもとに観念論の自己批判という、広くはたらいている諸要素を認識する。

シェリングは、ここで、すでに「哲学と宗教」（一八〇四年）で始まった新しい傾向を継続する。ちなみに、この傾向は、隠された同一性を探求することによって哲学を決定的に新しく定式化しようとする傾向である。シェリングは、そのさい、ここでかれの哲学論文集への前書きで述べたような「いたるところで支配的な機械論的な表象様式」にたいして向かい、また「カントによってふたたび目覚めさせられた力動的なものもまたふたたびより高次の機械論的なものに移行した」[34]。シェリング自身、いまやあの「カントによってふたたび目覚めさせられた力動的なもの」をさらに深化させようとする。そのさい、かれは、ヤーコプ・ベーメ、パラケルススそしてヴァイゲルの名前と結びついている哲学的思考のあの偉大な伝統を活性化させる。この伝統をシェリングは、生来のヴュルツベルク人として当然すでに前々から知っており、しかしまたかれがミュンヘン時代にバーダー、シューベルトそしてリッターのような友人によって強められて注目していたのである。ところで、これによって、いまやふたたびかれの思考におけるいかなる「新しい段階」（たとえば「神智学的」な）も始まらず、この新しい精神的な経験は、いつも存続している同一性哲学的な根本構想のかたわらに、また下位に秩序づけられている。この新しく活性化された同一性哲学的な伝統は、よりいっそう実在的なものにかれが介入するのを助けるはずである。すなわち、自然の現実性と人間の実存の汲み尽くすことができない諸根拠に浸透していくべく、かれを助けるはずである。そして、それらは、自然に照会するさいにかれを助けるはずである。――観念論的な自律の夢から遠く離れて――その問題がただ実りゆたかにする側面にばかりではなく、巨大な闇夜の側面をも示す自然の威力に組み入れられているのを見るとき、新しく人間の自由の問題がいったいどのようにして追思考されなければならないのか。なお神はそこで何でありうるか。――カント的な意味で――自分自身の悟性を利用する勇気を持ち、生き生きとした世界過程のもつれた道にそって自分の道をとる、体系限界によって狭められない思考の根源性が、シェリングにとってここでは欠如していない。哲学研究者としてのかれの確信は、「神すらも、真に自由な哲学の出発点において立とうとする人は、放棄しなければならない(35)」ということである。

「自由論」の意図は、普遍的であった。自由は、自己発生する現実的なものとして認識されるべきだろう。それが可能であったのは、ただ自由に現実性にたいする特別な地位を指示する（たとえば、もっぱら理性的に思考する個人という述語として）場合ではなく、そうではなく、それを歴史的な大きさとして理解するときだけである。すなわち、現実性の歴史は、自由の歴史と同一である。したがって、人間的な行動のなかの強制的で宿命的なものにたいする指示を持つ、伝統的な汎神論にたいする批判は、シェリングの汎歴史的な思考様式にほとんどあてはまることができなかった。人間の自由にたいするシェリングの問いは、一般に現実性にたいする歴史的な問いとして立てられている。

だが、それにもかかわらず、F・H・ヤコービが一八一一年に「神的事物とその啓示について」という論文を刊行したとき、無神論ないしは汎神論という批判に、シェリングはさらに、ただちに、かつ非常に強硬に出会った。——F・H・ヤコービ、この人物はすでにザクセンにおける練達の非難者として無神論と汎神論を追い出した人物である。——かれは一八世紀の八〇年代半ばのいわゆる汎神論論争における立て役者の一人であった。そしてかれは、激烈なカント—批判者としてすでに世間に名前を知られていた。それによって、衝突は、個人的にすでに避けられないものであった。論争の動因は、一八〇七年のシェリングのアカデミー講演「造形芸術の自然にたいする関係について」であった。ヤコービとの論争は、本質的に神の概念にかかわっていた。この場合、問題は、シェリングの哲学において、——たんに擬人的な（よりよく言えば、歴史形態的な）——神の概念が現れることである。この神は、「根本的にまたわたしたち以上ではない。……結局、本来なおわたしたち以下である神が現れる[36]」。同時に、「神」そのものというこの現象は、発生論的に構制されている。——「神は生命である。たんに存在ではない[37]」。したがって、神はアプリオリにあらかじめ現存しているのではなく、人間とその歴史のうちで展開する。それによって、シェリングは「生成する神」という理念を教会の「死せる神」に対置する。

神学にたいするシェリングの影響は、この哲学的な神によって、依然としてまさしくささやかであった。実際、かれの影響は、ゲーテがかつて事務総長フォン・ミュラーとの対話（一八二三年四月二二日付）で主張したように、退向的にすらはたらいた。すなわち、シェリングの「宗教的諸対象にかんする二枚舌的な諸表現によって、大きな混乱が生じている。そして合理神学は、半世紀後退させられてしまった[38]」。

シェリングのヤコービ攻撃は、かれにたいするピュルスの勝利（あまりに大きな損害を払っての勝利）であった。成果は、唯一、論争の形式——刺すような調子でしかなかった。ほとんど内容的なものは思い出されなかった。ゲーテは（一八二八年）、回顧的にこう書いた。「論争家として、かれは、けっして幸福ではなかった。ヤコービにたいするかれの誹謗をだれも良いと認めることができなかった。それはかの人物〔ヤコービ〕にたいして良いものも正しいものも言うべきであったが、そのような人に自然は、かれの神を隠し、その神をかれは信仰したのである。このことは二つの目で見るよりも一つの目で見た方がよく見える」[39]。

シェリングは、哲学的文筆家として、長く沈黙することによって多くの誤解と自身にたいする曖昧さを生じさせた。――かれがずいぶんあとになってから――一八四三年に――ベルリンで、かつてキリスト教の哲学を基礎づけようとしたのかどうかを問われたとき、かれの回答はこうだった。「キリスト教哲学を基礎づけることは、わたしの目的外であった。なぜなら、哲学する人は、哲学することによってすでに信仰に満足していないことを告白しているからである」[40]。そしてまたベルリンのシェリングのもっとも鋭い批判者の一人、若いフリードリヒ・エンゲルスも、こう考えることができた。「問われているのは、ここでシェリングによって主張された、神の自己展開にたいする人間の影響は――いったいただこんなふうにしか呼ばれようがないのだが、神の自己展開――キリスト教的であるかどうかである」[41]。

# 解　説

## あとがきにかえて

本書はSteffen Dietzsch, *Dimensionen der Transzendentalphilosophie 1780-1810*, Berlin: Akademie-Verlag, 1990. の全訳である。ただし、巻末の文献表は省略し、代わりに詳細な事項索引（渋谷が担当）と人名索引（長島が担当）を掲載した。

簡単に著者について紹介し、本書の意義を述べておきたい。

### 一　Steffen Dietzschについて

氏は、一九四三年、ザクセン州のChemnitzに生まれ、東独の新しい哲学的潮流を代表したヘルムート・ザイデル（一九二九―二〇〇七年）のもとで学び、一九七三年にライプツィヒ大学で学位取得（「シェリングの同一性哲学の研究」）。一九八六年には、「ドイツ古典哲学における歴史的思惟の形成。カントとヘーゲルの間の歴史的なものの理論発展についての研究」で教授資格を獲得した。その後、東独をはじめとした東欧圏の破たん、東独の西独への吸収的統一という世紀の出来事の中でも、彼はひるむことなく、研究を継続し、マールブルク大学の客員研究員、その後ハーゲン放送大学の教授を務め、またライプニッツ大学の客員教授として仕事に従事し、フンボルト大学でも教授として講義を行っている。現在は、二〇〇六年以後、ハーゲンにギリシャ出身の哲学者パナヨティス・コンディリス（Kondylis, Panajotis, 1943-1998）を記念して創設された「文化分析と変動研究のためのコンディリス研究所」(Kondiaf: Kondylis-Instituts für Kulturanalyse und Alterationsforschung)の所長代理に就任、その後所長に就任する。

今日、ディーチュ教授は Kondiaf の所長として、ヨーロッパのこの激動を対象とした研究に従事している。そのため、教授は、東独の崩壊を視野に入れ、スターリン問題を当然のこととして批判的に検討し、かつ現在のドイツが抱えるヨーロッパ圏の諸問題へのアプローチを行って精力的に活動している。ちなみにこの研究所が中心になって、Iablis. Jahrbuch für europäische Progresse を二〇〇二年から刊行し、哲学的に時代分析を行っている。

おもな業績は、カント、ドイツ観念論、特にシェリング、ドイツロマン派、そしてニーチェなどについてであり、また二〇〇六年にはクサヴィエ・ティリエットの生誕八五歳の記念論文集をイタリアのフリゴーとともに編集している(Vernunft und Glauben. Ein philosophischer Dialog der Moderne mit Christentum)。七〇—八〇年代には、カント、シェリング、ヘーゲル、アヒム・フォン・アルニム、ヨハン・ヴィルヘルム・リッターらの諸著の編集を行っている。

いくつかの著書を紹介しておく。

① *Friedrich Wilhelm Joseph Schelling, Biographie*, Leipzig/Jena/Berlin, 1978

これは一一六ページの小著であるが、ディーチュ教授らしい丹念な調査に基づく的確な伝記であり、大部の伝記に負けない情報量を含むものであり、私は座右において重宝している。

② *Natur-Kunst-Mythos. Beiträge zur Philosophie F. W. J. Schellings*, Berlin, 1978

これはディーチュ教授が編集したシェリングに関する論集であるが、非常に刺激的な論文を集めている。東西ドイツの哲学者の論文を収録している。

③　本翻訳の原著。
④　*Fort Denken mit Kant. Philosophische Versuche von diesseits und jenseits der Fakultät*, Essen, 1996.
⑤　*Nietzsche im Exile*, Weimar, 2001（共著）
⑥　*Kant. Eine Biographie*, Leipzig, 2003

その他多数の共著、単著、論文がある。

ディーチュ教授の著作①、②はヘーゲル、フィヒテ、シェリングの新版全集の編集、ヤコービ、ラインホルトら周辺の哲学者の新版全集の刊行、そしてドイツ観念論の根本的見直しという研究の流れの中で、当時の東独のシェリング研究の流れを示すものであった。そして最近注目を浴びたのが⑥のカントの伝記である。これは二〇〇三年というカント没後二〇〇年を迎える前年に刊行されたものであり、教授の特質をいかんなく発揮したものであった。この二〇〇三年にはカントの伝記がディーチュ教授の作品を始め三冊刊行されており、これらはドイツでも注目を浴び、東西ドイツ統一以後の新しいカント研究を予感させるものである。ディーチュ氏以外の伝記も紹介しておく。

Geier, Manfred, *Kants Welt.Eine Biographie*, Reinbek, 2003
Kühn, Manfred, *Kant. Eine Biographie*, München, 2003

である。

ディーチュ教授の作品については、日本でも有名な「南ドイツ新聞」、「フランクフルター・アルゲマイネ（Faz）」、「フランクフルター・ルントシャウ」そして H-Soz-u-Kult（歴史科学のためのコミュニケーション及び専門情報）というサイトにおけるゲルハルト・メーリングの書評などがある。これらを参考にして簡単に「カント伝」について紹介しておきたい。

ディーチュ氏の伝記は、カントとケーニヒスベルク（現在のカリーニングラード）の結びつきを一七四〇年にカントが大学人となり、なくなるまでケーニヒスベルクに居住したという事実から出発し、大学のアレンシュタイナー国家文庫を精査し、詳細な伝記はもとより、カントの精神的な相貌を浮かび上がらせようとする。この伝記は今や回想としてしか残っていないケーニヒスベルク大学の当時の姿を浮かび上がらせ、大学改革の中で哲学が下位学部におかれたあり方から上級の専門研究の学部へと転換するプロセスの中でカントの姿を明らかにする。それによってカントが専門研究者の最初の人であることを確認しながら、カントの姿を浮かび上がらせる。

このような大学人としてのカントに着目し、当時のケーニヒスベルク大学、プロイセン国家の辺境にありながら、文化的に輝きを見せた大学、今日では想像もできないその栄光の大学の在り方に着目してカントの姿を明らかにする（実際、カントはこの大学の総長も務めた）視座は、すでに本稿一で、ディーチュ教授の主要著作として挙げた④を先行作品として持っている。

## 二　本書の意義——ドイツ観念論の活性化の試み

### （1）『純理』刊行後の三〇年

一八世紀後半、カントが『純粋理性批判』を刊行した一七八一年以後三〇年ほどの時代を我々は印象深く覚えているだろう。

この時代はまさにフランス革命の勃発する一七八九年を挟んで、政治的、思想的な革命の時代、激動の時代であった。かつてルカーチが指摘したように、「ドイツ的後進性」の中で、カントによる「哲学革命」は、今日にまで影響を及ぼしているこの時代を生き、理論的に定着させようとした哲学者たちがいわゆるドイツ観念論の哲学者たちであった。彼らの哲学的営為は孤立したものではなく、相互に対立し結びあい、そして独自の理論的形成を行った時期である。

この時代の哲学、いわゆる「ドイツ観念論」の哲学を中心にして、カントによる「哲学革命」の影響が波及する過程であった。ディーチュ教授が射程を定めるのもまさにこのカントの影響の波及の過程の中に「ドイツ観念論」の哲学者たちの営為を位置づけることであった。これまでの哲学史的位置づけでは、一九世紀半ばから後半にかけてのヘーゲル中央派の「哲学史叙述」が「カントからヘーゲルへ」という図式（この図式はヘーゲルの哲学史における自己理解に発する）を提起し、その影響下にきわめてわかりやすい構図のもとで捉えられた。フランス革命を目の当たりにしたドイツ観念論の中心人物ヘーゲルとシェリング、そして詩人ヘルダーリンを加えて、チューービンゲン神学校の同窓であった。彼らがフランス革命に歓喜して、「自由の木」を植えたといったエピソードもヘーゲルの伝記的叙述によって、あるいはシェリングの伝記的叙述によって我々は知ることになる。さらには、チューービンゲン神学校の先輩ラインハルトがフランス革命に直接参加すること（彼はフランス革命政府の外務大臣にまでなる）、カロリーネとフランス革命のエピソードなどを知れば、その熱狂は大変なものであったろうことを想像させる。だが、彼らを取り巻く熱狂的雰囲気からその全体を捉えることが抜け落ちてしまっている。あたかもヘーゲルだけが勝者であるが如く。この構図こそが哲学史的通説としてほぼ二〇世紀の半ばまで支配してきている。

これによって零れおちたものの存在が、この「カントからヘーゲルへ」という図式においてドイツ観念論の提起した「哲学は現代認識である」という哲学の基本了解をその後継承されないものにしてしまったのではないか。そして彼らの哲学的営為そのものが現代、この二一世紀にも脈々と生きていることをないがしろにしたものだったのではないかと思われる。

今日、自覚的であれ、無自覚的であれ、「応用倫理学」と概括される領域が哲学の中心に移動し始めている。このような哲学の運動は、哲学そのものの再生のための運動であると思われる。生命倫理という一九七〇年代において提起された概念に基づくその後の展開は、まさに哲学という理論活動が現実と切り結ぶ営為であることを証するであろう。

そしてドイツ観念論、ドイツ古典哲学の研究が「カントからヘーゲルへ」という構図を批判しながら、新しいドイツ観念論像を描く文献学的な努力は、カントの問題提起以後、彼の問題をどのように解決するのかというその三つの試みという像を浮かび上がらせている(1)。

## (2) 背景としての文献学的研究──既存の理論像を破壊する武器としての

このような流れを領導し、定着させていったのが一九八九年のベルリンの壁の崩壊から一九九一年の東西ドイツの統一を挟んで、カントとドイツ観念論の分野では、①新版の全集の編集、②当時の聴講した学生たちの筆記した講義筆記録の収集と編集、③ドイツ観念論の哲学者たちの背景となった議論、論争にかかわる哲学者たちの発掘とこれまでうずもれていた資料の発掘という方向で研究は進んできた。

とりわけ、一九六〇年代後半にファクシミリ版のアエタス・カンティアーナがオランダで刊行されたことはこのような動きに拍車をかけ、国際的に先にあげたような研究の方向は、大きな研究の潮流を形成することになった。

この研究の動きは、何よりもまず、フィヒテ、シェリング、ヘーゲルの新版全集の編集を中心としてきた。ヘーゲルにかんしては、ボーフムを中心として全集の編集が進み、その過程で、新しくとりわけ、ヘーゲルの自ら執筆し刊行した著作が少ないために、講義筆記録がこれまで全集に著作として加えられてきていたことが問題となった。そして、さまざまな筆記録が発見され、最初に問題になったのが、一九七〇年代のイルティングが編集した法哲学の筆記録であった。そしてそこで序文において新しいヘーゲル像を提起したが、その後イルティングの問題提起そのものは、そのほかの筆記録の刊行と筆記録の研究が進む中で、沈静化した。さらに、宗教哲学、美学、哲学史、自然哲学と筆記録の編集と刊行は続いた。法哲学にかんしては、その後ディーター・ヘンリッヒがこの編集と異なった編集を行い独自に発表したりして、日本においても翻訳がなされてきた。(2) さらに宗教哲学も日本においては研究者の数そのものが少なかったが、この宗教哲学講義の筆記録も、新たに翻訳され、研究の注目を引くことになった。自然哲学にかんしては、一九八〇年にギースによって、第一巻が刊行されながら、その後刊行が停滞していたけれども、二〇〇〇年以後になって立て続けに刊行されている。

そして、ディーター・ヘンリッヒの「コンステラチオーン・プロジェクト」(3) は、個々の哲学者をその時代の理論状況の中に「星座」のように位置づけなおす方法論的な試みとして展開され、今日では、このような当時の全体を統一的に捉える試みが基本となっている。このような試みは一見すると、歴史研究の精密化の装いを取りながら、近代という時代の理論把握の重要性を照らし出してきている。とりわけ、二〇世紀の哲学、いわゆる現代哲学が近代哲学との断絶ではなく、むしろそこに明確な近代哲学としての連動性を持ち、近代哲学がまさに今日の哲学として正統性を持つことを明らかにしている。

### (3)　新たなドイツ観念論像

ディーチュ教授の仕事の特徴は丹念な調査に基づく議論である。一見すると、じみであるが、確実なものである。上記の諸著作は私が選択したものであるが、シェリング研究は、現在では、ミュンヘンにあるバイエルン・アカデミー内のシェリング・コミッションがそのメッカであるような状況を呈しているが、一九五四年にシェリングの没後一〇〇年の集会でシェリングのアカデミー版の編集が企画されたのち、西と東でシェリング研究は大きなうねりを帯びて展開されてきた。

東独のシェリング研究の中心は、イェーナ大学であり、そこでは『Collegium philosophicum Jenense』という紀要が立て続けに七冊ほど一九七〇年代から刊行され、シェリングが当時の全体の中で位置付けられて議論されていた。また書簡の紹介など、資料的な紹介も行われていた。この取り組みは非常に大きな時代そのものの理論化を目指すものであったと言えるだろう。

このような研究の在り方は「ドイツ古典哲学」を標榜する東独系の研究の方向を示すものであり、その成果であると言えよう。ディーチュ教授の本翻訳もまたこの「ドイツ古典哲学」という理解を示すものであり、その成果であると言える。ドイツ観念論を基軸としながら、当時のロマン主義の哲学を含めて、その前提となった哲学的な営みをも捉えていく作業である。前述した「コンステラチオーン・プロジェクト」と軌を一にした試みであると言えよう。

実際、フンボルト大学は、当時は東独に属する、東独の基幹大学であり、そのため、ベルリンのアカデミーもまた重要な役割を果たしていた。シェリングの遺稿もミュンヘンの遺稿が第二次世界大戦時の戦災により消失したのち、ベルリン遺稿がシェリング研究にとっては重要なものであった（ベルリン遺稿は、今日フンボルト大学のシェリング研究所、およびブレーメンのシェリング研究所で編集作業が行われている。前者は今日 Berliner Schelling-Studien を刊行している。後者は遺稿を四巻まで刊行している。とりわけ、自由論をめぐる様々な遺稿の編集が行われている）[4]。

分けても、書簡類や、日記類が残されており、シェリングという哲学者の性格のせいか、彼は自分の原稿に後に書き換え、書きくわえを行っており、それらが未公刊のまま残っていた。東独では、それらの整理も行われ始め、一部は公刊されていたのである。その意味では、東独のシェリング研究は無視できないものであったし、シェリング研究の広がりを見せていた。実際シェリングの著作集は、自由論が掲載された一八〇九年の「シェリング著作集」全三巻の企画の後（第一巻のみ刊行）、最初の全集の企画はスウェーデンのウプサラで行われた。そしてこれを発掘したのはロシアの哲学史家のアルセニイ・グリガであった。これを指摘するだけでも東欧圏のシェリング研究の充実は否定できないであろう。このベルリン遺稿の整理と刊行を担うベルリンのシェリング研究所およびブレーメンのシェリング研究所は、東西ドイツ統一後設立されたものであるが、ベルリン遺稿の所有権がベルリン・アカデミーにあり、法的に微妙なところがあることから、ミュンヘンのバイエルン・アカデミー内のシェリング・コミッションと連携しながらも独立した組織として仕事を行っている。

現在、カントのアカデミー版は、東西ドイツの統一以後、新しい資料の発見に基づき、拡充の編集に入っている。またカントの伝記的な資料も八巻にわたり刊行されている。新しいカント像がいずれ浮かび上がってくるだろう。

七〇年代からの四〇年ほどの期間は、従来の「カントからヘーゲルへ」という直線的理論像の解体を促してきた。文献学的研究の機能を十分に発揮してきた四〇年であったと言えるだろう。

文献学的研究は、まさに硬直した理論像の解体という極めて重要な意義を持っている。そして、このような研究は、現在のカント、ヘーゲル、フィヒテ、シェリングらの全集の「歴史批判版全集」の刊行とともに、新しい理論像を形成する土台作りという意義を持っていると言わなければならない。

ディーチュ氏の仕事もまた、本書が示すように、「ドイツ古典哲学」の名前が文字通り示すように、ドイツ・ロマン主義にまで視野をのばし、カンティアーナを当然のこととして視野に入れながら、カント、シェリング、フィヒテ、ヘーゲルという偉大な哲学者をその全体の中に位置づけなおす。コンパクトな書物ながら十分な魅力を伝えるものであろう。

くわえて、「ドイツ古典哲学」という名称もまた、このような東独の研究のスタンスを示していることに注意を要するだろう。われわれが通常使用している「ドイツ観念論」という名称が、フィヒテ、シェリング、ヘーゲルを代表者とするカント以後の一つの潮流、運動を示すとすれば、「ドイツ古典哲学」という名称は、このドイツ観念論の運動を中核に据えながら、その時代の全体を捉える研究の在り方を示すだろう。

このような研究の在り方は、当時東独では先に挙げたイェーナ大学の叢書がその成果を示している。西ドイツでもディーター・ヘンリッヒを中心とした「コンステラチオーン・プロジェクト」がそれを示している。それぞれの哲学者を孤立した点として了解するのではなく、その時代の全体の中に位置づけなおし、その理論を相対化することに重要な役割を果たした。そして、うずもれた思想家を再発見した。

ディーチュ氏の本書も、また彼自身がコミットした論争から新しい姿を浮かび上がらせた。ヴォナヴェントゥーラの『夜警』の執筆者問題（本書第一〇章）は当時ロマン主義作品をいく冊か残して消えてしまった出版社とその社主を丹念な調査によって浮かび上がらせた。おそらくこの調査は現在可能な限りでの事実を資料から浮かび上がらせたものであるだろう。

またいわゆる「ドイツ観念論最古の体系プログラム」（本書第九章）についての言及もまた、今日ではすでに「決着がついている」とされているが、この紙片の「執筆者問題」を特集したHegel-Studien第九巻を精読した時を思い出させるものであり、再び、それぞれの哲学者の文脈において解読することに必要性を感じさせる。

さらに、ヒュルゼンといった、私などはシェリングのオリジナル版に収録されているシェリングの追悼文で名前を知っていただけで、それ以上関心を持たなかったような哲学者にも光を当て、ヒュルゼンがフィヒテやシェリングとの交流の中ではなった光芒を垣間見せてくれている。ここで描かれたヒュルゼン像は、現在知りうる情報を提供しているのではないか。またラインホルト、ザロモン・マイモン（新カントの研究のなかでは重視されていた）など今日では知られるようになっている哲学者などカントとドイツ観念論をつなぐ哲学者たちにもきちんと目配りしていることは、氏らしい周到さを感じさせるものである。

本文ばかりではなく、注も使った周到な紹介は今後の我々の仕事にとっても参考になるものであろう。この時代を描きだした作品には、ハインリヒ・ハイネの『ドイツ古典哲学の本質』（岩波文庫）、また本書でも言及されているフランス人のスタール夫人の『ドイツ論』（鳥影社、全三巻）もあり、日本語で読める状況にある。本書は、これらの作品で描かれた時代の理論的把握という意味も持っていると言えるだろう。

これらの章だけではなく、全一一章と付論が、コンパクトながらも、刺激的なものである。また原注も具体的な知識を与えてくれるものであり、参考書としても役に立つものである。是非一読願えれば幸いである。

## 三　おわりに

私は、ヘーゲルからシェリングへと自分の研究対象を転換するにさいして、ディーチュ教授の作品をいくつか読んでいた。一九九二年のボン大学への最初の在外研究の際に私はどうしてもお会いしなければと考えていた一人がディーチュ教授であった。ディーチュ教授とは私はこの在外研究からの帰国まぎわに幸運にもお会いすることができた。私は連絡先が分からず、帰国も迫っていたころに、ボン大学前のブーヴィエ書店で本書を見つけ、アカデミー出版社に教授に宛てて手紙を出し、あっていただけるという返事が来たのは、帰国前のスイス・オーストリア旅行を終えて住居に戻ってきたときであった。そのときはドイツ語の不自由さも忘れ、すぐに電話を差し上げて会う場所を決めてベルリンに向かったことを思い出す。ザヴィニー・プラッツのイタリア料理店で、教授はカリーニングラード（かつてのケーニヒスベルク）に調査旅行に出かける前の日であったのにもかかわらず、また私の不自由なドイツ語にもかかわらず、付き合ってくれて話すことができた。今でも楽しく思い出す。

共訳者の渋谷繁明氏は、ライプツィヒ大学において学位取得の際に、レフェリーのひとりを奇遇にも、ディーチュ教授が務めてくれた。その機縁もあって、今回共訳をお願いした。

本訳書の刊行がこんなにも遅れたのはひとえに長島の責任である。知泉書館に出版をお願いし快く引き受けていただきながら、四年も時間がたってしまい、大変ご迷惑をおかけしてしまった。小山光夫氏にはお詫び申し上げる。また原著者のディーチュ教授にもお詫び申し上げる。三・一一の東日本大震災において私は故郷を失ってしまった。私はディーチュ教授とお会いした際に教授の夫人が東ドイツの崩壊後の苦しさをSchicksalと語っていたことを思い出し、哲学をすることの意味をあらためて問い始めている。

二〇一三年七月

訳者を代表して

長島　隆

**長島　隆**（ながしま・たかし）
担当：前書きから第6章，第10,11章及び訳注，訳者解説
1951年福島県生まれ。東北大学文学部卒業。早稲田大学大学院文学研究科博士後期過程単位取得満期退学。現在東洋大学文学部教授。
〔主要業績〕「フィヒテとシェリング――絶対知について」，大橋良介編『ドイツ観念論を学ぶ人のために』世界思想社，2006年。「ヘーゲルの有機体論」，加藤尚武編『ヘーゲルを学ぶ人のために』世界思想社。編著『シェリング自然哲学とその周辺』梓出版社，2001年。Über „das Unvordenkliche" beim späten Schelling oder über den Anfang und die Möglichkeit der positiven Philosophie, in Goethe-Jahrbuch Bd. 51 (2009)

**渋谷　繁明**（しぶや・しげあき）
担当：第七章から第九章
1964年埼玉県生まれ。早稲田大学第一文学部，早稲田大学大学院文学研究科西洋哲学専攻博士課程満期退学。ドイツ連邦共和国ライプツィヒ大学単位取得卒業。現在鎌倉女子大学非常勤講師。哲学博士。
〔主要業績〕"Hegel und die Analyse der Grundbegriffe der Mathematik"『ヘーゲルと数学の根本概念の分析』（博士論文）。「なぜ四つの格の煩雑さは誤りなのか――前批判期カントと理性推論」，『理想』第670号，2003年。書評，H．F．フルダ著『G. W. F. ヘーゲル』ミュンヘン，2003年，『ヘーゲル哲学研究』第11号，2005年。「分析哲学とドイツ観念論」，大橋良介編『ドイツ観念論を学ぶ人のために』世界思想社，2006年。

〔超越論哲学の次元　1780-1810〕　ISBN978-4-86285-164-2

2013年11月10日　第1刷印刷
2013年11月15日　第1刷発行

訳　者　長島　隆
　　　　渋谷繁明
発行者　小山光夫
印刷者　藤原愛子

発行所　〒113-0033 東京都文京区本郷1-13-2
電話03(3814)6161 振替00120-6-117170
http://www.chisen.co.jp
株式会社 知泉書館

Printed in Japan　印刷・製本／藤原印刷

# 人 名 索 引

（n は原注頁。研究者にかんしては原語表記を，本書の対象とする
時代の人物については，可能なかぎり生没年をも示した）


アエビ（Aebi, M.）　30n
アーペル（Apel, Karl-Otto）　21n
アイヒナー（Eichner, Hans）　29n，53n
アスト（Ast, Friedrich, 1778-1841）　58n
アッシング（Assing, Ludmilla）　53n
アディッケス（Adickes, Erich）　47
アビヒト（Abicht, Johann Heinrich, 1762-1816）　89
アプト（Abbt, Thomas, 1738-1766）　69
アメルンク（Amelung, H.）　53n
アリストテレス　67，212
アル・ファラービ（Farabi, Ishaq al-）　55
アルニム（Arnim, Achim v., 1781-1831）　120，124，204
アーノルト（Arnold, F. C.）　213
アルバート（Albert, Hans）　21n
アルマシ（Almasi, M.）　32n
アンゲレリ（Angelelli, J.）　22n
アンシュテット（Anstett, Jean-Jacque,）　29n，43n
イェーグル（Jaegle, L. W.）　53n
イェシュケ（Jaeschke, Walter）　49n，50n
イスラー（Isler, J）　32n
イルティング（Ilting, Karl-Heinz）　51n
イルリッツ（Irrlitz, Gert）　47n，50n
インキアルテ（Inciarte, Ferdando）　34n，37n
ヴァーゲット（Vaget, Hans Rudolf）　42n
ヴァイゲル（Weigel, Valentin）　233
ヴァイセ（Weiße, Christian Hermann, 1801-1866）　189
ヴァイラー（Weiller, Kajetan v., 1761-1826）　225，230
ヴァルダ（Warda, Arthur）　26n，33n
ヴァルツェル（Walzel, Oskar）　32n，35n
ヴァルノック（Warnock, G. J.）　29n
ヴァンゲンハイム（Wangenheim, Karl August Freiherr v., 1773-1850）　226
ヴィーコ（Vico, Giambattista）　50，111，188，194
ヴィーゼ（Wiese, Georg Walter Vincent v., 1769-1824）　42n，48n
ヴィーラント（Wieland, Christian Martin, 1733-1813）　207
ウィリアムズ（Williams, H. H.）　29n
ヴィル（Will, G. A.）　26
ヴィルト（Wild, Christoph）　50n
ヴィレール（Villers, Charles, 1765-1815）　23n
ヴィンケルマン（Winkelmann, A., 1717-1768）　124
ウィンターボウン（Winterbourne, Anthony）　30n
ヴィンツァー（Winzer, J. G.）　204
ヴィンディッシュマン（Windischmann, Carl Joseph, 1775-1839）　59n
ヴィンデルバント（Windelband, W. ilhelm, 1845-1915）　31
ヴェルナー（Wöllner, Johann Christian v. 1732-1800）　71，72
ヴェツェル（Wetzel, Friedrich Gottlob, 1779-1819）　213
ヴェーツェル（Wezel, Johann Karl, 1747-1819）　208，213
ヴェルナー（Werner, H. -J.）　45n
ヴェンデル（Wendel, Johann Andreas, 1780 od. 1790-1819）　48n
ヴォラント（Wolandt, Gerd）　22n
ヴォルタースドルフ（Woltersdorf, E. G.）　71

ヴォルテール（本名フランソワ・マリー・アロエ）（Voltaire（Francois Marie Arouet），1694-1778） 188
ヴォルフ（Wolf, Friedrich August, 1759-1824） 35n
ヴォルフ（Wolff, Christian, 1679-1754） 6，10，11，74，95
ヴォルフスケール（Wolfskehl, Karl） 214
ウッズ（Woods, M.） 30n
ヴルピウス（Vulpius, Christian August, 1762-1827） 204
ヴレーシァウアー（Vleeschauwer, Hermann Jean de） 29n
エーアハルト（Erhard, Johann Benjamin, 1766-1827） 26n，34n
エーヴァルト（Ewald, Heinrich, 1803-1875） 22n
エーバハルト（Eberhard, Johann August, 1739-1809） 74，24n
エールミュラー（Oelmüller, W. illi） 21n
エッカルツ（Eckertz, Erich） 54n
エッシェンマイヤー（Eschenmayer, Karl August v., 1768-1852） 43，178，227，228
エラスムス（Erasmus von Rotterdam, Desiderius） 55
エリーザベト（Elisabeth（Schwester von Ludwig XVI.）1764-1794） 32n
エルステーズ（Örsted, Hans Christian, 1777-1851） 124，127，132，139，231
エルステーズ（Oersted, A. S.） 44n
エルトマン（Erdmann, Benno） 22n
エルンスト（Ernst II, Herzog von Gotha, 1818-1893） 98，125，129
エンゲルス（Engels, Friedrich） 141，145，236，27n，31n，38n，43n，49n
エンゲルベルク（Engelberg, Ernst） 39n
オイゼルマン（Oisermann, Therdor. I.） 25n
オイヒナー（Euchner, Walter） 28n
オーバーチュール（Oberthür, F.） 56n
オンケン（Oncken, H.） 31n

カーニス（Kahnis, Karl Friedrich August） 58n
カール・アウグスト（Karl August, Herzog von Sachsen, 1757-1828） 125
ガイアー（Guyer, Paul） 25n
ガイス（Geiss, I.） 32n
カストナー（Kastner, Walther） 43n
カスパー（Kasper, Walter） 38n
カッシーラー（Cassirer, Ernst） 98
カップ（Kapp, Christian） 49n
カトリツキー（Katritzky, L.） 55n
カネッティ（Canetti, Elias） 53
カフカ（Kafka, Franz） 210
ガラート（Garat, Dominique-Joseph. 1749-1833） 32n
ガルヴァーニ（Galvani, Luigi, 1737-1798） 122-24，127，136
ガルヴェ（Garve, Christian, 1742-1798） 12，13，66，69，22n，23n，28n，32n
カルテシウス（Cartesius） →デカルトを見よ
カン（Kanne, Johannes Arnold, 1773-1824） 204
カンツェンバッハ（Kantzenbach, Friedrich Wilhelm） 58n
カンペッティ（Campetti, Francesco, 1786-?） 130
キーウザーノ（Chiusano, Italo Alighiero） 55n
キーゼヴェッター（Kiesewetter, Johann Gottfried Carl Christian, 1766-1819） 142，33n
ギューテ（Güthe, J. M.） 130
キュッター（Küttler, W.） 39n
ギルバート（Gilbert, Ludwig Wilhelm, 1764-1824） 124
キンケル（Kinkel, G.） 226
キンメレ（Kimmerle, Heinz） 37n
クーゲルマン（Kugelmann, L.） 38n
クープマン（Koopmann, Wilhelm

Heinrich） 42n
クザン（Cousin, Victor, 1792-1867） 38n
クニッゲ（Knigge, Adolph Freiherr v. 1752-1796） 207
クネーヴェルス（Knevels, W.） 50n
グラーザー（Glaser, Andreas Friedrich Gottlob, 1762-1837） 56n
グラーブ（Grab, Walter） 32n
グライヒナー（Gleixner, Wokfgang H.） 21n
クラウス（Krau, K. L.） 219
グリヴィツキー（Gliwitzky, Hans） 29n, 34n, 38n, 40n
グリガ（Gulyga, Arseny） 27n, 54n
クリューゲル（Klügel, Georg Simon, 1739-1812） 74
クリングス（Krings, Hermann） 50n
クリンゲマン（Klingemann, Ernst August Friedrich, 1777-1831） 213, 214
クルーク（Krug, Wilhelm Traugott, 1770-1842） 133, 154, 156
クルツィウス（Curtius, E. R.） 29n, 30n
クルックホーン（Kluckhohn, Paul） 42n
グレーフ（Gräf, Hans Gerhard） 43n
クレム（Klemm, Fritz） 42n
クロイツァー（Creuzer, Friedrich, 1771-1858） 103
クローナー（Kroner, Richard） 48, 30n
クロップシュトック（Klopstock, Friedrich Gottlieb, 1724-1803） 159
ケーザ（Cesa, Claudio） 38n
ゲーテ（Goethe, Johann Wolfgang v., 1749-1832） 81, 90, 95, 125, 128, 134, 135, 138, 143, 160, 166, 167, 180, 200, 204, 211, 213, 218, 220, 231, 235, 236
ゲーラー（Göhler, Gerhard） 48n
ゲーレン（Gehlen, Adolph Ferdinand, 1775-1815） 131, 132
ゲオルギー（Georgii, Eberhard Friedrich v. 1757-1830） 58n
ゲットリング（Göttling, Johann Friedrich August, 1753-1809） 122
ケッペン（Köppen, Friedrich, 1775-1858） 225, 230
ケルナー（Körner, Christian Gottfried, 1756-1831） 160
ゲルマン（Germann, D.） 21n, 41n
ゲーレ（Gerle, Wolfgang Adolf, 1775-1815） 213
ゲレス（Görres, Joseph. v., 1776-1848） 63, 65
ゲレスハイム（Gerresheim, Eduard） 21n, 28n
ゲンツ（Gentz, Friedrich v. 1764-1832） 65, 66, 109
コールシュミット（Kohlschmidt, W.） 54n
コッタ（Cotta, Johann Friedrich Freiherr v., 1764-1832） 150, 159
コッツェブー（Kotzebue, August Friedrich Ferdinand v., 1761-1819） 211
コメニウス（Comenius, Johann Amos） 56
コレンブッシュ（Collenbusch, Samuel, 1724-1824） 33n
コンドルセ（Condorcet, Marie Jean Antoine de, 1743-1794） 65

ザームエル（Samuel, R.） 42n
ザーラト（Salat, Jakob, 1766-1851） 225, 230
ザイデル（Seidel, Siegfried） 31n, 47n
ザイフェルト（Seifert, A.） 29n
ザイラー（Sailer, Johann Michael, 1751-1832） 225, 231
ザヴィニー（Savigny, Friedrich Karl v., 1779-1861） 103, 124
ザモン（Sammons, Jeffrey L.） 53n
サン・ピエール（Saint-Pierre, J. H. B. de） 56
ザントキューラー（Sandkühler, Hans-Jörg） 25n, 37n, 39n, 40n
シーヒェ（Schieche, Walter） 34n, 35n

ジーベルト（Siebert, Werner）　39n
ジーメック（Siemeck, Marek S.）　34n
シエイエース（Sieyes, Emmanuel Joseph, 1748-1836）　31n
シェール（Scheel, Heinrich）　33n
シェーレ（Scheele, Carl Wilhelm, 1742-1786）　128
シェーンデルファー（Schöndörffer, Otto）　32n
シェプス（Schoeps, Julius H.）　32n
シェリング（Schelling, Caroline, 1763-1809）　213,48n
シェリング（Schelling, Karl Friedrich August）　29n,34n,37n,42n,47n,49n
ジム（Simm, H. -J.）　53n
シャート（Schad, Johann Baptist, 1758-1834）　181
シャーパー（Schaper, Edzard）　21n
シャウプ（Schaub, Georg, 1812-1865）　53n
ジャン・パウル（Jean Paul（eigentl.: Jean Paul Friedrich Richter）, 1753-1825）　76,87,181,207
シュヴァーブ（Schwab, Johann Christian, 1743-1821）　89
シュヴァルツ（Schwarz, Hermann）　58n
シュヴェッペンホイザー（Schweppenhäuser, Hermann）　49n
ジュスキント（Süskind, F. riedrich Gottlieb v. 1767-1829）　225
シューベルト（Schubert, Gotthilf Heinrich, 1780-1860）　124, 132, 204, 233,42n
シュタイン（Stein, H. F. K.）　73,127
シュタホヴィヤック（Stachowiak, H.）　38n
シュタルク（Stark, Werner）　33n,47n
シュッツ（Schütz, Christian Gottfried, 1747-1832）　65,149
シュティーラー（Stiehler, Gottfried）　25n
シュティーレ（Stierle, Karlheinz）　50n
シュテフェンス（Steffens, Henrich, 1773-1845）　97,107,111,124,137,39n,42n
シュトイトリン（Stäudlin, Carl Friedrich, 1761-1826）　74,33n
シュトゥールマンーラエイース（Stuhlmann-Laeisz, R.）　30n
シュトリッヒ（Strich, Fritz）　49n
シュトルツェンベルク（Stolzenberg, Jürgen）　34n
シュナイダー（Schneider, Helmut）　51n
シュナイダー（Schneider, P. K.）　22n
シュナイダー（Schneider, Wilhelm）　204
シュナイダース（Schneiders, Werner）　32n
シュフェンハウアー（Schuffenhauer, Werner）　55n
シュプレンゲル（Sprengel, Matthias Christian, 1746-1803）　74
シュミート（Schmid, Carl Christian Erhard, 1761-1812）　26
シュミット（Schmidt, Alfred）　28n, 30n
シュミット（Schmidt, Erich）　142
シュミット（Schmidt, Gerhart）　142
シュライエルマッハー（Schleiermacher, Friedrich Ernst Daniel, 1768-1834）　79,90
シュライター（Schreiter, Johann Christoph, 1770-1821）　34n
シュリヒテグロール（Schlichtegroll, Friedrich, 1765-1822）　43n
シュレーゲル（Schlegel, August Wilhelm, 1767-1829）　150, 184, 32n, 35n, 44n, 46n
シュレーゲル（Schlegel, Friedrich, 1772-1829）　51, 63-65, 90, 102, 125, 149, 160,203,206,207,227
シュルツ（Schultz, Franz）　34
シュルツ（Schultz, Uwe）　29n,30n
シュルツ（Schulz, Johann, 1739-1805）　11

シュルツ（Schulz, Walter） 44n
シュルツェ（Schulze, Gottlob Ernst（d. i. Aenesidemus' Schulze), 1762-1833） 26, 27, 156
シュルツェ（Schulze, J. L.（d. i. der Orientalist)） 74
シュルツェ（Schulze, J., 1730-1788） 22n, 26n
シュレーダー（Schroeder, Werner） 39n
ショーペンハウアー（Schopenhauer, Arthur, 1788-1860） 156, 30n
シラー（Schiller, Friedrich, 1759-1805） 3, 54, 118, 128, 134, 135, 142, 146, 147, 159, 165, 177, 180, 211, 220, 224
シレマイト（Schillemeit, Jost） 213, 214
ジンクレール（Sinclair, Isaak v., 1775-1815） 198
スタール（Stael-Holstein, Germaine de, 1766-1820） 3
スピノザ（Spinoza, B. de） 97, 104, 159
スピンドラー（Spindler, Karl, 1796-1855） 29n, 30n
スミス（Smith, Adam, 1723-1790） 177
ズルツァー（Sulzer, Johann Georg, 1720-1779） 69, 134, 166
セー（Say, P. Jean Batist, 1767-1834） 182, 226
ゼーリヒ（Seelig, C.） 53n
ゼンマーリング（Sömmering, Samuel Thomas v., 1755-1830） 75, 130
ゾフィー（Sophie, Großherzogin von Sachsen） 204
ソボトカ（Sobotka, M.） 43n
ゾルガー（Solger, Karl Wilhelm Ferdinand, 1780-1819） 207

ダールマン（Dahlmann, Hellfrich） 38n
ティーフトルンク（Tieftrunk, Johann Heinrich, 1760-1837） 74, 75, 27n, 33n
ダヴァル（Daval, Roger） 29n
タウベ（Taubes, Jürgen） 51n
ダウマー（Daumer, Georg Friedrich） 55n
チップマン（Chipman, I.） 29n
ツァーン（Zahn, Manfred） 34n
ツィーグラー（Ziegler, Edda） 53n
ツィンマー（Zimmer, Patricius Benedictus, 1752-1820） 225
ツィンマーリ（Zimmerli, Walter Christoph） 45n
ツヴィリング（Zwilling, Jakob, 1776-1809） 81, 198
ツェトカ（Zätka, V.） 25n
ツェラー（Zeller, Eduard） 58n
ツェレニー（Zeleny, Jindrich） 27n, 32
ツョッケ（Zschokke, Walter） 29n, 30n
ティーク（Tieck, Ludwig, 1773-1853） 3, 90, 207, 209, 211
ディーチュ（Dietzsch, Birgitte） 43n
ディーチュ（Dietzsch, Steffen） 99, 200, 24n, 32n, 35n, 37n, 39n, 43n, 44n, 47n, 50n, 53n, 54n, 56n
ディーツェ（Dietze, Ernst W.） 39n
ティーデマン（Tiedemann, Rudolph） 49n
ディーネマン（Dienemann, Johann Ferdinand, 1780-?） 203, 204, 212-14
ディーネマン（Dienemann, K. B.） 53n
ティヤール・ド・シャルダン（Teillard de Chardin, Pierre） 39n
ティリエット（Tilliette, Xavier） 36n, 39n, 40n, 45n, 46n, 48n, 49n, 57n, 58n, 59n
ティリッヒ（Tillich, Paul） 59n
ディルタイ（Dilthey, Wilhelm） 213, 44n
ディルンフェルナー（Dirnfellner, B.） 51n
ディンケル（Dinkel, Bernhard） 49n, 52n
テーテンス（Tetens, Johann Nikolaus, 1736-1807） 8, 69
テーペ（Tepe, Peter） 21n
デーメル（Dehmel, Richard） 205

デカルト（Descartes, Rene （Cartesius））
83, 84
デュージング（Düsing, Klaus） 37n
デュンツァー（Düntzer, Heinrich）
27n
テレマン（Théremin, Charles Guillaume）
62
テンネマン（Tennemann, Wilhelm Gottlieb, 1761-1819） 90
トヴェステン（Twesten, A. D. Ch.）
34n
トゥムラー（Tümmler, Hans） 58n
ドーベック（Dobbek, Wilhelm） 23n
ドルナー（Dorner, J. A.） 59n
ドント（Hondt, Jacque d'） 45n

ナイデ（Neide, P. S.） 29n
ニートハンマー（Niethammer, Friedrich Immanuel, 1766-1848） 91, 99, 100, 146, 148, 224
ニコーリン（Nicolin, Friedhelm） 45n, 50n
ニコライ（Nicolai, Friedrich, 1733-1811）
12, 72, 136, 207
ニコロヴィウス（Nicolovius, Friedrich, 1768-1836） 53
ネークト（Negt, Oskar） 28n
ノヴァーリス（Novalis （d. i. Friedrich Leopold von Hardenberg）, 1772-1801）
90, 121, 124, 125, 129, 131, 135
ノーアク（Noack, Ludwig） 45n

バーク（Burke, Edmund, 1729-1797）
66, 109
ハーク（Haag, Rudolf） 55n
バークリ（Berkeley, George） 15, 16, 23
ハーシェル（Herschel, Frederick William, 1738-1822） 127
バーダー（Baader, Franz v., 1765-1841）
50, 130, 139, 233
ハーディング（Harding, Marius Christian） 41n, 53n
バーナー（Bahner, Werner） 31n
ハーバゼッツァー（Habersetzer, K. -H.）
55n
ハーマッヒャー（Hammacher, Klaus）
41n, 53n
ハーマン（Hamann, Johann Georg, 1730-1788） 11, 12, 17, 27, 43, 120
パーライソン（Pareyson, Luigi） 44n, 48n, 59n
ハーン（Hahn, Karl-Heinz） 58n
ハーン（Hahn, Michael, 1758-1819）
39n
ハイドゥク（Heiduk, Franz） 55n
ハイニッヒ（Heynich, H.） 65
ハイネ（Heine, Heinrich, 1797-1856）
97, 167, 200, 210
ハイネ（Heyne, Christian Gottlob, 1729-1812） 184, 200
ハイム（Haym, Rudolf） 213
ハインリヒ（Heinrich, Ch. G.） 125
バウアー（Baur, Ferdinand Christian, 1792-1860） 58n
ブーターヴェーク（Bouterwek, Friedrich, 1766-1828） 28, 26n, 27n, 45n
ハウフェ（Haufe, Eberhard） 21n
バウムガルテン（Baumgarten, Alexander Gottlieb, 1714-1762） 10
バウムガルトナー（Baumgartner, Hans-Michael） 50n
パウルス（Paulus, Karoline, 1767-1844）
227
パウルス（Paulus, Karl Gottlieb Eberhard, 1761-1851） 148, 224, 225
パウルゼン（Paulsen, Friedrich） 54n
パウルゼン（Paulsen, Wolfgang） 148, 224, 225
バッゲゼン（Baggesen, Jens Immanuel, 1760-1826） 34n
パスカル（Pascal, Blaise） 109
バッチュ（Batsch, August Johann Carl, 1762-1802） 122, 129
バット（Batt, Kurt） 32n
パテント（Patent, G. I.） 24n

ハマー（Hammer, Karl）　29n
パラケルスス（Paracelsus）　233
ハルデンベルク（Hardenberg, Klaus August v., 1750-1822）　73
バルト（Barth, Karl, 1886-1968）　195
ハルトゥンク（Hartung, Gottfried Lebrecht, 1747-97）　14
ハルトクノッホ（Hartknoch, Johann Friedrich, 1740-1789/1768 od. 69- 1819）　11, 13, 14
ハルトコプフ（Hartkopf, Werner）　38n
ハンゼン（Hansen, Frank Peter）　51n
ハンター・ラクイード（Hunter-Lougheed, Rosemarie）　54n
パンネンベルク（Pannenberg, Wolfhart）　50n
ビースター（Biester, Johann Erich, 1748/49-1816）　72
ヒューム（Hume, David, 1711-1776）　14, 15
ビュヒナー（Büchner, Georg, 1813-1837）　120, 203, 205, 210
ヒュルゼン（Hülsen, August Ludwig, 1765-1809）　89-94
ヒルマー（Hillmer, Gottlob Friedrich, 1756-1835）　71, 74
ヒンスケ（Hinske, Nobert）　22n, 24n, 26n
ファイヒンガー（Vaihinger, Hans）　10
ファラデー（Faraday, Michael, 1791-1867）　139
ファルンハーゲン（Varnhagen von Ense, Rahel, 1771-1833）　207, 54n
ファルンハーゲン・フォン・エンゼ（Varnhagen von Ense, Karl August, 1785-1858）　203, 26n, 54n
フィヒテ（Fichte, Immanuel Hermann v.）　36n, 44n, 49n
フィンガーロース（Fingerlos, Mattäus, 1748-1817）　225
フーアマンス（Fuhrmans, Horst）　38n, 43n, 46n, 56n
プーダー（Puder, Martin）　33n
フーバー（Huber, L. F.）　32n
フーフェラント（Hufeland, Gottlieb, 1760-1817）　75, 224
ブープナー（Bubner, Rüdiger）　49n
フーフナーゲル（Hufnagel, Wilhelm Friedrich, 1754-1830）　45n
ブール（Buhr, Manfred）　21n, 25n, 36n, 45n
フェーダー（Feder, Johann Georg Heinrich, 1740-1821）　12, 13, 69
フェッチャー（Fetscher, Iring）　32n
フォアレンダー（Vorländer, Karl）　40n, 47n, 54n
フォイエルバッハ（Feuerbach, Johann Paul Anselm von, 1775-1833）　106, 111, 112, 159, 228
フォイエルバッハ（Feuerbach, Ludwig Andreas, 1804-1872）　31n, 55n
フォークト（Voigt, Christian Gottlob v., 1743-1819）　42n
フォークト（Voigt, Johann Heinrich, 1751-1823）　122
フォッセンクール（Vossenkuhl, Wilhelm）　21n
フォルスター（Forster, Georg, 1754-1794）　86, 106
フォルスター（Forster, J. R.）　74
フォルベルク（Forberg, Friedrich Karl, 1770-1848）　27
フクス（Fuchs, Eduard）　27n, 34n, 35n
フッサール（Husserl, Edmund）　5
プファフ（Pfaff, Christian Heinrich, 1772-1852）　121
ブフナー（Buchner, Hartmut）　44n
ブライアー（Breyer, F. W.）　58n
フライク（Fleig, H.）　213, 214, 55n
ブラーストベルガー（Brastberger, Gebhard Ulrich, 1754-1813）　27n
フラット（Flatt, Johann Friedrich, 1759-1821）　57n
プラトナー（Platner, Ernst, 1744-1818）　69
プラトン（Plato, 427-347B. C.）　12

フランク（Franck, S.） 56
フランク（Frank, E.） 55n
フランク（Frank, Manfred） 51n
ブランディス（Brandis, Christian August, 1790-1867） 34n
フリードリヒ・ヴィルヘルム２世（Friedrich Wilhelm II, König von Preußen, 1744-1797） 71,72
フリードリヒ・ヴィルヘルム３世（Friedrich Wilhelm III, König von Handel, 1770-1840） 73
フリードリヒ１世（Friedrich I, König von Württemberg） 225
フリードリヒ２世（Friedrich II, König von Preußen, 1712-1786） 71
プリット（Plitt, Gustav Leopold） 37n, 47n,59n
フリットナー（Flitner, Wilhelm August） 35n
ブリュール（Brühl, C. A. v.） 51n
プリュッカー（Plücker, Julius） 31n
プルードン（Proudhon, Pierre Joseph） 33-35,37-39
ブルーメンタール（Blumenthal, Leonhard） 48n
ブルク（Burg, Peter） 33n
ブルクハルト（Burkhardt, Johann Christoph） 226
ブルトン（Breton, Andre） 210
ブレッカー（Bröcker, Walter） 29n
ブレヒト（Brecht, M.） 56n
ブレンターノ（Brentano, Clemens, 1778-1842） 204,213
ブレンターノ（Brentano, Sophie, 1776-1800） 204
ブロイアー（Breuer, Joseph） 33n
プロース（Proß, Wolfgang） 55n
フロム（Fromm, E.） 33n
フロムマン（Frommann, Friedrich） 125
ブンゼン（Bunsen, Robert） 60n
フンボルト（Humboldt, Wilhelm v., 1767-1835） 54,66,79,165,167
ペイトン（Paton, Herbert James） 47
ベーメ（Böhme, Jacob） 233
ベーラー（Behler, Ernst） 29n,43n, 53n
ベーラント（Berend, Eduard） 35n
ペゲラー（Pöggeler, Otto） 200,202
ベッキング（Böcking, Eduard） 44n
ベック（Beck, Javob Sigismund（Bek）, 1761-1840） 20,28,29,49
ベルク（Berg, Franz, 1753-1821） 43, 72,142,156
ヘルダー（Herder, Johann Gottfried, 1744-1803） 12, 27, 96, 106, 125, 129, 173, 184
ヘルダーリン（Hölderlin, Friedrich, 1770-1843） 98,140,159,193,198,215
ヘルツ（Herz, Marcus, 1747-1803） 22n,23n,37n
ベルトルト（Berthold, Leonhard, 1774-1822） 21n
ベルヌーイ（Bernoulli, Johann Jakob, 1744-1807） 32n
ヘルバルト（Herbart, Johann Friedrich. 1776-1841） 89,157
ヘルメス（Hermes, G.） 71,74
ヘルマン（Herrmann, A.） 42n
ペルンバッヒャー（Pörnbacher, Karl） 53n
ペン（Penn, William） 56
ベンヤミン（Benjamin, Walter） 187
ヘンリッヒ（Henrich, Dieter） 21n, 33n,43n,45n,46n,50n,51n,52n
ボアスレー（Boisseree, Sulpiz, 1783-1854） 60n
ホーヴェン（Hoven, Friedrich Wilhelm v., 1759-1838） 224
ボードレール（Baudlaire, Charles Pierre） 210
ホルン（Horn, Franz, 1781-1837） 204
ボーラー（Bohrer, Karl Heinz） 51n
ボスル（Bosl, Karl） 60n
ボナヴェントゥーラ（Bonaventura（d. i. August Klingemann）） 205, 206,

208-12, 214
ホフマイスター（Hoffmeister, Johannes） 45n, 50n, 51n, 59n
ホフマン（Hoffmann, Ernst Theodor Amadeus, 1776-1822） 213
ホルクハイマー（Horkheimer, Max） 48
ホルストマン（Horstmann, Rolf-Peter） 50n
ホルツ（Holz, Harald） 21n
ホレーク（Horäk, Peter） 37n

マーセン（Maassen, Carl Georg v. 1769-1834） 55n
マルシリウス・フォン・パドゥア（Marsilius von Padua） 55
マイアー（Meyer, K: H.） 55n
マイモン（Maimon, Salomon, ca. 1753-1800） 28, 90, 166
マウケ（Mauke, J. M.） 72
マッケンゼン（Mackensen, W. F. A.） 54n
マルクヴァルト（Marquard, 0do） 41n, 50n
マルクス（Marx, Karl） 4, 31-37, 39-42, 84, 106, 111, 112, 141, 145, 147, 159, 182, 194
マルティネス・ド・マラフィオン（Martinez de Maranon, J. M.） 21n, 29n, 34n
マルティン（Martin, Konrad） 57n
マン（Mann, F. Thomas） 48, 204
ミート（Mieth, Günter） 50n, 52n
ミーノール（Minor, Jakob） 42n
ミールケ（Mielke, Andreas） 54n, 55n
ミヒェル（Michel, Karl Markus） 30n
ミュース（Mues, Albert） 21n, 29n, 34n
ミュラー（Müller, Adam Heinrich, 1779-1829） 235, 39n
ミュラー（Müller, F. v. (d. i., Kanzler-Müller)） 60
ミュラー-フォルメール（Müller-Vollmer, Karl） 47n
ミュンクラー（Münkler, Henfried） 32n
ムーゾイス（Musäus, Johann Karl August, 1735-1787） 207
メーメル（Mehmel, Gottlieb Ernst August, 1761-1840） 43n
メッツナー（Metzner, E.） 55n
メディクス（Medicus, Fritz, 1876-1956） 98
メリーン（Mellin, Georg Samuel Albert, 1755-1825） 26, 26n
メロー（Mereau, Sophie, 1770-1806） 53n
メンツァー（Menzer, Paul） 74
メンデルスゾーン（Mendelssohn, Moses, 1729-1786） 11, 69
モースハム（Moshamm, Franz Xavier v., 1755-1826） 40n
モーリッツ（Moritz, Karl Philipp, 1756-1793） 184, 185, 199, 200
モッテ-フーケ（Motte-Fouque, Friedrich Heinrich Karl Freiherr de la, 1777-1843） 35n
モル（Moll, Carl Ehrenbert Freiherr v., 1760-1838） 131
モルデンハウアー（Moldenhauer, Evan） 30n
モントゲラス（Montgelas, Maria Josepha Gräfin v. 1757-1827） 223

ヤーコプ（Jacob, Hans） 28, 226, 233
ヤーコプ（Jacob, Ludwig Heinrich v. (auch: Jakob), 1759-1827） 34n
ヤーコプス（Jacobs, Wolfgang G.） 56n
ヤコービ（Jacobi, Friedrich Heinrich, 1743-1819） 26, 27, 87, 181, 216, 222, 225, 230, 231, 235, 236, 26n, 45n, 49n, 56n, 59n, 60n
ヤッハマン（Jachmann, Reinhard Bernhard, 1767-1843） 62
ヤメ（Jamme, Christoph） 43n, 51n, 52n

ヤング（Yuong, J. M.） 30n
ユングル（Jüngel, Eberhard） 50n, 51n
ヨーナス（Jonas, L.） 44n

ラーベ（Raabe, Paul） 35n
ライカ（Reicke, Rudolph） 30n
ライプニッツ（Leibniz, Gottfried Wilhelm, 1646-1716） 90, 104, 22n, 25n
ラインハルト（Reinhard, Karl F., 1761-1837） 77, 81
ラインホルト（Reinhold, Carl Leonhard, 1757-1823） 8, 28, 44, 53, 81, 89, 90, 142, 144, 160, 168, 224
ラウト（Lauth, Reinhard, 1919-2007） 114-16, 21n, 29n, 34n, 35n, 38n, 40n, 44n, 45n
ラシーズーレイ（Lachieze-Rey, Pierre） 29n
ラスク（Lask, Emil） 34n
ラスマン（Rassmann, F. riedrich） 213
ラッサール（Lassalle, Ferdinand） 28n
ラッソン（Lasson, Georg） 47n
ラング（Lang, W.） 33n
ランゲ（Lange, E.） 41n
リカード（Ricardo, David, 1772-1823） 34, 35
リスト（Rist, Johann Georg, 1775-1847） 78, 91
リッター（Ritter, Johann Wilhelm, 1776-1810） 51, 121-33, 135-40, 204, 231, 233
リヒテンベルク（Lichtenberg, Georg Christoph, 1742-1799） 68, 80, 121
リュップ（Lypp, B.） 37n
リンク（Rink, Friedrich Theodor, 1770-1821） 198
ルイ16世（Ludwig XVI., König von Frankreich, 1754-1793） 32n
ルイズ（Ruiz, A.） 31n
ルーゲ（Ruge, Arnold, 1802-1880） 147
ルートヴィヒ１世（Ludwig 1., König von Bayern, 1786-1868） 58n
ルソー（Rousseau, Jean-Jacques, 1712-1778） 56, 108, 159
レヴィー（Levy, H.） 48, 29n
レシュラウプ（Röschlaub, Andreas, 1768-1835） 51
レーナイゼン（Löhneysen, W. v.） 30n
レーニン（Lenin, Wladimir. Iriich, 1870-1924） 24, 25n, 26n
レールケ（Lehrke, W.） 24n
レクトルスキー（Lektorski, W. A.） 24n
レクラム（Reclam, Carl Heinrich, 1776-1884） 125
レッシング（Lessing, Gotthold Ephraim, 1729-1781） 65, 69, 208, 211
ロイス（Reuß, Maternus, 1751-1798） 224
ロイベ（Leube, M.） 57n
ローゼンクランツ（Rosenkranz, Karl） 26n, 31n, 33n, 35n, 43n, 60n
ローゼンツヴァイク（Rosenzweig, Franz） 43n, 51n
ロート（Roth, Friedrich v., 1780-1852） 23n, 29n, 58n
ロートレアモン（Lautreamont, Comte de (eigentl.: Isidore Lucien Ducasse)） 210
ローナー（Lohner, E.） 46n
ロック（Locke, John, 1632-1704） 170
ロベスピエール（Robespierre, Maximilien de, 1758-1794） 64

# 事 項 索 引

(n は，原注および訳注頁)

## ア 行

「1786年以来の哲学の歴史にたいして遂行されている卓越したものの概観」(Übersicht des Vorzüglichen, was für die Geschichte der Philosophie seit 1786 geleistet worden war)　90
『アエネジデームス』(Aenesidemus)　27
新しい神話 (neue Mythologie)　185, 188, 194, 199-201
『アテネーウム』(Athenäum)　146, 150
アプリオリ (a priori)　3, 6, 17, 34, 41, 45, 49, 51, 83, 106, 116, 119, 137, 170, 235
アポステリオリ (a posteriori)　107
アンシャン・レジーム (ancien régime)　9
アンチテーゼ (Antithesis)　41
『(イェーナ) 一般学芸新聞』　100, 149, 229, 26n
イェーナ大学 (アルマ・マータ・サラーナ) (Alma mata salana)　124, 127, 128, 143, 149, 155, 159, 160, 204, 215, 223
医学 (Medizin)　8, 51, 75, 96, 130, 224, 225, 227
「遺稿集」(Opus posthumum)　79
異端 (Heidentum)　76, 142, 223
イデオロギー (Ideologie)　12, 31, 34, 44, 62, 65, 66, 69, 77, 108, 109, 184, 208, 215, 222, 225, 226, 231
『一般ドイツ叢書』　12, 13, 72
イロニー (Ironie)　206-08, 210
因果性 (Kausalität)　14
隠喩 (Metaphorik)　208
ヴォルフ学派　11, 69
永遠の相のもとで (sub specie aeternitatis)　68
永遠平和 (der ewige Frieden)　56, 57, 59, 61, 65
「永遠平和のために」(Zum ewigen Frieden)　53, 54, 56, 60, 62, 66, 31n, 32n
「永遠平和について」(Über den ewigen Frieden)　65
「永遠平和のための判断」(Jugement sur la paix perpétuelle)　56
映現 (Erscheinung)　87
叡智者 (Intelligenz)　173
エゴイズム (Egoismus)　57
演繹 (Deduktion)　48, 87, 103, 117, 127, 169
オルガノン (Organon)　165, 172, 177, 185, 200, 208, 209
音響学 (Akustik)　130

## カ 行

懐疑主義 (Skeptizismus)　14, 15, 27, 69, 156
蓋然的観念論 (problematischer Idealismus)　20, 24n
化学過程 (Chemismus)　123, 136
『学部の争い』(Streit der Fakultäten)　73
『学問研究の方法についての講義』　194
『学問批判年鑑』(Jahrbücher für wissenschaftlicher Kritik)　147
仮象 (Schein)　20, 24, 35, 37, 41, 42, 68, 70, 113
学校哲学 (Schulphilosophie)　5, 8, 46, 92, 141, 148, 155, 217
カテゴリー (Kategorie)　6, 16, 18, 19, 22, 25, 29, 32, 33, 35-42, 46, 48, 49, 106,

116,117,164,165,168,185,191
神（Gott）　47,73,97,122,123,131,139,186,187,189,190,193,195,201,206,215,217,219,228-30,234,235
神中心主義（Theozentrik）　195
ガルヴァニズム（Galvanismus）　122,123,135-37
ガルヴァーニ電池（galvanische Batterie）　127
感覚論（Sensualismus）　6
感性（Sinnlichkeit）　19,21,22,39,49,69,164,166,171,172,191
乾電池（Trocken s äule）　127
カント主義　2,23,26-28,63,72,74,79,81,121,136,141,142,144,145,147,149,153,156,157,166,177,184,193,206,217,218,220,221,224
『カント哲学についての書簡』　144
『カントの批判についての研究』　27n
観念論論駁（Widerlegung des Idealismus）　20
カンペッティ事件（Affäre Campetti）　130
起源問題（Herkunftfrage）　45
基礎づけ問題（Begründungsproblem）　220
客観的精神（objektiver Geist）　173
共和主義（Republikanismus）　54,59,63-67,77,197,215
キリスト教（Christentum）　188,190,194,226,228,236
キリスト教中心主義（Christozentrik）　195
寓話（Allegorie）　120,139,177
経験概念（Erfarungsbegriff）　16,17
経験的意識（empirisches Bewußtsein）　4
形式主義（Formalismus）　47,181
形而上学（Metaphysik）　5-7,10,17-19,23,25,26,33,35,36,38,40,41,43,45,50,67-69,96,106,111,121,136,142,156,157,162,192,197
芸術（Kunst）　91,108,109,112,113,134,136,139,149,166-68,171,172,175-79,183,184,186,188,194,198,206,209,210,231
『芸術としての物理学（Physik als Kunst）』　129
芸術の哲学（Philosophie der Kunst）　172,179
『芸術の哲学』（Philosophie der Kunst）　184-86
啓蒙哲学（Aufklärungsphilosophie）　10,50,194
ゲーテ時代（Goethezeit）　3,107,184
結節点（Knotenpunkt）　78
『ゲッティンゲン学術問題新聞』　12
ゲッティンゲン書評（Göttingische Rezension）　13,16
ケプラーの法則（Keplerscher Gesetz）　25
検閲（Zensur）　71-74,149,204,214
原型的知性（intellectus archetypus）　172
現実性（Wirklichkeit）　16,19-21,27,42,81,88,97,101-03,119,121,146,153,157,158,161-63,165,167,169-71,176,178,185,190,193,194,197,208,209,221,234
現象（Erscheinung）　3,6,9,20-25,27,46,48,49,63,64,67,87,98,103,104,110,111,121-23,125,135,136,138,156,161,164,165,168,170,175,185,196,201,207,212,235
現象学（Phänomenologie）　5,102,104,138
懸賞論文（Preisschrift）　10,90
賢知（Weisheit）　58
建築術（Archtectonik）　47,198
権利問題（quid juris）　32
権力分立（Gewaltenteilung）　59
合一哲学（Vereinigungsphilosophie）　198
交換価値（Tauschwert）　35,36,38
構成的（konstruktiv）　4,15,17,24,32,36,37,49,165,167,168

構成物（Konstrukte） 156,193
構想力（Einbildungskraft） 22,29,30,48,81,85,86,117,118,157,165-68,171,176,185,192,194,195
合法則性（Gesetzmäßigkeit） 25,57,87,103,111,127,167,175,209
合理主義（Rationalismus） 6,14,21,69,84,170,189
国際法（internationaler Recht） 60
国民経済学（Nationalökonomie） 37
悟性（Verstand） 4,14,18-20,23-25,29,32,36,39,41,46,61,66,67,88,139,142,161,168,170,171,183,197,210,234
悟性概念（Verstandbegriff） 14,18,20,22,25,29,46,106,164,191
『悟性と経験，理性と言語，純粋理性批判にたいするメタ批判』 27
古典的労働価値説（Klassische Arbeitswertlehre） 37
事行（Tathandlung） 48,83
誤謬推理（Paralogismus（-men）） 25,42
コペルニクス的転回（Kopernikanische Wende） 12,37
御用哲学（beamtete Philosophie） 152

## サ　行

「最近数世紀の化学理論の運命の歴史の試み」（Versuch einer Geschichte der Schicksale der chemischen Theorie in den letzten Jahrhunderten） 139
「最近の哲学の本来的な本質にかんする日のごとく明らかな報告」（Sonnenklarer Berichte über das eigentliche Wesen der neuesten Philosophie） 99
再構成（Rekonstruktion） 23,83,166,188,191,209
「最古の世界の神話，歴史的伝説そして哲学説」（Über Mythen, historische Sagen und Philosopheme der ältesten Welt） 148
「最古の体系プログラム」（das älteste Systemprogramm） 91,140,197-202
細胞形式（Zellform） 5
左派カント主義（Linkskantianismus） 142,198,218
産出的構想力（produktive Einbildungskraft） 29
「シェリングの超越論的観念論の体系を読んで」 44n
自我（Ich） 44,84,87,97,101,103,163,169-71,173,175,186,221,229
自我の超越論的過去（transzendentale Vergangenheit des Ichs） 186
詩学（Poetik） 8,67,136
時間（Zeit） 19,21,27,29,35,45,48,49,51,86,99,100,106,126,134,137,170,172,177,181,203,212,217
自己意識（Selbstbewußtsein） 67,102,173
自己意識の歴史（Geschichte der Selbstbewußtseins） 102,174
自己直観 170
自己定立（作用）（Selbstsetzen） 101,169
詩作（Dichtung） 64,97,125,149,178,185
事実問題（quid facti） 32
至聖所（Das Allerheilige） 177
自然科学（Naturwissenschaft） 8,18,25,51,80,101,122,127,130,131,136-40,149,182
自然史（Naturgeschichte） 86,95,106,108
自然哲学（Naturphilosophie） 51,85,92,93,97,98,101,103-05,108-13,115-19,120-22,149,151,153,160,162,163,169,180,198,204,222,225
自然の生産性（natura naturans） 110,168
自然の生産物（natura naturata） 168
『自然の哲学への理念』（Ideen zu einer Philosophie der Natur） 149,160,221
「自然の歴史的図式論」（historischer

Schematismus der Natur)　186,193
自然法則（Naturgesetz）　24,113,194
自然法的（naturrechtlich）　65,82
「自然法の新演繹」　148,160
執行権（Excutive）　59,67
「実験物理学にかんする諸講義」　37n
実在発生（Realgenese）　119
実証主義的（positivistisch）　17,157
実践哲学（praktische Philosophie）　61
実践理性　60,83,185
『実践理性批判』　56,58
実践理性の要請　56n
思弁的神学（spekulative Theologie）　188
思弁的哲学（spekulative Philosophie）　14
『思弁的物理学雑誌』（Zeitschrift für spekulative Physik）　151
『思弁的物理学新雑誌』（Neue Zeitschrift für spekulative Physik）　151,155
資本主義（Kapitalismus）　4,33,35,38,178,210
社会的総体性（gesellschaftliche Totalität）　36,37,179
ジャコバン派（Jakobiner）　77
自由（Freiheit）　11,22,45,57-59,61,67,70,71,73,77,82,84,85,91,93,101,103, 107, 110-13, 117, 150, 159, 167, 168, 173-75, 187, 190, 198, 201, 205, 216,227,228,233,234
「自由論」（Freiheitsschrift）　61, 228, 229,233,234
「一九世紀初頭における哲学情況のさらに容易な概観のための論集」　44n
宗教改革（religiöse Reformation）　55
宗教的暗号（religiöser Schiffre）　193
宗教哲学（religiöse Philosophie）　71, 72,188,195,226
宗教批判的（Religionskritisch）　153
自由人協会（Gesellschaft der freien Männer）　89,35n
終末論（eschatologisch）　107
主観-客観（Subjekt-Objekt）　41, 48, 87,118,138,156,163,171-73,176,229
主観主義（Subjektivismus）　8,15,48, 85,118,174,191
主観的観念論（subkektiver Idealismus）　160
純粋理性（reine Vernunft）　15
『純粋理性批判』（Kritik der reinen Vernunft）　v, 10-13, 16-18, 20, 22, 26-30, 36, 43, 49, 67-69, 71, 95, 141, 161,163,166,191,232,240
『純粋理性の純粋さにかんするメタ批判』　23n
象徴（Symbol）　61, 78, 112, 177, 185, 196
剰余価値理論（Mehrwerttheorie）　35
初期ロマン主義の運動（frühromantische Bewegung）　203
植民地主義（Kolonialismus）　59
人格性（Persönlichkeit）　188,189
「神的事物とその啓示について」　231, 235
神学部（ancilla theologiae）　67,68,73
新カント主義（Neukantiahismus）　5, 31
人工言語（artifizielle Sprache）　23n
人工産物（Artefakt）　167,198
「信仰と知」　87,116,45n
『信仰にかんするデイヴィッド・ヒューム，あるいは観念論と実在論』　26,27
神聖性（Seligkeit）　221
『人倫の体系』（System der Sittlichkeit）　179
『人類史の憶測的起源』（Mutmaßlicher Anfang der menschengeschichte）　184
『人類史の最古の史料』（Älteste Urkunden des Menschengeschlechts）　184
神話（Mythologie）　140, 183-88, 193-96,199-202
『新ライプツイッヒ学芸新聞』　12
数学（Mathematik）　18,25,67,74,122, 131,139

図式論（Schematismus）　29,46-49,
164,191,195,196
スピノザ主義（Spinozismus）　88,104,
145,157,219,222
聖書（Bibel）　195
精神（Geist）　16,48,51,59,61,62,65,
68,70,76,77,79,80,82,85,91,96,97,
99,116,121,127,132,134,135,141,
142,145,146,149,154,156,172,177,
178,180,184-86,198,199,206,210,
217-19,221,226,234
『精神現象学』（Phänomenologie des
Geistes）　vi,144,145,171,181,190,
221,232
精神の同盟（Geisterbund）　198
正統主義（Orthodoxie）　149,152
生得観念（angeborene Ideen）　17,165
生の哲学（Lebensphilosophie）　157
世界精神（Weltgeist）　79
世界政府（Weltregierung）　59
『世界報知』　62
『世界霊魂について』（Von der Weltseele）
160,221
『世代論』　194
積極哲学（positive Philosophie）　50n
接触電気（Berührungs-oder Kontakt-
elektrizität）　123
絶対自我（absolutes Ich）　103,163
絶対者（das Absolute）　36,40,41,51,
101,113,157,163,181,192,193,196,
220-22,227,231
絶対主義（Absolutismus）　39,159
絶対精神（absoluter Geist）　188-90,
193,195
絶対知（absolutes Wissen）　41,85,
192,229
絶対的概念（absoluter Begriff）　190,
192
絶対的観念論（absoluter Idealismus）
99,222
絶対的主観（absolutes Subjekt）　30,
157,172,189-92
絶対的同一性（absolute Identität）　192
善意志（der gute Wille）　8
専制政治（Despotismus）　56
戦争（Krieg）　55-58,60,65,131
『全知識学の基礎』　216
千年至福説（chilistisch）　107
「造形芸術の自然にたいする関係について」
31,233
総合判断（synthetischer Urteil）　17,
18,45,51,165
相互外在（Auseinandersein）　49
相互主観的（intersubjektiv）　4,7,14,
16,21
総体性（Totalität）　25,36,37,40,46,
101,107,145,162,172,173,175,177,
179
疎外（Entfremdung）　103,178,194,
202,209,210
ソクラテス学派　35n
ソロモンの裁き（salomonischer Urteil）
11
存在論（Ontologie）　6,22,86,113,118,
119

## タ　行

体系転換（Systemwechsel）　228
体系プログラム（Systemprogramm）
91,140,184,194,197-202
対象的活動（gegenständliche Tätigkeit）
172,176,177
対象的行為（das gegenständliche
Handeln）　168
脱神話化（Entmythologierung）　195
脱存在論化（Entontologisierung）　6
脱対象化（Ent-Gegenständlichung）
229
知識学（Wissenschaftslehre）　81,85,
87,88,92,98,99,114,115,117,119,
151,180
「知識学という観念論解明のための諸論」
148,160,233
知性（Intellectus）　42,117,164,166,
171,177,183,193

知的直観（intellektuelle Anschauung）
48,171,172
抽象労働（abstrakte Arbeit）　38
超越論主義（Transzendentalismus）
5, 7, 31, 33, 34, 37, 45, 83, 84, 86, 87, 100,103,106,158,170,183,185,217
超越論的意識（transzendentales Bewußtsein）　4
超越論的仮象（transzendentaler Schein）
36,37,39,41,42
超越論的感性論（transzendentale Ästhetik）　22n
超越論的観念論（Transzendentaler Idealismus）　136, 161, 165, 166, 175, 180,182
『超越論的観念論の体系』（略称『体系』）
51,96,138,144,151,159,163,172,173, 178,180-82,184,200,208,221
超越論的経験（transzendentale Erfahrung）　188
超越論的構想力（transzendentale Einbildungskraft）　29, 85, 117, 157, 165
超越論的自我（transzendentales Ich）
87,92,173
超越論的次元（transzendentale Dimension）　161
超越論的思考（transzendentales Denken）
5,8,45,46,104,163,27n
超越論的主観（transzendentales Subjekt）
33,162,171,172,175,188,190
超越論的主要問題（transzendentale Hauptfrage）　18
超越論的図式論（transzendentaler Schematismus）　46,49,164,185,186, 191
超越論的体系（transzendentales System）
172,177
超越論的統覚（transzendentale Apperzeption）　16
超越論的分析論（transzendentale Analytik）　36
超越論的弁証論（transzendentale Dialektik）　36,41
超越論的理念（transzendentale Idee）
15
超越論的論理学（transzendentale Logik）
83,92,106,193,194
超越論哲学（transzendentale Philosophie）
3, 5, 6, 8, 10, 13, 26, 28, 31-34, 40, 43-46,48,50,51,70,71,78,85,90,91, 93,96-98,100,101,103,106,112,116, 118, 119, 136, 143-45, 151, 153, 157, 160-63,165,166,170,172-75,177,180, 185-87, 189, 192, 193, 195, 198, 201, 217,219-23
直覚（intuition）　135,171
直観形式（Anschauungsform）　21, 27, 161
直観資料（Anschauungsmaterie）　18, 46
通俗哲学（Populärphilosophie）　11,12, 69,153
造りいれること（Ineinbildung）　167, 168
定言命法（kategorischer Imperativ）
56,57
ディレッタント（Dilettant）　133-35, 137,139
『哲学一般の形式の可能性について』
160,219
『哲学雑誌』（Philosophisches Journal einer Gesellschaft teutscher Gelehrten）
27,28,91,146,148,180,215,36n
哲学史（Geschichte der Philosophie）
90,91,114,186,204,206
『哲学的諸学のエンチュクロペディ』
vii,189
「哲学と宗教」（Philosophie und Religion）
227-29,231,233
『哲学の原理としての自我について』（Vom Ich als Prinzip der Philosophie）
160,219,233
「哲学の進歩にかんして」（Über die Progressen der Philosophie）　90
「哲学の歴史の概念にかんして」（Über

den Begriff der Geschichte der Philosophie) 90
『哲学批判雑誌』(Kritisches Journal der Philosophie) 115, 146, 147, 152, 154-158, 215, 221, 232, 45n
哲学部(philosophische Fakultät) 67, 68, 70, 72-75, 128
テュービンゲン神学校(Tübinger Stift) 77, 142, 147, 159, 199, 217
テュービンゲン正統派(Tübinger Orthodoxie) 218
テルミドールの反動(の)(thermidorianisch) 205
電気化学(Elektrochemie) 123
電気生理学(Elektrophysiologie) 130
電気理論(Theorie der Elektrizitäts) 122
『天空の一般自然史と理論』(Allgemeine Naturgeschichte und Theorie des Himmels) 96
電磁気学(Elektromagnetik) 127
ドイツ古典哲学(klassische deutsche Philosophie) 32, 43, 48, 86
『ドイツ古典哲学の本質』 246
『ドイツ人によるドイツ人のための一般雑誌』 36n
『ドイツの学識者たち』 213
『ドイツについて(ドイツ論)』 3, 246
当為(Sollen) 57, 169
同一性(Identität) 30, 46, 49, 100, 104, 105, 111, 123, 157, 172, 174-78, 183, 186-89, 192, 193, 201, 202, 221, 228, 229, 233
同一性哲学(Identitätsphilosophie) 33, 34, 36, 41, 87, 103, 105, 115, 119, 185-87, 193, 201, 228, 234
道具(Werkzeug) 21, 25, 27, 125, 167, 179, 208
道徳法則(Moralgesetze) 167
動物電気(Tierelektrizität) 123
独我論(Soliptizismus) 87, 118
独断的まどろみ(dogmatischer Schlummer) 10, 14
独断論的形而上学(dogmatische Metaphysik) 36, 42
『独断論と批判主義にかんする哲学書簡』 51, 148, 160, 184, 219, 233, 56n
『独仏年誌』(Deutsche-französiche Jahrbücher) 147

## ナ 行

二元論(Dualismus) 41, 138, 163, 168, 189, 220, 228
ニヒリズム(Nihilismus) 69, 157, 209, 210, 222
二律背反(Antinomie) 25, 33, 41, 112
人間悟性(Menschenverstand) 156, 157
人間精神(menschlicher Geist) 44
農民戦争(Bauerkrieg) 56

## ハ 行

媒語(eine Mitte) 179
博物誌(Naturkunde) 95
はしため(Magd) 67
発禁処分(Verbot) 71
発生論的(genetisch) 43, 84, 101, 104, 114, 137, 138, 158, 163, 169, 235
パラドックス(Paradox) 27, 41, 107, 206-08, 210, 211
『ハレ学芸年鑑』 147
汎神論 2, 231, 234, 235
汎神論論争(Pantheismusstreit) 235
反省(Reflexion) 4, 33, 66, 84, 97, 101, 117, 136, 157, 172, 194, 205, 207, 210, 215, 217
反省文化(Reflexionskultur) 8
『判断力批判』(Kritik der Urteilskraft) 104, 165, 167
「反批判」(Antikritik) 100
『ハンブルク演劇論』(Hamburger Dramaturgie) 208
判明性(Deutlichkeit) 19
「反ヤコービ論」(Anti-Jacobi-Schrift)

217,228,232
反歴史主義（Anti-historismus）　44
美学（Ästhetik）　90,91,165,166,195
非合理主義（Irrationalismus）　189
『非哲学への移行における哲学』　227
批判的な観念論（kritischer Idealismus）　16
批判的理性（kritische Vernunft）　70, 79
批判哲学（kritische Philosophie）　14, 48,62,106,117,167
『フィヒテとシェリングの哲学体系の差異』　143,43n
不可知論的（agnostisch）　23
福音主義（Evangelismus）　122
『不断のガルヴァニズムが生命過程を動物の領域においてともなうという証明』（Beweis, daß ein beständiger Galvanismus den Lebensprozeß in dem Tierreich begleite）　122
物象化（Verdinglichung）　37
物理学（Physik）　8,118,124,130,138, 140
『物理学年報』（Annalen der Physik）　124
フランス革命（Französiche Revolution）　50,54,61-66,71,75,77,78,81,82,84, 109,142,169,187,216
フランスの密輸品（Französiche Konterbande）　184
フリース-ネルソン学派（Fries-Nelson-Schule）　17
『プロレゴーメナ』（Prolegomena）　12, 13,15,24,26,23n,24n,25n,30n
分析判断（analytischer Urteil）　17,18
分析命題（analytischer Sätze）　164
「ベルリン科学アカデミーによって掲げられた懸賞問題『ライプニッツとヴォルフ以来進歩に対して形而上学は何をなしたか』の検証」（Prüfung der von Akademie der Wisscenschaften zu Berlin aufgestellten Preisfrage: Was hat die Metaphysik nach Leibniz und Wolff für Progessen gemacht?）　90,22n,25n
『ベルリン月報』（Berlinische Monatsschrift）　71,72
弁証法（Dialektik）　5, 16, 24, 25, 33, 43, 45, 46, 82, 86, 88, 90, 93, 101-03, 105, 106, 111, 117, 118, 138, 145, 152, 163, 167, 171, 172, 176, 179, 181, 182, 193,194,206,221,228,233
弁論術（Eloquenz）　67
法学部（ancilla jurisprudentiae）　67,74
封建主義（Feudalismus）　59
包摂（Subsumtion）　48
方法論的転回（methodologische Wendung）　4
ホーラたち（Die Horen）　146,147
ポテンツ（Potenz）　86, 167, 172, 176, 194
ポテンツ化（Potenzierung）　105
本質直観（Wesensschau）　171

## マ　行

摩擦電気（Reibungselektrizität）　123
マルクス主義（Marxsismus）　31, 32, 34,35,40,48,82
マルクス-レーニン主義的（marxistisch-leninistisch）　161
ミメーシス（模倣）（Mimesis）　107, 113,176
民主主義（Demokratie）　54,59,64,65, 73,91
民族国家（Völkerstaat）　59
民族自決権（nationale Selbstbestimmung）　59
無限性（Unendlichkeit）　118
矛盾（Widerspruch）　7, 33, 36, 45, 60, 64,103,108,119,176,206,218,220
無神論（Atheismus）　73,148,157,158, 182,219,222,228,230,235
迷信の墓（Grab Aberglaubens）　160
明晰性（Klarkeit）　19
メタ批判（Metakritik）　26,27,34

『メタ批判的な侵入の歴史についてのいくつかのこと』　23n
メタモルフォーゼ（Metamorphose）　109,138
メモラビーリエン（Memorabilien）　148
モナド（Monade）　104,180
物神崇拝（Fetischismus）　35,37,77
モノグラム（Monogramm）　165
物自体（Ding an sich）　22,23,27,28,39,49,85,153,156,162,168,170

## ヤ　行

ヤーヌスの顔（Januskopf）　222
『夜警（Nachtwachen）』　10,204,205,209-14
唯物論　24,32,33,35,41,93,98,101,119,123,166,222,223,230
唯物論的経験論　25n
唯名論　153,156
ユグノー派（Hugenotte, hugenottisch）　62
『ヨーロッパにおいて永遠の平和を作るための計画』（Projet pour rendre la paix perpétuelle en Europe）　56
『ヨーロッパの現在と将来の平和に向かうための論文』（An essay towards the present and future peace of Europe）　56
予定調和　58,104

## ラ　行

礼拝（Kult）　189,202
ラプラースの悪魔（Laplacesches Dämon）　172
ランヅフート大学（Universität Landshut）　128,225
力動学（Dynamik）　83,112,137
理性（Vernunft）　14,17,25,28,30,33,39,41,53,57,58,61,64,66,67,69,77,85,90,97,112,113,121,132,146,152,157,163,173,179,192,193,217,218,220,234
理性学（Vernunftwissenschaft）　85,216
理性の観念論（Idealismus der Vernunft）　v
理性の神話（Mythologie der Vernunft）　91,194,199
理性の喪失（Verlust der Vernunft）　216
理性批判（Vernunftkritik）　11,27,28,33,34,36,37,47,145,164,189,191,193,206
立法権（Legislative）　59,67
理論理性　58,86,185
倫理学　67
「霊魂の器官について」（Über das Organ der Seele）　75
歴史記述（Historie）　95,197,202
歴史性（Historizität）　43,50,89,96,97,102,103,138,158,186,196,217,229
歴史哲学　44,51,54,60,61,64,78,79,89,96,101,105,111,173,186-88,222
「歴史哲学は可能か」　184
歴史法学派（historische Rechtsschule）　109
歴史問題（Geschichtsfrage）　51,186
ロマン主義　109,121,129,132,133,135,136,150,174,204,206
ロマン主義的イロニー（Romantische Ironie）　205,208
論理学（Logik）　18,35,40,45,47,192

## ワ　行

和解（Versöhnung）　97,201,218
『若い物理学者の遺稿からの断片』　120-22
笑い（Lachen）　31,76,208-10
私は考える（Ich denke）　4,40,24n

# 原　注

## まえがき

1） M. Buhr, Von Kant zu Hegel-ein philosophiehistorisches Klischee, *in*: Erneuerung der Transzendentalphilosophie im Anschluß an Kant und Fichte. Reinhard Lauth zum 60. Geburtstag, hg. von K. Hammacher u. A. Mues, Stuttgart 1979, S. 76ff.

2） D. Henrich, Konstellationen. Philosophische und historische Grundfragen für eine Aufklärung über die klassische deutsche Philosophie, *in*: Zur Architektonik der Vernunft. Manfred Buhr zum 60. Geburtstag, hg. von L. Berthold, Berlin 1987, S. 16. -Vgl. D. Henrich, Der Weg des spekulativen Idealismus, *in*: Hegel-Studien, Beiheft 28, Bonn 1986, S. 72ff.

3） J. M. Martinez de Marañon, Die Problematik, die Aufgaben und Grenzen des transzendentalen Denkens, *in*: Erneuerung der Transzendentalphilosophie, a. a. O., S. 218.

## 序論　超越論的なものの概念について

1） Schillers Gespräche, in: Shillers Werke, Nationalausgabe, Bd. 42, hg. von D. Germann u. E. Haufe, Weimar 1967, S. 371f.- それについては，要約的に次のものを参照せよ。E. Gerresheim, Die Bedeutung des Terminus „transzendental“ in der „Kritik der reinen Vernunft“, Diss., Freiburg i. Brsg, 1962. さらに，Bedingungen der Möglichkeit. ‚Transzendental arguments‘ und transzendentales Denken, hg. von E. Schaper u. W. Vossenkuhl, Stuttgart 1984.

2） I. Kant, Reflexionen zur Metaphysik, *in*: I. Kant, Gesammelte Schriften, hg. von der Kgl. Akad. d. Wiss., Bd. 18, Berlin 1925, Ref. Nr. 4873 u. Ref. Nr. 5112.

3） I. Kant, Widerlegung des problematischen Idealismus, *in*: I. Kant, Werke, hg. von E. Cassirer, Bd. 4, Berlin 1922, S. 523.

4） Vgl. M. Brelage, Studien zur Transzendentalphilosophie, Berlin 1966; H. H. Holz, Transzendentalphilosophie und Metaphysik, Mainz 1966; ders., Einführung in die Transzendentalphilosophie, Darmstadt 1973; K. -O. Apel, Transformation der Philosophie, Frankfurt a. M. 1973; H. Albert, Transzendentale Träumereien, Hamburg 1974; P. Tepe, Transzendentaler Materialismus, Meisenheim am Glan 1978; Transzendentalphilosophische Normenbegründung, hg. von W. Oelmüller, Paderborn 1978; W. H. Gleixner, Die transzendentale Phänommenologie als philosophische Grundlagenforschung, Berlin 1986.

5） 特に R. Lauth, Die Idee der Transzendentalphilosophie, München-Salzburg 1965; ders., Die Konstitution der Zeit im Bewußtsein, Hamburg 1981. を参照せよ。さらに P.

K. Schneider, Die wissenschaftsbegründende Funktion der Transzendentalphilosophie, Freiburg-München 1965; Die Aktualität der Transzendentalphilosophie. Hans Wagner zum 60. Geburtstag, hg. von G. Schmidt u. G. Wolandt, Bonn 1977.

6） I. Kant, Kritik der reinen Vernunft, B. 25f.〔以下 KrV.〕

7） N. Hinske, Die historischen Vorlagen der Kantschen Transzendentalphilosophie, *in*: Archiv für Begriffsgeshichte, Bd. 12 (1968) Heft 1, S. 102-Vgl. N. Hinske, Verschiedenheit und Einheit der transzendentalen Philosophien, *in*: ebenda, Bd. 14 (1970) Heft 1, S. 41-68; u. I. Angelelli, On the origin of Kants ‚transcendental', *in*: Kant-Studien 63 (1972) S. 117-122; ならびに N. Hinskes Replik, *in*: Kant-Studien 64 (1973) SS. 56-62.

8） I. Kant, Kritik der reinen Vernunft, B. 81

9） I. Kant, Reflexionen zur Kritik der reinen Vernunft, hg. von B. Erdmann, Bd. 1, Leipzig 1884, S. 68.

10） C. L. Reihhold, Über die bisherigen Schicksale der Kantischen Philosophie, *in*: C. L. Reinhold, Versuch einer neuen Theorie des menschlichen Vorstellungsvermögens, Prag-Jena, 1789, Vorrede, S. 3.

**第１章　イマヌエル・カントの超越論哲学の理念**

1） Immanuel Kant, Welches sind die wirklichen Fortschritte, die die Metaphysik seit Leibniz' und Wolffs Zeiten in Deutschland gemacht hat? *in*: I. Kant, *Werke*, hg. von E. Cassirer, Bd. 8, Berlin 1922, S. 255.〔邦訳，イマヌエル・カント「ライプニッツとヴォルフ以来の形而上学がドイツにおいてなした現実的な進歩は何であるのか」岩波版『カント全集』第13巻，315ページ〕

2） H. Vaihinger, Commentar zu Kants Kritik der reinen Vernunft, Bd. 1, Stuttgart 1881, S. 435.

3） I. Kant an Ch. Garve, vom 7. August 1783, *in*: I. Kant, Werke hg. von E. Cassirer, Bd. 9, a. a. O., S. 225.〔邦訳，ガルヴェ宛書簡，岩波版『カント全集』第21巻，書簡65〕

4） Gothaische gelehrte Zeitungen, vom 24. August 1782, 68. Stck., S. 560 ―匿名の書評者は，ゴータの大公参事官，H. エーヴァルト（1745―1822年）であった。かれは，著作のかれの考えをすでに超越論的感性論でもって中断している。

5） I. Kant an M. Herz, nach Mai 1781, *in*: I. Kant, Werke, Bd. 9, a. a. O., S. 198〔前掲邦訳，第21巻，書簡53〕. ―メンデルスゾーンは，カントに宛てて（1783年４月10日）こう書いた。「あなたの純粋理性の批判は，わたしにとって健康の基準でもあります。わたしが諸力を増大させるのをうまくやったと思うたびごとに，わたしは，あえてこの神経液をくいつくす仕事に取り組みます」（I. Kant, Briefwechsel, Hg. O. Schöndörfer, Bd. 1, Leipzig1924, S. 213）〔前掲邦訳，第21巻，書簡62〕。

6） J. Schulze, Erläuterungen über das Herrn Professor Kant Critik der reinen Vernunft, 2. Aufl., Frankfurt-Leipzig 1791, S. 5f.

7） J. G. Hamann an J. F. Hartknoch, vom 31. Mai 1787, *in*: Hamanns Schriften, hg. von F.

Roth, Bd. 6, Berlin 1824, S. 190. —友人ヘルダーにたいして，かれは（1781年4月27日），いっそうあからさまであった。すなわち，「結局，わたしにはすべてが些細なことにこだわり，空虚なことばのがらくたに向かうように見えます」（同書，183ページ）。ハーマンは，みずから，この本を文献的に適切に評価するためにふたつの試みを行った。しかし，そのふたつの試みは，ながく未刊行のままである。すなわち，1781年の書評は，1824年にはじめてハーマン著作集の第六巻において発表された。そして，1784年のかれの論文「純粋理性の純粋さにかんするメタ批判」は，F. T. リンクが1800年のケーニヒスベルクで刊行した論集『メタ批判的な侵入の歴史についてのいくつかのこと』（ケーニヒスブルク，1800年，125-130ページ）に収録された。ヘルダーは，告白せざるをえなかった。「カントの批判は，わたしにとってかたい食べ物です。それは，ほとんど読まないままになるでしょう」（J. G. Herder an J. G. Hamann, von Anfang März 1782, *in*: Herders Briefe, Hg. W. Dobbek u. G. Arnold, Bd. 4, Weimar 1979, S. 209）。—カントの『プロレゴーメナ』の書評者も，どんなに「著者とその作品の精神に入り込んでいないかを」うたがいながらこう書かざるをえなかった。「カント氏が本来その純粋理性批判で言うこと，かれがそこで主張し，それによって証明しようとするものをほとんど理解できない」（Allgemeine Deutsche Bibliothek, Bd. 5, 1784, 2. Stck., S. 355）と。—フランスの哲学者 Ch. ヴィラースは，要約してつぎのように結論する。「わたしはそれにもかかわらず，なおこの本を理解しないドイツ人がいるとすれば，したがって，かれらがその本を理解しようとしないがゆえに，それが生じるとしるさなければならない」（Ch. Villers, Kurze Übersicht der Kritik der reinen Vernunft, *in*: F. T. Rink, Manchelei zur Geschichte der metakritischen Invasion, a. a. O., S. 56.）。—『純粋理性批判』が，サロモン・マイモンがかつて書いたように，「同時代の哲学から，理性にはそのように困難である方向づけとそれをもつことが，すでに確実であると信じる完全な知識にたいする断念のために，冷たい受容以外のなにも期待できなかった」（S. Maimon, Briefe des Philaletes an Aenesidemus. Anhang zu S. Maimon, Versuch einer neuen Logik, Berlin 1794, S. 386.）としても，やはりいずれにせよ態度がとられざるをえなかっただろう。「このような哲学は……たんなる拒絶でもってはねつけることができない」（F. Schiller an J. W. Goethe, vom 28. Oktober 1794.）。—「なお10年ほど前に，たしかに，カント学派の新しくたしかに困難な人工言語において，このおそるべき教説の曖昧な神聖性にかんする対話を回避することに許しを見いだそうとかんがえたとき，なお許された」（Neue Allgemeine Deutsche Bibliothek, Bd. 28, 1797, 1 Stck., 3 Heft, S. 127f.）。

8） KrV, B XLIIf.

9） I. Kant an M. Herz, nach Mai 1781, S. 197.〔前掲邦訳，第21巻，書簡53〕

10） それについては，E. Arnoldt, Vergleichung der Garveschen und der Federschen Rezension über die Kritik der reinen Vernunft, *in*: E. Arnoldt, Gesammelte Schriften, Bd. 4, Berlin 1908, S. 9-76. を参照せよ。

11） I. Kant an Ch. Garve, vom 7. August 1783, Bd. 9, a. a. O., S. 224.〔前掲邦訳，第21巻，書簡65〕

12) I. Kant, Prolegomena, S. 7.〔邦訳「プロレゴーメナ」『中公クラシックス W42』, 12ページ〕

13) Ebd., S. 8.〔前掲邦訳, 同上, 12-13ページ〕

14) J. G. Hamann an J. G. Herder, vom 10. Mai 1781, *in*: Hamanns Schriften, Bd. 6, a. a. O., S. 186.

15) Göttingische Anzeigen vom gelehrten Sachen. Zugabe-Bd. I für 1782, 3 Stck., vom 19. Januar 1782, S. 41.

16) Ebd. S. 40.

17) I. Kant, Prolegomena, S. 129〔同上邦訳「プロレゴーメナ」222ページ注26〕—かれの論文「蓋然的観念論の論駁」は,『プロレゴーメナ』と同じ時期にかかれた。この論文において, かれは, 同様に超越論概念におけるこの疑似-社会的な潜勢力を指示する。すなわち,「人は, ここで超越論的な意識と経験的な意識とをおそらく区別しなければならないだろう。前者は, 私は考える〈Ich denke〉という意識である。そしてこの意識が経験をはじめて可能にすることによって, いっさいの経験に先行する。……こうして経験的な意識は, 超越論的な意識を前提する」(I. Kant, Werke, hg. E. Cassierer, Bd. 4, S. 523.)。—それについては W. A. Lektorski, Das Subjekt-Objekt-Problem in der klassischen und modernen bürgerlichen Philosophie, Berlin 1968, S. 34ff.; St. Dietzsch, Die Idee der Transzendentalphilosophie, *in*: Wiss. Zeitschrift der Martin- Luther-Universität Halle, Ges. -u. sprachwiss. Reihe, Bd. 24 (1975) Heft 6, S. 43f.; N. Hinske, Die historischen Vorlagen der Kantschen Transzendentalphilosophie, *in*: Archive für Begriffsgeschichte 12 (1968) 1, S. 86-112; ders, Verschiedenheit und Einheit der transzendentalen Philosophie, in: ebd., 14 (1970) 1, S. 41-68.

18) I. Kant, Prolegomena, a. a. O., S. 130.〔同上邦訳「プロレゴーメナ」198ページ〕

19) Ebd., S. 131.〔同上邦訳「プロレゴーメナ」220ページ〕

20) W. Lehrke, Sozial-Apriorismus, *in*: Patent/Handel/Lehrke, Marxismus und Apriorismus, Leipzig 1977, S. 113.

21) I. Kant, Prolegomena, a. a. O., S. 27.〔同上邦訳「プロレゴーメナ」44ページ〕

22) J. G. Hamann, Rezension der Kritik der reinen Vernunft, *in*: Hamanns Schriften, Bd. 6, a. a. O., S. 49.

23) KrV, B 146.

24) KrV, A 51.

25) KrV, B 187.

26) Vgl. J. Zelený, Die Wissenschaftslogik bei Marx und „Das Kapital“, Berlin 1968, S. 299-310.

27) Allgemeine Deutsche Bibliothek, Jg. 1783, Anh. Zum 37-52. Bd., 2. Abt., S. 858.

28) Ebd., S. 851 —カントにおける観念論のこのような誤解は, 書評者(ガルヴェ)の場合には, なお数年後にも取り除かれていなかった。J. S. ベックは, 1792年11月10日にこう書いた。「ガルヴェ教授は, 数年前にここにいたのだが, エーバハルト教授はわたし

に批判哲学に関連する，かれとの対話の若干のことをつたえてくれた。かれはガルヴェが『批判』をまもるとしても，やはりかれは批判的観念論とバークリの観念論がまったくひとつであると告白せざるをえなかったと言う。わたしは，この尊敬すべき人物の思想の一致を見いだすことができないし，対立物にかんして真と見なしているのは確実である」。カントが折り返し（1792年12月４日），それにこたえてこう言っている。「エーバハルト氏とガルヴェ氏の意見，バークリの観念論と批判的観念論の同一性にかんする意見はすくなからず注目を要します。なぜなら，わたしは，表象の形式にかんして観念性について語りますが，しかし，前者はそこから物質にかんして表象の観念性をつくりますから。それは，客観の，そしてまたその実存そのものの表象です」（I. Kant, Werke, Bd. 10, a. a. O., S. 173 u. 182）。

29） I. Kant, Prolegomena, S. 38f.〔同上邦訳「プロレゴーメナ」62ページ〕同じ意味で，シュティーラーは強調する。「カントの出発点は，活動的主体であった。しかし同時に，カントは，意識から独立している事物の実存にかんする唯物論的経験論にとって根底的な核心を主張した」（G. Stiehler, Der Idealismus von Kant bis Hegel, Berlin 1970, S. 152.）。

30） [J. F. Reichardt] , Briefe über die Kantsche Philosophie an einen Freund in Paris, *in*: Deutschland, Bd. 4 (1796) 10 Stck., S. 1f.

31） KrV, B XXVII. ―同じ意味で，かれは1789年８月７日付ガルヴェ宛書簡で次のように表明する。「わたしたちに与えられたいっさいの対象が二重の把握にしたがって，理解することができる。第一に，現象として，ついで物自体として，である」（I. Kant, Werke, Bd. 9, a. a. O., S. 228〔前掲邦訳，書簡65〕）。

32） I. Kant, Prolegomena, S. 66.〔同上邦訳「プロレゴーメナ」102-3ページ〕

33） KrV, B 333.

34） Immanuel Kant, Welches sind die wirklichen Fortschritte, die die Metaphysik seit Leibniz' und Wolffs Zeiten in Deutschland gemacht hat? *in*: I. Kant, *Werke*, hg. Von E. Cassirer, Bd. 8, Berlin 1922, S. 255.〔邦訳，イマヌエル・カント「ライプニッツとヴォルフ以来の形而上学がドイツにおいてなした現実的な進歩は何であるのか」313ページ〕―これについては，P. Guyer, Kant and the claims of knowledge, Cambridge 1988.

35） T. I. Oisermann, Die Lehre Kants von den „Dingen an sich"und den Noumena, *in*: Voprosy filosofii, Moskva (1974) Heft 4, S. 124.

36） H. J. -Sandkühler, Revolutionärer Materialismus als Erkenntnistheorie, *in*: Revolution der Denkart oder Denkart der Revolution, hg. v. M. Buhr u. T. I. Oisermann, Berlin 1976, S. 256. ―最近ではまた V. Zátka, Kantovo, „vyvráceni" idealismus a problém unéjśiho svéta [Kants „Widerlegung"des Idealismus und das Problem der äußeren Welt], *in*: Filoyofický ċasopis 35 (1987) 5, S. 740-762; R. Brandt, Le feuillet de Leningrad et la réfutation kantienne de l' idealisme, *in*: Revue de Théologie et de philosophie 119 (1987) S. 453-472.

37） W. I. Lenin, Philosophische Hefte, *in*: W. I. Lenin, Werke, Bd. 38, Berlin 1964, S. 203.〔筆者の強調〕〔レーニン『哲学ノート』岩波文庫〕

38) I. Kant, Prolegomena, S. 72.〔同上邦訳「プロレゴーメナ」110ページ〕
39) Ebd., S. 88.〔同上邦訳，133-4ページ〕
40) J. B. Schad, Ob Kants Kritik Metaphysik sei?, *in*: Philosophisches Journal, Bd. 10 (1798) Heft 1, S. 69.
41) J. Schulze, Erläuterungen über Kants Kritik der reinen Vernunft, Königsberg 1784; G. S. A. Mellin, Marginalien und Register zu Kants Kritik der reinen Vernunft, Teil 1-2, Züllichau 1794; C. Ch. E. Schmid, Wörterbuch zum leichtern Gebrauch der Kantischen Schriften, 3., vermehrete Ausg., Jena 1795; C. A. Will, Vorlesungen über die Kantsche Philosophie, Altdorf 1788; J. S. Beck, Erlaüternder Auszug aus den kritischen Schriften, Bd. 1-2, Riga 1793-1795. ―ヘーゲル学派の哲学史記述がはじめて，ここでより大きな展望を開くだろう。すなわち，次のことを示す展望である。「どのようにしてカント哲学が，時代からとり出されて展開され，どのようにしてカント哲学がふたたび時代へと巻き込まれたか。把握のこの高みを，これまでただシェリングとヘーゲルだけが有した。……したがって，一人のエーアハルト，一人のバッゲゼン，革命などが群れを離れてついているカント主義者よりも何千倍も重要である」(K. Rosenkranz an Varnhagen, vom 14. Oktober 1837, *in*: Briefwechsel zwischen K. Rosenkranz und Varnhagen, hg. Von A. Warda, Königsberg 1926, S. 54)。
42) F. Bouterwek, Immanuel Kant. Ein Denkmal, Hamburg 1805, S. 40f.
43) L. H. v. Jakob, Prüfung der Mendelssohnschen Morgenstunden, Leipzig 1786, S. VI.
44) F. H. Jacobi, David Hume über den Glauben oder Idealismus und Realismus, Breslau 1787, S. 222f. ―バウターヴェークは，次のように書いたとき，かれを考えていた。「カント学派に属さない鋭い頭脳は，まさしく，カントが……自分自身との矛盾のうちにからみとられていることを主張した」(Bouterwek, Immanuel Kant, a. a. O., S. 41)。
45) F. K. Forberg, Briefe über die neueste Philosophie, *in*: Philosophisches Journal Bd. 6 (1797) ―対象的認識の問題性にたいするこのような見方は，またマルクス―レーニン主義によっても強烈に強調されている。「現象と物自体のあいだには，絶対にどんな原理的な区別もない。そして，このような区別も存在することができない。認識されたものとまだ認識されないもののあいだにのみ区別はある」(W. I. Lenin, Werke, Bd. 14, a. a. O., S. 96.)。
46) Literatur-Zeitung, Erlangen, Bd. 1 (1799) Nr. 8, vom 11. Januar 1799. 付録 I として N. Hinske, Kants Weg zur Transzendentalphilosophie, Stuttgart 1970, S. 139 で印刷された。―名声の高い『一般学芸新聞』の指導者である Ch. G. シュッツもまたそれに応じて一度カントに宛てて，こう書いた。「純粋理性批判にたいする評釈者たちがいったいに，たとえそうしなければならないとしても，少なくともカントの監視のもとで仕事をしなければならなかった」と書いた。そうでなければ，「私はあなたの本を聖書のように無数に誤って誇張し，パラフレーズすることを恐れます」(Ch. G. Schutz an I. Kant, vom 10 Juli 1784, *in*: I. Kant, Briefwechsel, Bd. 1, a. a. O., S. 257〔前掲邦訳，第21巻，書簡76〕)。
47) J. B. Schad, Ob Kants Kritik Metaphysik sei? (2. Artikel), *in*: Philosophisches Journal,

Bd. 10 (1800) Heft 4, S. 322f. —このようなカントの批判によって結局のところ，カントにかんする先入見もまた生じ得た。それによれば，「カントは公衆のまえで結局かろうじて真理を曖昧にするために，その才能を拒絶された人物として現に立っていた」(F. Bouterwek, Immanuel Kant, a. a. O., S. 67)。

48) Kant, Erklärung gegen Fichte. J. G. Fichte im Gespräch. Berichte der Zeitgenossen. Hg. E. Fuchs, Bd. 2, Stuttgart 1980, S. 217.

49) [Anonym] , Kurze historische Darstellung der gesamten kritischen Philosophie nach ihren Hauptresultaten für Anfänger und Freunde der Philosophie, Leipzig 1801, S. 33.

50) F. Bouterwek, Aphorismen, den Freunden der Vernunftkritik nach Kantscher Lehre vorgelegt, Göttingen 1793, S. 68. —超越論的図式論は，それにたいする他の声が言うように，「人間霊魂の深みに隠された技術であり，その真の操作は，おそらくけっして完全には明瞭にならないだろう」(Kurze historische Darstellung der gesamten kritischen Philosophie, a. a. O., S. 53)。—それにたいして，ヘルダーにとって図式論は「ふたつの消滅する虚構のあいだの第三の虚構」ないしは「持続なき詩作」である（J. G. Herder, Verstand und Sprache. Eine Metaphysik zur Kritik der reinen Vernunft, *in*: Herders Werke, Hg. H. Düntzer, Bd. 18, Berlin 1886, S. 253 u. 262.)。

51) J. S. Beck, Einzig-möglicher Standpunkt, aus welchem die kritische Philosophie beurteilt werden muß, Riga 1796, S. 55 —もう一人のカント主義者—ブラーストベルガーについては，彼の『カントの批判についての研究』，ハレ，1790年，—ベックは，この連関で報告する。かれは「批判の図式論を形而上学的ロマンと名づける」。(同書，56ページ）と。

52) KrV, A 145.

53) G. W. F. Hegel, Glauben und Wissen, *in*: Kritisches Journal der Philosophie, Bd. 2 (1802) 1. Stck., S. 30. —カントの『純粋理性批判』そのものはすでにもちろん「創造の点……を，根源的なものそのものを考えた」。こうしてかの哲学的な観点を背後にのこした。「この観点は発生と総合にかんしてはなにもしらない」(Vorbericht des Herausgebers, *in*: I. Kant, Vermischte Schriften, hrg. Von J. H. Tieftrunk, Bd. 1, Halle 1799, S. CXV.)。J. S. ベックはすでに超越論哲学をこう理解した。「超越論哲学の目標は諸概念の説明と発展のうちにはなく……諸概念の根源的創造の叙述のうちにある」(J. S. Beck, Einzig-möglicher Standpunkt..., a. a. O., S. 137)。—古典的市民的ドイツ哲学内部における超越論的思考から弁証法的思考への移行の若干の体系的な諸問題については最近では A. Gulyga, Nemeckaja klassičeskaja filosofija, Moskva 1986. [dt: Leipzig 1990.]

### 第１章付論　カール・マルクスにおける「超越論的なもの」

1) Vgl. Marx' Brief an seinen Vater vom 10. November 1837, *in*: K. Marx/F. Engels, Werke, Erg. bd. 1, Berlin 1968, S. 10.（『マルクス・エンゲルス全集』第40巻）

2) J. Zelený, Die Wissenschaftslogik bei Marx und ‚Das Kapital', Berlin 1968, S. 310.

3) Vgl. K. Marx, Das Elend der Philosophie, *in*: Marx/Engels, Werke, Bd. 4, S. 181.〔邦訳

「哲学の貧困」『マルクス・エンゲルス全集』第 4 巻所収〕; K. Marx, Grundrisse der Kritik der politischen Ökonomie, Berlin 1953, S. 65.〔『経済学批判要綱』121ページ〕

4） K. Marx an F. Lassalle, vom 22. Februar 1858, *in*: MEW, Bd. 29, S. 550.〔『マルクス・エンゲルス全集』第29巻〕

5） I. Kant, KrV, A, XII.

6） I. Kant an Ch. Garve, vom 21. September 1798, *in*: I. Kant, Werke, hg. Von E. Cassirer, Bd. 10, Berlin 1921, S. 352.

7） K. Marx, Das Elend der Philosophie, *in*: MEW, Bd. 4, S. 78.〔前掲邦訳「哲学の貧困」74ページ〕

8） Ebenda, S. 125.〔前掲邦訳「哲学の貧困」128ページ〕

9） O. Negt, Koreferat zu Alfred Schmidt, Der Eekenntnisbegriff der Kritik der politischen Ökonomie, *in*: Kritik der politischen Ökonomie heute, 100 Jahre „Kapital". Hrsg. W. Euchner u. A. Schmidt, Frankfurt/M, 1968, S. 43f.

10） Ebd. S. 44.

11） K. Marx, Das Elend der Philosophie, in: MEW, Bd. 4, S. 81.〔前掲邦訳「哲学の貧困」79ページ〕

12） K. Marx, Grundrisse, a. a. O., S. 64f.〔前掲邦訳『経済学批判要綱』121ページ〕

13） この区別については E. Gerresheim, Die Bedeutung des Terminus „transzendental" in Kants „Kritik der reinen Vernunft" Diss., Freiburg i. Br. 1962.

14） K. Marx, Das Elend der Philosophie, *in*: MEW, Bd. 4, S. 128.〔前掲「哲学の貧困」132ページ〕

15） K. Marx, Das Kapital, Bd. 1, Berlin 1965, S. 86.〔『資本論』マルクス・エンゲルス全集第24巻〕

16） KrV, B 352.

17） KrV, B 371.

18） KrV, B 8f.

19） K. Marx, Das Elend der Philosophie, *in*: MEW, Bd. 4, S. 127.〔前掲邦訳「哲学の貧困」130ページ〕

20） KrV, B 789.

21） KrV, A 19.

22） K. Marx, Grundrisse...a. a. O., S. 22.〔前掲邦訳『経済学批判要綱』〕

23） K. Marx, Das Elend der Philosophie, S. 130.〔前掲邦訳「哲学の貧困」133ページ〕

24） K. Marx, Grundrisse...a. a. O., S. 22.〔前掲邦訳『経済学批判要綱』〕

25） KrV, B 131f.［筆者の強調］

26） Vgl. KrV, B 353.

27） KrV, B 709.

28） K. Marx, Das Elend der Philosophie, S. 148.〔前掲邦訳「哲学の貧困」153ページ〕

**第２章　超越論哲学における歴史性**

1）J. G. Hamann an J. F. Hartknoch, vom 23. Oktober 1781, *in*: Hamanns Schriften, hg. Von F. Roth, Bd. 6, Berlin 1824, S. 223.

2）C. L. Reinhold, Briefe über die Kant'sche Philosophie, Bd. 1, Leipzig 1790, S. 29.

3）F. Schlegel, Vorlesungen über die Transzendentalphilosophie, *in*: Kritische Friedrich-Schlegel-Ausgabe, hg. v. E. Behler, J. -J. Anstett u. H. Eichner, Bd. 12, München-Wien-Zürich 1964, S. 93. ―ほかの箇所ではこう言っている。「哲学が学になるやいなや，歴史が生じる。いっさいの体系は，歴史的であり，また逆でもある」（F. Schlegel, Philosophische Lehrjahre 1796-1806, *in*: Ebenda, Bd. 18, Fragment Nr. 671）。また結局，「歴史は，生成する哲学である。そして哲学は完成された歴史である」（F. Schlegel, Fragmente, *in*: Athenäum, Bd. 1 (1798) 2, Stck., S, 91）。

4）J. G. Fichte, Grundlage der gesamten Wissenschaftslehre, *in*: J. G. Fichte, Gesamtausgabe der Bayer. Akad. d. Wiss., hg. von R. Lauth u. H. Gliwitzky, Abt. I. Bd. 2, Stuttgart 1965, S. 365.

5）F. W. J. Schelling, Über die Geschichte der neueren Philosophie, *in*: F. W. J. Schelling, Sämmtliche Werke, hg. von K. F. A. Schelling, Bd. 10, Stuttgart 1862, S. 93f.〔シェリング『近世哲学史講義』細谷訳，149ページ〕

6）A. Seifert, Geschichte oder Geschichten? Historie zwischen Metaphysik und Poetik, *in*: Historisches Jahrbuch, München Jg. 96 (1978) 2. Halbbd., S. 396.

7）J. M. Martinez de Marañon, Die Problematik, die Aufgaben und die Grenzen des transzendentalen Denkens, *in*: Erneuerung der Transzendentalphilosophie im Anschluß an Kant und Fichte. Reinhard Lauth zum 60. Geburtstag, hg. von K. Hammacher u. A. Mues, Stuttgart 1979, S. 222f.

8）I. Kant, Prolegomena, *in*: I. Kant, Werke, hg. von E. Cassirer, Bd. 4, Berlin 1922, S. 65.

9）P. S. Neide, Die Kantsche Lehre vom Schematismus der reinen Verstandesbegriffe, Diss, Halle 1878; H. H. Williams, Kant's doctrine of the schemata, *in*: The Monist, 1894, S. 375; H. Levy, Kants Lehre vom Schematismus der reinen Verstandesbegriffe, Teil 1, Diss, Halle 1907; W. Zschokke, Über Kants Lehre vom Schematismus der reinen Vernunft, *in*: Kant-Studien, 12 (1907); E. R. Curtius, Das Schematismuskapitel in der reinen Vernunft, *in*: Kant-Studien, 19 (1914); J. Spindler, Das Problem des Schematismuskapitels der Kritik der reinen Vernunft, *in*: Kant-Studien, 28 (1923); G. J. Warnock, Concepts and schematism, *in*: Analysis, IX (1949); P. Lachiéze-Rey, Utilisation possible du schematisme Kantien pour une théorie de la perception, *in*: ders., Le Moi, le monde et Dieu, Paris 1950; R. Daval, La métaphysique de Kant. Perspectives sur la métaphysique de Kant d'après la théorie de schematisme, Paris 1951; W. Bröcker, Schematismus und Zeit, *in*: Festschrift für H. J. de Vleeschauwer, Pretoria 1960, S. 46-48; U. Schulz, Das Problem des Schematismus bei Kant und Heidegger, Diss., München 1963; L. Chipman, Kant's Categories and their Schematism, *in*: Kant-Studien, 63 (1972); R.

Stuhlmann-Laeisz, Über Kants Problem der ,Anwendung der Kategorien' durch den ,Schematismus des reinen Verstandes', *in*: Archiv für Geschichte der Philosophie 55 (1973) 5, 301-309.

10） A. Schopenhauer, Die Welt als Wille und Vorstellung. Anh.: Kritik der Kantischen Philosophie, *in*: A. Schopenhauer, Sämtliche Werke, hg. von W. Frhr. von Löhneysen, Bd. 1, Leipzig 1979, S. 606.

11） I. Kant, KrV, B 171.

12） E. R. Curtius, Das Schematismuskapitel in der Kritik der reinen Vernunft, a. a. O., S. 363.

13） W. Zschokke, Über Kants Lehre vom Schematismus der reinen Vernunft, a. a. O., S. 169.

14） J. Spindler, Das Problem des Schematismuskapitels der Kritik der reinen Vernunft, a. a. O., S. 169.

15） H. J. Paton, Kant's Metaphisic of Experience. A Commentary on the first half of the ,KrV', Bd. 2, London-New York 1965, S. 76. (Die erste Auflage erschien 1936)

16） F. Heinemann, Der Aufbau von Kants Kritik der reinen Vernunft und das Problem der Zeit, Gießen 1913, S. 70; M. Horkheimer, Zur Kritik der instrumentellen Vernunft, hg. v. A. Schmidt, Frankfurt a. M. 1967, S. 210; ならびに M. Aebi, Kants Begründung der ,deutschen Philosophie', Basel, 1947, S. 366; U. Schulz, Die Problem des Schematismus bei Kant und Heidegger, a. a. O., S. 11 u. 76.

17） R. Kroner, Von Kant bis Hegel, Bd. 1, Tübingen 1921, S. 93.

18） Ebenda, S. 88 ―そのほかに，クローナーは「W. チョッケならびに E. R. クルティウスの優れた叙述」を引き合いに出している（93ページ)。

19） G. W. F. Hegel, Vorlesungen über die Geschichte der Philosophie, *in*: G. W. F. Hegel, Werke in zwanzig Bänden, hg. von E. Moldenhauer u. K. M. michel, Bd. 20, Frankfurt a. M. 1970, S. 347f. 〔ヘーゲル『哲学史』〕

20） R. Reicke, Lose Blätter aus Kants Nachlaß, 1. Heft, Königsberg 1889, S. 129. ―図式論の議論については，A. T. Winterbourne, Construction and the role of schematism in Kant's philosophy of mathematics, *in*: Stud. Hist. Phil. Sci 12 (1981) 1, S. 33-46; M. Woods, Kant's transcendental schematism, *in*: Dialectica 37 (1983) 3, S. 201-219; D. O. Dahlsrom, Transcendentale Schemata, Kategorien und Erkentnisarten, *in*: Kant-Studien 75 (1984) 1, S. 38-54; J. M. Yuong, Construktion, schematism and imagination, *in*: Topoi 3 (1984) 2, S. 123-131.

21） I. Kant, KrV, B 50.

22） Ebenda, B 184.

23） I. Kant, Prolegomena, a. a. O., S. 64.〔前掲邦訳「プロレゴーメナ」99ページ〕

24） F. W. J. Schelling, Von der Weltseele, in: F. W. J. Schelling, Sämmtliche Werke, Bd. 2, a. a. O., S. 368.

25） F. W. J. Schelling, Allgemeine Deduktion des dynamischen Prozesses, *in*: Ebenda, S. 25.

26） F. Baader, Beiträge zur dinamischen Philosophie im Gegensatze zur mechanischen, Berlin 1809, S. 26.

27） I. Kant an J. S. Beck, vom 1. Juli 1794, in: I. Kant, Werke, hg. von E. Cassirrer, Bd. 10, a. a. O., S. 249.〔前掲邦訳，第22巻，書簡259〕

28） I. Kant an J. Plücker, vom 26 Januar 1796, *in*: Ebenda, S. 282.

29） F. W. J. Schelling, Ist eine Philosophie der Geschichte möglich?, *in*: F. W. J. Schelling, Sämmtliche Werke, Bd. 1, a. a. O., S. 470.

30） F. W. J. Schelling, Abhandlungen zur Erläuterung des Idealismus der Wissenschaftslehre, *in*: Ebenda, S. 382.

31） F. Engels, Ludwig Feuerbach und der Ausgang der klassischen deutschen Philosophie, in: K. Marx/F. Engels, Werke, Bd. 21, Berlin 1962, S. 293.〔『空想から科学へ』『マルクス・エンゲルス全集』第21巻〕

**第３章　後期カントにおける歴史と政治**

１） これをカール・ローゼンクランツが1836年４月22日にケーニヒスベルクで行われたカント学会の講演で知らせた（Karl Rosenkranz, Studien, Teil 1, Berlin 1839, S. 248）。

２） W. v. Humboldt an F. Schiller, vom 30. Oktober 1795, *in*: Briefwechsel zwischen F. Schiller und W. v. Humboldt, hg. v. S. Seidel, Bd. 1, Berlin 1962, S. 205 ―1795年12月11日にも，フンボルトは，シラーに宛ててカントのこの論文にかんして分裂した印象をもったことについて手紙で伝えた。「彼の［カントの］『平和』論は，あなたが大変満足するのは困難でしょう。少なくとも彼はわたしにはどんな大きな印象も与えませんでした。新しい理念はほとんどありませんし，わたしにはせいぜいほとんどまったく恣意的で冒険的であるように見えます。しかしながら，大きな満足をわたしには，論文がやはり多くの独創的で，機知に富んだ特徴的な言い回しによって与えてくれました」（Ebenda, S. 257）。

３） Vgl. H. Oncken, Deutsche und rheinische Probleme im Zeitalter der Französischen Revolution (2. Abh.), Berlin 1937, S. 33ff.

４） Vgl. W. Bahner, Die Friedensideen der französischen Aufklärung, *in*: W. Bahner, Formen, Ideen, Prozesse in den Literaturen der romantischen Völker, Bd. 2, Berlin 1977, S. 85-186.

５） I. Kant, Was heißt Aufklärung?, *in*: I. Kant, Werke, hg. von E. Cassirer, Bd. 4, Berlin 1922, S. 175.〔カント「啓蒙とは何か」岩波文庫，10-11ページ〕

６） Vgl. A. Ruiz, Neues über Kant und Sieyès. Ein unbekannter Brief des Philosophen an A. L. Théremin von März 1796, *in*: Kant-Studien 68 (1977) Heft 4. ―フランスにおける『永遠平和のために』の受容にかんしては，最近は非常に詳細に情報が提供されている。A. Ruiz, A. l' aube du kantisme en France. Sieyès, Karl Friedrich Reinhard et le traité

Vers la paix perpétuelle (Hiver 1795-1796). Avec le texte inédit de l'adaption française du taité par Reinhard, *in*: Cahiers d' Études Germaniques, Aix (Prov. ) 4 (1980) S. 147-193; 5 (1981) S. 119-153.

7) Gazette Nationale, ou Le Moniteur Universel; Nr. 103, Tridi, 13 nivôse, l' an 4 (3. Jan. 1796), S. 410 [Verf.: L. F. Huber]. ―カントの「永遠平和」は，K. F. ラインハルトによってフランス語に翻訳された。カール・フリードリヒ・ラインハルトは，1808年8月9日付ゲーテ宛書簡でこう書いた。「カントは，ガラート［ドミニク・ヨーゼフ・ガラート（1749―1833年）］が恐怖時代にそれによって，パリの民衆のもとで妨害工作がなされうると信じて以来，わたしには運命的になっておりました。わたしはけれども彼の永遠平和を翻訳しております」（Goethe und Reinhard, Wiesbaden 1957, S. 71）。ガラートとラインハルトとは，ルイ16世の姉妹のエリーザベトの処刑の目撃者であった。そのさい，ガラートはラインハルトに注解をものした。「わたしはおそらく，カントの哲学がフランス語に訳されなければならないと考えます。この血塗れたシーンを辞めさせるためにも」。この言明のもう一つの版は，大臣のミュラーによって伝えられる［1823年10月6日のゲーテとの対話］。「カントの哲学を翻訳することによって，この荒々しい民族が軌道を変更されなければなりません」。

8) F. W. Schubert, I. Kant und seine Stellung zur Politik in der letzten Hälfte des 18. Jahrhunderts, *in*: Historisches Taschenbuch, Leipzig Jg. 9 (1838) S. 533. -Vgl. auch Z. Batscha, Bürgerliche Republik und bürgerliche Revoltion bei I. Kant, *in*: Revolution und Demokratie in Geschichte und Literatur. Zum 60. Geburtstag von Walter Grab, hg. v. J. H. Schoeps u. I. Geiss, Duisburg 1979, S. 133-148; I. Fetscher, Die politische Philosophie des „deutschen Idealismus", *in*: Pipers Handbuch der politischen Ideen, hg. von I. Fetscher u. H. Münkler, Bd. 4, München 1985, S. 153-174.

9) F. Schlegel an A. W. Schlegel, vom 27. Mai 1796, *in*: Friedrich Schlegels Briefe an seinen Bruder, hg. v. O. Walzel, Berlin 1890, S. 277f.

10) J. Isler, Das Gedankengut der Aufklärung und seine revolutionäre Auswertung in Görres Frühschriften (1795-1800), *in*: Historisches Jahrbuch, München 96 (1976) 1. Halbbd., S. 26.

11) G. Ch. Lichtenberg, Aphorismen, Essays, Briefe. hg. v. K. Batt, Leipzig 1970, S. 179.

12) I. Kant an J. Bernoulli, vom 16. November 1781, *in*: I. Kant, Briefwechsel, hg. v. O. Schöndörffer, Bd. 1, Leipzig 1924, S. 202.〔前掲邦訳，第21巻，書簡57〕

13) I. Kant an M. Mendelssohn, vom 8. April 1766, *in*: Ebenda, S. 52.（同上，書簡10）

14) I. Kant, Prolegomena, hg. v. St. Dietzsch, Leipzig 1979, S. 21.

15) I. Kant an Ch. Garve, vom 7. August 1783, *in*: I. Kant, Briefwechsel, a. a. O., S. 230.〔前掲邦訳，第21巻，書簡65〕

16) W. Schneiders, Aufklärung und Vorurteilskritik, Stuttgart/Bad Cannstatt 1983, S. 13. -Vgl. auch M. Almási, Phänomenologie des Scheins, Budapest 1977.

17) I. Kant, Der Streit der Fakultäten, *in*: I. Kant, Werke, hg. von E. Cassirer, Bd. 7, a. a. O.,

S. 344f.

18） Vgl. I. Kant, Briefwechsel, Bd. 2, a. a. O., S. 869.

19） I. Kant an J. G. C. Ch. Kiesewetter, vom 13. Dezember 1793, in: Ebenda, S. 657.〔前掲邦訳，第22巻，書簡249〕

20） 廃棄は1797年11月23日に生じた。1798年１月12日にフリードリヒ・ヴィルヘルム３世はヴェルナーに宛てて，まもなくそれに公表されることになる，注意を喚起する一本の手紙を書いた（vgl. Gothaische gelehrte Zeitungen, vom 21. Februar 1798, 15. Stck, S. 119f.）。

21） L. Lütkehaus, Karl Friedrich Bahrdt, Immanuel Kant und die Gegenaufklärung in Preußen 1788-1798, *in*: Jahrbuch des Instituts für Deutsche Geschichte, Tel Aviv Bd. 9 (1980) S. 105f. ―また K. Rosenkranz, Kant und die Pressfreiheit, *in*: K. Rosenkranz, Studien, Teil 2, Leipzig 1844, S. 234-250; E. Fromm, Kant und die preußische Censur, Heidelberg-Leipzig 1894; D. Breuer, Geshichte der literarischen Zensur in Deutschland, München 1983.

22） I. Kant an C. F. Stäudlin, vom 4. Dezember 1794, *in*: I. Kant, Briefwechsel, Bd. 2, a. a. O., S. 688.〔前掲邦訳，第22巻，書簡266〕-Vgl. R. Brandt, Zum Streit der Fakultäten, *in*: R. Brandt/W. Stark, Neue Autographen und Dokumente zu Kants Leben, Schriften und Vorlesungen, Hamburg 1987, S. 31-78.

23） I. Kant an J. H. Tieftrunk, vom 5. April 1798, *in*: Ebenda, S. 771.〔前掲邦訳，第22巻，書簡326〕

24） P. Menzer, Zu Kants Zensurschwierigkeiten, *in*: Kant-Studien, Bd. 23 (1918/19), S. 381f.

25） Vgl. I. Kants Beilage zum Brief an S. Th. Sömmering, vom 10. August 1795, *in*: I. Kant, Gesammelte Schriften, hg. von der Königl. Preuß. Akad. d. Wiss., Berlin 1902, S. 31f.

26） Vgl. A. Warda, Der Streit um den „Streit der Fakultäten", *in*: Kant-Studien, Bd. 23 (1918/19), S. 386-405.

27） S. Collenbusch an I. Kant, vom 26. Dezember 1794, *in*: I. Kant, Briefwechsel, Bd. 2., a. a. O., S. 691.〔前掲邦訳，第22巻，書簡268〕

28） K. Rosenkranz, Aus einem Tagebuch, Leipzig 1854, S. 318.

29） J. H. Tieftrunk an I. Kant, vom 12. März 1799, *in*: I. Kant, Briefwechsel, Bd. 2, a. a. O., S. 786.〔前掲邦訳，第22巻，書簡339〕

30） Jakobinische Flugschriften aus dem deutschen Süden Ende des 18. Jahrhunderts, eingel. u. hg. von H. Scheel, Berlin 1965, S. 409.

31） K. F. Reinhard an C. F. Stäudlin, vom 6. November 1791; abgedruckt bei: W. Lang, Analekten zur Biographie des Grafen Reinhard, *in*: Würtembergische Vierteljahresschrift für Landesgeschichte, N. F., Bd. 1 (1908) S. 62. -Vgl. auch M. Puder, Kant und die Französische Revolution, *in*: Neue deutsche Hefte, Bd. 20 (1973) Heft 2, S. 10-46; D. Henrich, Kant über die Revolution, *in*: Materialien zu Kants Rechtsphilosophie, hg. v. Z.

Batscha, Frankfurt a. M. 1976, S. 359-365; P. Burg, Kants Deutung der Französischen Revolution, Berlin-München 1974 (Historische Forschung, Bd. 7).

32) W. Benjamin, Deutsche Menschen. Eine Folge von Briefen, Leipzig-Weimar 1979, S. 15.

33) F. Paulsen, Geschichte des gelehrten Unterrichts, Bd. 2, Berlin 1921, S. 309.

## 第４章　超越論哲学としての「知識学」

1) F. Schlegel, Athenäum, Bd. 1 (1798) 2. Stck., S. 56.

2) J. M. Martinez de Marañon, Die Problematik, die Aufgaben und Grenzen des transzendentalen Denkens, *in*: Erneuerung der Transzendentalphilosophie im Anschluß an Kant und Fichte. R. Lauth zum 60. Geburtstag, hg. von K. Hammacher u. A. Mues, Stuttgart 1979, S. 221. ―それについては，E. Lask, Fichtes Idealismus und die Geschichte, Tübingen 1914, S. 157ff.

3) J. B. Erhard an F. I. Niethammer, vom 2. Nov. 1794, *in*: J. G. Fichte im Gespräch. Berichte der Zeitgenossen, hg. von E. Fuchs, in Zusammenarbeit mit R. Lauth u. W. Schieche, Bd. 1 (1762-1798), Stuttgart 1978, S. 169.

4) J. G. Fichte an J. Baggesen, vom April/Mai 1795, Gesamtausgabe der Bayer. Akad. d. Wiss., hg. von R. Lauth, H. Jacob, H. Gliwitzky u. M. Zahn, Abt. III. Bd. 2, Stuttgart-Bad Cannstatt 1970, S. 300

5) H. C. Ørsted an A. S. Ørsted, vom 16. Febr. 1802, *in*: J. G. Fichte im Gesprach, Bd. 3 (1801-1806), Stuttgart 1981, S. 112. -R. Lauth, Die grundlegende transzendentale Position Fichtes, *in*: Der transzendentale Gedanke. Die gegenwärtige Darstellung der Philosophie Fichtes, hg. von K. Hammacher, Hamburg 1981, S. 10f.

6) F. Inciarte, Transzendentale Einbildungskraft, Bonn 1970; J. Stolzenberg, Fichtes Begriff der intellektuellen Anschauung, Stuttgart 1986.

7) J. G. Fichte, Gesamtausgabe der Bayer. Akademie der Wissenschaften., Abt. I. Bd. 3, a. a. O., S. 143. -M. S. Siemeck, Fichtes Wissenschaftslehre und Kantsche Transzendentalphilosophie, *in*: Der transzendentale Gedanke, a. a. O., S. 524ff.

8) F. W. J. Schelling, Philosophische Briefe über Dogmatismus und Kritizismus, *in*: F. W. J. Schelling, Sämmtliche Werke, hg. von K. F. A. Schelling, Bd. 1, Stuttgart-Augsburg 1856, S. 332〔邦訳「批判主義と独断主義にかんする哲学的書簡」『シェリング初期哲学著作集』183ページ〕. ―これについては，J. Schreiter, Produktive Einbildungskraft und Außenwelt in der Philosophie Fichtes, *in*: Der transzendentale Gedanke, a. a. O., S. 120ff.

9) A. D.. Ch. Twesten an Ch. A. Brandis, vom 30. März 1811, *in*: J. G. Fichte im Gespäch, Bd. 4 (1806-1812), Stuttgart 1987, S. 311f.

### 第４章付論　フィヒテの影にかくれ（忘れさられ）た平等の友，アウグスト・ルートヴィヒ・ヒュルゼン

1）　アウグスト・ルートヴィヒ・ヒュルゼンは，1765年に（ポツダム近郊の）プレムニッツで生まれた。ハレで，かれは文献学者 F. A. ヴォルフのもとで研究した。研究を終えてのち，かれは若いフリードリヒ・ドゥ・ラ・モッテ-フーケのもとで家庭教師となった。次いで，かれはキールに行き，とりわけ C. L. ラインホルトのもとで，哲学研究に転じた。ラインホルトはかれを超越論哲学に導いた。その後，かれはイェーナ滞在中（1794-1797年）に J. G. フィヒテ，哲学教授職へのラインホルトの後継者であるフィヒテを知った。かれの緊密な友人サークルに，まもなく，かれは加わった。1799年10月２日付シュライエルマッハー宛書簡で，ヒュルゼンはフィヒテとの深い関係を回顧して次のように示唆しさえした。「かれは，それ以前わたしを好ましく考えておりました。そして，わたしが希望するように今もなおそうです。……いつも，かれは，わたしには，実際，世紀の稀有な人物として現れております。そしてかれは，人間のもとにおける神のごとく崇められなければなりません」。1796年夏以来，ヒュルゼンはイェーナの秘密同盟「自由人協会」に属した（これについては，総じて，W. Flitner, A. L. Hülsen und der Bund der Freien Männer, Jena 1913; P. Raabe, Das Protokollbuch der Gesellschaft der freien Männer in Jena 1794-1799, *in*: Festgabe für Eduard Berend, Weimar 1959, S. 336-383)。イェーナを去ったのち，かれはなお数年のあいだ，地方で隠棲生活を送った（フェールベリン近郊のレンツケおよびホルシュタイン州で)。ここで，かれはわけても実践的-教育的実験に従事していた。—こうして，かれは，ルソーの理念を借りて，「ソクラテス学派」を創立した。ヒュルゼンは1810年に45歳の年でなくなった。

2）　ここで，すなわち，ルドルフ・ハイムがすでに記したように，「この学の見解の基礎が確固として記された。その後，この学は，たしかにヒュルゼンの論文の影響なしには，ヘーゲルによってそのように精神豊かに教示された知によって支えられた仕方で遂行されなかった」(R. Haym, Die romantische Schule, 3. Aufl., besorgt von O. Walzel, Berlin 1914, S. 503)。カール・ローゼンクランツは，ヒュルゼンのアカデミー論文をアカデミー懸賞問題の「もっとも根本的でもっとも精神豊かな，独立した精神で書かれた，［しかし］一等を冠せられない」回答として特徴づけた（K. Rosenkranz, Geschichte der Kant'schen Philosophie, hg. von St. Dietzsch, Berlin 1987, S. 353)。

3）　Athenäum, hg. von F. Schlegel u. A. W. Schlegel, Berlin Bd. 1 (1798) 2. Stck., S. 80.

4）　J. G. Fichte im Gespräch. Berichte der Zeitgenossen, hg. von E. Fuchs in Zusammenarbeit mit R. Lauth u. W. Schieche, Bd. 1, Stuttgart-Bad Cannstatt 1978, Nr. 226.

5）　そのさい問題は，「ネンハウゼンのフォン・ブリースト氏への哲学的書簡」（第１書簡「哲学における要請性について」）である（Philosophische Briefe an Herrn v. Briest in Nennhausen 〈1. Brief: Über die Postularität in der Philosophie〉, *in*: Philosophisches Journal, hg. von J. G. Fichte u. F. I Niethammer, Jena-Leipzig Bd. 7 (1797) 1. Heft, S. 71-103; „Über den Bildungstrieb", *in*: Ebenda, Bd. 9 (1798) 2. Heft, S. 99-129.)

6） Athenäum, a. a. O., Bd. II (1799) 1. Stck., S. 165.

7） J. G. Fichte im Gespräch, Bd. 1, a. a. O., Nr. 392.

8） シェリングとヒュルゼンとは，ライプツィッヒで1797年10月に一度会った。―それが唯一の個人的な出会いであった。ヒュルゼンは，フィヒテの同伴者としてライプツィッヒにやってきた。フィヒテはここ，ライプツィッヒで「哲学雑誌」の編集者として，かれのもっとも重要な執筆者の一人ともっと詳しく知り合いになろうとした。―イェーナ滞在の後で，「……ヒュルゼンは，シェリングの思考により近づいている」(X. Tilliette, Schelling. Une philosophie en devenir, Bd. 1, Paris 1970, S. 103)。A. W. シュレーゲルに宛てて，1803年12月18日に，ヒュルゼンはシェリングにかんしてこう書いている。「その人物はそもそも深く偉大な思想を有している」。―クサヴィエ・ティリエットはヒュルゼンのうちに「束縛され弱々しい人格性」(ebenda, S. 569) を見ている。―ヒュルゼンの死後，シェリングはかれの『ドイツ人によるドイツ人のための一般雑誌』において (1813年)，かれがなお非常に愛すべき研究を A. L. ヒュルゼンの人物と作品に捧げた哲学的遺稿を公刊した (F. W. J. Schelling, Sämmtliche Werke, Bd. 8, Stuttgart 1856, S. 190ff.)。

9） A. L. Hülsen an F. Schleiermacher, vom 13. April 1800, *in*: J. G. Fichte im Gespräch, Bd. 2, a. a. O., Nr. 1044.

10） A. L. Hülsen, Philosophische Briefe, *in*: Philosophisches Journal, a. a. O., Bd. 7 (1797) 1. Heft, S. 74f. ―この清涼な観念論批判でもって，ヒュルゼンが，哲学と実践を関係づけようとする試みを，例えば芸術として関係づけようとする試みをなしたいっさいのかの試みに加わっているのが分かった (典型的に，シラー，シェリング，そしてイェーナの初期ロマン主義者たちが挙げられている)。この文脈で，フリードリヒ・シュレーゲルは，かつてかれについて，こう言った。「わたしは，かれを多くの点でシェリングの上に置く」(Brief an Novalis, vom 5. Mai 1797)。しかし，ヒュルゼンは，哲学と実践のこのような総合を，芸術の場合のように，そのさい，ふたたびたんに新しい排他性しか開示しなかったような場合には，拒絶した。

11） Athenäum, a. a. O., Bd. II (1799) 1. Stck., S. 154. [筆者の強調] ―このカテゴリー的な規定でもって，ヒュルゼンは，人間的本質のより正確な把握をカントのもとでしかるべき諸傾向として獲得する。すなわち，「人間は社会がなければ，自分自身にとって十分ではない」(Kants gesammelte Schriften, hg. von der Akad. d. Wiss, Bd. 15, Berlin-Leipzig 1923, Nr. 1452)。あるいはフィヒテは，こう言っている。「社会的衝動は……人間の根本衝動に属する。人間は，社会で生きるべく規定されている」(J. G. Fichte, Sämtliche Werke, hg. von I. H. Fichte, Bd. 6, Berlin 1845, S. 306)。

12） Athenäum, a. a. O., S. 154.

13） Ebenda, S. 174.

14） Ebenda, S. 177.

15） Ebenda, S. 162.

16） M. Buhr, Philosophie und Revolution. Die ursprüngliche Philosophie Johann Gottlieb

Fichtes und die Französische Revolution, Berlin 1965, S. 65.

### 第５章　若いシェリングにおける自然と歴史的過程

1）I. Kant, Über den Gebrauch teleologischer Prinzipien in der Philosophie, *in*: I. Kant, Werke, hg. von E. Cassierer, Bd. 4, Berlin 1922, S. 493.（「哲学における目的論的諸原理の使用について」『カント全集』―また保守的なカント学徒にして自然科学者のマルクス・ヘルツは「実験物理学にかんする諸講義」（1787年）の中でこれに関連した差別化を自然史の概念において行った。そのとき，彼はこう書いた。「博物誌は二重である。すなわち自然記述と自然科学である。前者は，歴史記述的な自然認識にかかわり，後者は理性的な自然認識にかかわる。自然記述は自然史〔博物誌〕とは異なっている。前者は，同時的自然の認識であり，後者は継起的自然の認識である。前者は，すでに非常に世界貫通的であり，後者はまだ発明されていない。自然科学は二重である。自然の哲学と自然の数学とである。後者は量に関係し，……前者は自然の特性に関係する」（M. Herz, Vorlesungen über Experimentalphysik, Berlin 1787, §§6-8）。

2）F. W. J. Schelling, System des transzendentalen Idealismus, *in*: F. W. J. Schelling, Sämmtliche Werke, hg. von K. F. A. Schelling, Bd. 3, Stuttgart 1858, S. 588.〔邦訳『先験的観念論の体系』赤松訳，392ページ〕

3）G. W. F. Hegel, Zum Ende der Mechanik, zum Chemismus, zur Physik und zum Anfang des Organischen, *in*: G. W. F. Hegel, Jenaer Systementwürfe I, hg. v. K. Düsing u. H. Kimmerle, Hamburg 1975, S. 124 (Hegel, Gesammelte Werke, Bd. 6). -Vgl. P. Horak, Zur historischen und aktuellen Bedeutung des naturphilosophischen Denkens Hegels, *in*: Wiss. Zeitschr. d. Univ. Jena 34 (1985) Heft 3, S. 343-349.

4）F. W. J. Schelling, System des transzendentalen Idealismus, a. a. O., S. 452〔邦訳同上，179ページ〕

5）F. W. J. Schelling, Abhandlungen zur Erläuterung des Idealismus der Wissenschaftslehre, *in*. F. W. J. Schelling, Sämmtliche Werke, Bd. 1, a. a. O., S. 383.

6）H. Heine, [Rez. Zu:] Die deutsche Literatur von Wolfgang Menzel, *in*: H. Heine, Säkularausgabe, Bd. 4, Berlin-Paris 1981, S. 245.

7）H. Steffens, Was ich erlebte, Bd. 4, Breslau 1841, S. 86.

8）B. Lypp, Ästhetischer Absolutismus und politische Vernunft, Frankfurt a. M. 1972, S. 95.

9）H. J. Sandkühler, Dialektik der Natur-Natur der Dialektik, *in*: Natur-Kunst-Mythos, hg. von St. Dietzsch, Berlin 1978, S. 83f.

10）F. Hölderlin an F. W. J. Schelling, Ostern 1795, *in*: Aus Schellings Leben. In Briefen, hg. v. G. L. Plitt, Bd. 1, Leipzig 1869, S. 71.

11）E. Cassirer, Das Erkenntnisproblem in der Philosophie und Wissenschaft, Bd. 3, Berlin 1923, S. 217.

12）Vgl. F. Inciarte, Transzendentale Einbildungskraft, Bonn 1970, S. 161.

13） Vgl. J. G. Fichte an F. W. J. Schelling, vom 31. Mai 1801, *in*: J. G. Fichte, Gesamtausgabe der Bayer. Akad. d. Wiss., hg. von R. Lauth u. H. Gliwitzky, Abt. III. Bd. 5, Stuttgart-Bad Cannstatt 1982, S. 52.〔『フィヒテ―シェリング往復書簡』（座小田・後藤訳）法政大学出版局，154ページ〕

14） F. W. J. Schelling, Philosophie der Offenbarung, *in*: F. W. J. Schelling, Sämmtliche Werke, Bd. 13, Stuttgart 1858, S. 53.

15） F. W. J. Schelling an F. I. Niethammer, vom 22 Januar 1796, *in*: F. W. J. Schelling, Briefe und Dokumente, hg. von H. Fuhrmans, Bd. 1 (1775-1809), Bonn 1962, S. 60.

16） F. W. J. Schelling, [Antikritik,] *in*: F. W. J. Schelling, Sämmtliche Werke, Bd. 1, a. a. O., S. 242.

17） F. W. J. Schelling an F. I. Niethammer, vom 8. Oktober [おそらく正しくは November] 1796, *in*: F. W. J. Schelling, Briefe und Dokumente, Bd. 1, a. a. O., S. 95.

18） J. G. Fichte an F. W. J. Schelling, vom 27. Dezember 1800, in: J. G. Fichte, Gesamtausgabe der bayer. Akad. D. Wiss., Abt. III. Bd. 4, a. a. O., S. 406.〔前掲邦訳『フィヒテ―シェリング往復書簡』，133ページ〕

19） F. W. J. Schelling, Zur Geschichte der neueren Philosophie, *in*: F. W. J. Schelling, Sämmtliche Werke, Bd. 10, a. a. O., S. 96f.〔前掲邦訳『近世哲学史講義』，153ページ以後〕―これについては，C. Cesa, System und Geschichte im Spannungsfeld zwischen Schelling und Hegel, *in*: Pragmatik, hg. von H. Stachowiak, Bd. 1. Pragmatisches Denken von den Ursprüngen bis zum 18. Jahrhundert, hg. von H. Stachowiak, Hamburg 1986, S. 508-527.

20） W. Hartkopf, Studien zur Entwicklung der modernen Dialektik, Meisenheim/Glan 1972, S. 9; ders., Schellings Naturphilosophie, *in*: Philosophia Naturalis 17 (1979) 3, S. 349ff.

21） K. Marx an L. Kugelmann, vom 11. Juli 1868, *in*: K. Marx/F. Engels, Werke, Bd. 32, Berlin 1965, S. 552.〔「ワーゲルマンへの手紙」『マルクス・エンゲルス全集』第32巻，453-455ページ〕

22） F. W. J. Schelling, System des transzendentalen Idealismus, in: F. W. J. Schelling, Sämmtliche Werke, Bd. 3, a. a. O., S. 398.〔前掲邦訳『体系』94ページ〕

23） F. Schlegel, Fragmente, *in*: Athenäum 1 (1798) 2. Stck., S. 20.

24） F. Creuzer an F. K. von Savigny, vom 21. Mai 1800, *in*: Briefe F. Creuzers an F. K. Savigny (1799-1850), hg. von H. Dahlmann, Berlin 1972, S. 89. ―「自然がある点で人間精神そのものと同様に理性的である場合に，人間精神は他方また自然が持つのと同様に必然的な法則を持たねばならない。内面的なもの，人類の世界は外的世界と同様に規則正しく秩序づけられている。いまや人類の世界が歴史において顕示される。その結果歴史はその法則をもっている。……そこからわたしたちが第一に見るのは……実在論を歴史のうちに導入したということである」(V. Cousin, Über französische und deutsche Philosophie, Stuttgart 1834, S. 40.)。

25） W. Kasper, Das Absolute in der Geschichte, Mainz 1965, S. 57.

26） F. W. J. Schelling, Ideen zu einer Philosophie der Natur, *in*: F. W. J. Schelling, Sämmtliche Werke, Bd. 2, a. a. O., S. 29f.〔邦訳「自然哲学の理念」（小西邦雄訳）『シェリング初期著作集』227ページ〕

27） Ebenda, S. 36.〔同上邦訳，234ページ〕

28） X. Tilliette, Schelling. Une philosophie en devenir, Bd. 1, Paris 1970, S. 118.

29） F. W. J. Schelling, Erster Entwurf eines Systems der Naturphilosophie, *in*: F. W. J. Schelling, Sämmtliche Werke, Bd. 3, a. a. O., S. 18.

30） F. W. J. Schelling, Einleitung zu dem Entwurf eines Systems der Naturphilosophie, a. a. O., S. 287f.

31） F. W. J. Schelling, Abhandlung über die Frage, ob eine Philosophie der Erfahrung, insbesondere, ob eine Philosophie der Geschichte möglich sei, *in*: F. W. J. Schelling, Sämmtliche Werke, Bd. 1, a. a. O., S. 466.

32） H. Steffens, Was ich erlebte, Bd. 4, a. a. O., S. 296.

33） I. Kant, Reflexionen zur Anthropologie, *in*: I. Kant, Gesammelte Schriften, hg. von der Preuß. Akad. D. Wiss., Bd. 15, Berlin 1923, REF-Nr. 1521. —この思想をシュテッフェンスもまた，シェリングの刺激を受けて，生涯主張した。すなわち，「民族がいっそう決定的に自然の合法則性に委ねられたことによって，民族は，精神的にいっそう自由にならなかっただろうか」（H. Steffens, Was ich erlebte, Bd. 4, S. 300.）。—それについての次のようなマルクス主義的な議論もまた参照されたい。Subjekt der Geschichte, hg. von M. Hahn u. H. J. Sandkühler, Köln 1980; Formationstheorie und Geschichte, hg. von E. Engelberg u. W. Küttler, Berlin 1978, S. 40ff.; St. Dietzsch, Ist Geschichte als Naturgeshichte möglich? Kant und Schlözer als Kritiker Herders, *in*: Herder-Kolloqium 1978, hg. v. W. Dietze, Weimar 1980, S. 145ff.

34） A. Müller, Die Lehre vom Gegensatz, *in*: A. Müller, Kritische, ästhetische und philosophische Schriften, hg. vom W. Schroeder u. W. Siebert, Bd. 2, Neuwied-Berlin 1967, S. 229.

35） P. Teilhard de Chardin, Der Mensch im Kosmos, Berlin 1966, S. 270.

36） I. Kant, Ideen zu einer allgemeinen Geschichte in weltbürgerlicher Absicht, *in*: I. Kant, Werke, hg. von E. Cassirer, Bd. 4, a. a. O., S. 161.〔カント「世界市民的見地における普遍史の理念」前掲『カント全集』第14巻〕

37） F. W. J. Schelling, System des transzendentalen Idealismus, *in*: F. W. J. Schelling, Sämmtliche Werke, Bd. 3, a. a. O., S. 608.〔前掲邦訳『体系』425ページ〕

38） F. W. J. Schelling, Allgemeine Deduktion des dynamischen Prozesses, *in*: F. W. J. Schelling, Sämmtliche Werke, Bd. 4, a. a. O., S. 77.

39） H. Steffens, Was ich erlebte, Bd. 6, a. a. O., S. 295.

40） K. Marx, Das Elend der Philosophie, *in*: MEW, Bd. 4, a. a. O., S. 181.（前掲邦訳『哲学の貧困』）Vgl. C. Cesa, F. W. J. Schelling, *in*: Pipers Handbuch der politischen Idee, Bd. 4, München 1985, S. 226-232.

41） K. Marx an A. Ruge, vom 13. März 1843, *in*: MEW, Bd. 27, a. a. O., S. 417.〔前掲『全集』第27巻〕

42） F. W. J. Schelling, System des transzendentalen Idealismus, in: F. W. J. Schelling, Sämmtliche Werke, Bd. 3, a. a. O., S. 598.〔前掲邦訳『体系』408ページ〕

43） F. W. J. Schelling, Über Dante in Philosophischer Beziehung, *in*: ebenda, Bd. 5, a. a. O., S. 158. （北沢・長島訳「哲学的関連におけるダンテについて」『ヘーゲル研究』 5 ）― 美学へのこの体系内在的な転回は，こうして「自由と必然性の敵対に巻きこまれないで，思考し行動することができるという実践の欲求に」従う。（H. J. Sandkühler, Freiheit und Wirklichkeit. Zur Dialektik von Politik und Philosophie bei Schelling, Frankfurt a. M. 1969, S. 115.）

44） F. W. J. Schelling, Philosophie der Kunst, *in*: F. W. J. Schelling, Sämmtliche Werke, Bd. 5, a. a. O., S. 415.

45） F. W. J. Schelling, System des transzendentalen Idealismus, *in*: Ebenda, Bd. 3, a. a. O., S. 583.（前掲邦訳『体系』354ページ）

46） Ebenda, S. 582.（前掲邦訳『体系』352ページ）

47） F. W. J. Schelling, Ideen zu einer Philosophie der Natur, *in*: Ebenda, Bd. 2, S. 12.

**第 5 章付論　フィヒテの自然―概念について**

1 ） J. G. Fichte an X. von Moshamm, vom 18. Juni 1804, *in*: J. G. Fichte, Gesamtausgabe der Bayer. Akad. d. Wiss., hg. v. R. Lauth u. H. Gliwitzky, Abt. III. Bd. 5, Stuttgart 1982, S. 239.

2 ） Ebd.

3 ） Vgl. R. Lauth, Die transzendentale Naturlehre Fichtes nach den Prinzipien der Wissenschaftslehre, Hamburg 1984.

4 ） F. W. J. Schelling an J. G. Fichte, vom 3. Okt. 1801, *in*: J. G. Fichte, Gesammtausgabe... Abt. III, Bd. 5, S. 86.〔前掲邦訳『フィヒテ-シェリング往復書簡』157ページ〕

5 ） X. Tilliette, Reinhard Lauth zum 65. Geburtstag, *in*: J. G. Fichte, Gesamtausgabe...Abt. II, Bd. 8, S. IX.

6 ） J. G. Fichte, Nachgelassene Schriften zu Platners „Philosophische Aphorismen“, *in*: J. G. Fichte, Gesamtausgabe...Abt. II, Bd. 4, S. 267.

7 ） J. G. Fichte an F. W. J. Schelling, vom 3. Okt. 1800, *in*: J. G. Fichte, Gesamtausgabe... Abt. III, Bd. 4, S. 322f.〔前掲邦訳『フィヒテ-シェリング往復書簡』101ページ〕

8 ） J. G. Fichte, Praktische Philosophie, *in*: J. G. Fichte, Gesamtausgabe..., Abt. II, Bd. 3, S. 233.

9 ） J. G. Fichte, Grundriß des Eigentümlichen der Wissenschaftslehre, *in*: J. G. Fichte, Gesamtausgabe...Abt. I, Bd. 3, S. 189.〔邦訳「知識学の特性綱要」『フィヒテ全集』第10巻〕

10） I. Kant, Kritik der Urteilskraft, hg. von K. Vorländer, Hamburg 1955, S. 168.

11） J. G. Fichte, Darstellung der Wissenschaftslehre, *in*: J. G. Fichte, Gesamtausgabe..., Abt. II, Bd. 6, S. 298 f.〔邦訳「知識学の叙述」『フィヒテ全集』第12巻〕

12） J. G. Fichte, Grundlage der gesamten Wissenschaftslehre, *in*: J. G. Fichte, Gesamtausgabe..., Abt. I, Bd. 2, S. 358.〔邦訳「全知識学の基礎」『全集』第4巻〕

13） J. G. Fichte an F. Schiller, vom 9. Juni 1803, *in*: J. G. Fichte, Gesamtausgabe..., Abt. III, Bd. 5, S. 165f.

14） J. G. Fichte, Nachgelassene Schriften zu Platners „Philosophische Aphorismen", *in*: J. G. Fichte, Gesamtausgabe..., Abt. II, Bd. 4, S. 267.

## 第6章　ロマン主義的自然哲学

1） J. G. Hamann an I. Kant, vom Dezember 1759, *in*: I. Kant, Werke, hg. von E. Cassirer, Bd. 9, Berlin 1922, S. 26. ―総じて O. Marquard, Transzendentaler Idealismus, romantische Naturphilosphie, Psychoanalyse, Köln 1987.

2） A. von Arnim, Rezension zu J. W. Ritter, Fragmente aus dem Nachlasse eines jungen Physikers, *in*: Heidelberger Jahrbücher der Literatur für Theologie, Philosophie und Pädagogik, Jg. 3 (1810) 1, Abt., S. 116.

3） Annalen der Physik, 28 (1808), S. 223.

4） H. Berg/G. Germann, Ritter und Schelling-Empirie oder Spekulation, *in*: Die Philosophie des jüngen Schelling, hg. von E. Lange, Weimar 1977, S. 90.

5） J. W. Ritter, Schreiben an Volta (vom Juni 1798), *in*: J. W. Ritter, Physisch-chemischer Abhandlungen, Bd. 1, Leipzig 1806, S. 80.

6） A. von Arnim, Zueignung an Ritter. Abgedruckt bei H. Härtl, Arnim und Goethe. Zum Goethe-Verhältnis der Romantik im ersten Jahrzehnt des 19 Jahrhunderts, Diss. Halle 1971, Anh. S. 437f.

7） J. W. Ritter an H. C. Ørsted, vom 28. Oktober 1802, *in*: Correspondance de H. C. Ørsted avec divers savants, Hg. M. C. Harding, Bd. 2, Copenhague 1920, S. 31.

8） J. W. von Goethe an F. Schiller, vom 28. September 1800, *in*: J. W. von Goethe, Werke, hg. im Auftr. d. Großherzogin Sophie von Sachsen, Abt. IV. Bd. 15, Weimar 1894, S. 123.

9） J. W. Ritter, Versuche und Bemerkungen über den Galvanismus, *in*: J. W. Ritter, Pysisch-chemische Abhandlungen. Bd. 3, a. a. O., S. 155.

10） J. W. Ritter an H. C. Ørsted, vom 28. Oktober 1802, *in*: Correspondance de H. C. Ørsted, Bd. 2, a. a. O., S. 30.

11） J. W. Ritter an H. C. Ørsted, vom 16/17. August 1805, *in*: Ebenda, S. 119.

12） J. W. Ritter an H. C. Ørsted, vom 15. Februar 1804, *in*: Ebenda, S. 57.

13） J. W. Ritter an C. E. von Moll, vom 19. Oktober 1809, *in*: Des Freiherrn C. E. von Moll Mitteilungen aus seinem Briefwechsel, III. Abt. (R-V), Ausgang 1834, S. 638.

14） J. W. Ritter an H. C. Ørsted, vom 1. April 1806, *in*: Correspondance de H. C. Ørsted, a. a. O., S. 159.

15） Denkschriften Kgl. Akademie der Wissenschaften zu München für das Jahr 1808, München 1809, S. XLIII.

16） J. W. Ritter an C. E. von Moll, vom 12. November 1809, *in*: Des Freiherrn C. E. von Moll Mitteilungen, a. a. O., S. 649.

17） Novalis an Caroline, vom 20. Januar 1799, *in*: Novalis, Schriften, hg. von P. Kluckhohn u. R. Samuel, Bd. 4, Stuttgart 1975, S. 275.

18） J. W. Ritter an H. Ørsted, vom 26. Juli 1809, *in*: Correspondance de H. C. Ørsted, a. a. O., S. 251.

19） A. F. Gehlen an H. C. Ørsted, vom 12. Februar 1810, *in*: Ebenda, S. 368.

20） J. W. Ritter an K. von Hardenburg, vom 22. April 1807, *in*: Briefe eines romantischen Physikers. J. W. Ritter an Schubert und K. von Hardenberg, hg. v. F. Klemm u. A. Herrmann, Munchen 1966, S. 40.

21） J. W. Ritter an Ch. Voigt, vom 21. November 1803, *in*: Jahrbuch des Freien Deutschen Hochstifts, 1973, S. 205. —アカデミーの友人モルにたいしてもリッターは次のような状態を嘆いた。「アカデミーのメンバーはたいてい抑圧的な学問の保守者にすぎません……ほんとうに，私自身会員になる前には，アカデミーにかんして異なった意見をもっておりました」〔アカデミーの部門事務長フォン・モルの欄外注に「私も」とある〕（J. W. Ritter an C. E. von Moll, vom 16. Januar 1809, *in*: Des Freiherrn C. E. von Moll Mitteilungen, a. a. O., S. 620.）。」。

22） H. Breger, Die Natur als arbeitende Maschine, Frankfurt a. M. 1982, S. 104.

23） W. T. Krug, Allgemenes Handwörterbuch der Philosophischen Wissenschaften, Bd. 1, Leipzig 1832, S. 615.

24） J. G. Sulzer, Allgemeine Theorie der Schönen Künste, 1. Theil. Bd. 1, Biel 1777, S. IX.

25） F. Schiller/J. W. von Goethe, Über den Dilettantismus, *in*: Schillers Werke. Nationalausgabe, hg. v. H. Koopmann u. B. von Wiese, Bd. 21, Weimar 1963, S. 61-Vgl. H. R. Vaget, Das Bild vom Dilettanten bei Moritz, Schiller und Goethe, *in*: Jahrbuch des Freien Deutschen Hochstifts (1970) S. 1-31.

26） Schemata über den Dilettantismus (2), *in*: Schillers Werke. Nationalausgabe, Bd. 21, a. a. O., Beil.

27） Novalis, Schriften, hg. v. J. Minor, Bd. 2, Jena 1923, S. 179.

28） F. W. J. Schelling, Über Faradys neueste Entdeckung, *in*: F. W. J. Schelling, Sämmtliche Werke, hg. v. K. F. A. Schelling, Bd. 9, Stuttgart 1861, S. 443.

29） Neue Allgemeine Deutsche Bibliothek, 56. Bd. (1801) 1. Stck., S. 168.

30） Vgl. E. Adickes, Kants Opus postumum, Berlin 1920, S. 471.

31） F. W. J. Schelling, Ist eine Philosophie der Geschichte möglich?, *in*: F. W. J. Schelling, Sämmtliche Werke, Bd. 1, a. a. O., S. 471.

32） H. Steffens, Was ich erlebte, Bd. 8, Breslau 1843, S. 367f.

33） F. Schlegel, Entwicklung der Philosophie, *in*: Kritische Friedrich-Schlegel-Ausgabe,

hg. v. E. Behler u. J. -J. Anstett, Bd. 12, München 1964, S. 409.

34) W. Kastner an H. C. Ørsted, vom 30. Juni 1804, *in*: Correspondance de H. C. Ørsted, a. a. O., S. 420.

35) J. W. Ritter an H. C. Ørsted, vom 16. August 1805, *in*: Ebenda, S. 120.

36) J. W. Ritter, Fragmente aus dem Nachlasse eines jungen Physikers, hg. v. St. u. B. Dietzsch, Leipzig/Weimar 1984, S. 104.

37) J. W. Ritter an J. W. von Goethe, vom 8. April 1804, *in*: Jahrbuch der Goethe-Gesellschaft, hg. v. H. C. Gräf, Bd. 8 (1921) S. 149.

38) J. W. Ritter, Vorerinnerungen zu den Physisch-chemischen Abhandlungen, Bd. 1. a. a. O., S. XVII.

39) J. W. Ritter an F. Schlichtegroll, von Mitte Juni 1809, *in*: Briefe eines romantischen Physikers, a. a. O., S. 12.

40) J. W. Ritter an K. von Hardenberg, vom 22. September 1807, *in*: Ebenda, S. 41.

41) J. W. Ritter, Fragmente aus dem Nachlasse eines jungen Physikers, a. a. O., S. 290 u. 317.

42) F. Rosenzweig, Das Älteste Systemprogramm, Heidelberg 1917, S. 6.

## 第７章　哲学の至福の時

1) K. Rosenkranz, Geschichte der Kant'schen Philosophie, hg. von St. Dietzsch, Berlin 1987, S. 248 f.

2) G. W. F. Hegel an F. W. J. Schelling, vom 2. November 1800, *in*: F. W. J. Schelling, Briefe und Dokumente, hg. von H. Fuhrmans, Bd. 2, Bonn 1973, S. 286.〔邦訳『ヘーゲル書簡集』（小島貞介訳），日清堂，1975年，39ページ（７）〕―次のものを参照，M. Sobotka, Schelling a Hegel. Studie k světonázorovému a metodologickému vývoji v němeské klasické filozofii [Schelling und Hegel. Studien zur weltanschaulichen und methodologischen Entwicklung in der klassischen deutschen Philosophie], Prag 1987.

3) G. W. F. Hegel an G. E. A. Mehmel, vom Juli 1801, *in*: F. W. J. Schelling, Briefe und Dokumente, Bd. 2, a. a. O., S. 335. ―参照，D. Henrich, Der Weg des spekulativen idealismus. Ein Resümee und eine Aufgabe, *in*: D. Henrich/Ch. Jamme, Jakob Zwillings Nachlaß, Bonn 1986, S. 77-96.

4) Allgemeine Zeitung, Stuttgart, vom 6. November 1801, Nr. 310.

5) F. Engels, Schelling und die Offenbarung, *in*: K. Marx/F. Engels, Werke, Erg. Bd. 2, Berlin 1967, S. 178.〔邦訳『マルクス・エンゲルス全集』第41巻，真下・宮本訳，190ページ〕

6) G. W. F. Hegel, Differenz des Fichteschen und Schellingschen Systems der Philosophie, hg. von St. Dietzsch, Leipzig 1981, S. 26.〔邦訳『理性の復権―フィヒテとシェリングの哲学体系の差異―』（山口祐弘ほか訳），批評社，17ページ〕―参照，E. Behler, Die Geschichte des Bewußtseins. Zur Vorgeschichte eines Hegelschen Themas,

*in*: Hegel-Studien 7 (1972) S. 169-216.

7） Schellingiana rariora, gesammelt und eingeleitet von L. Pareyson, Turin 1977, S. 129.

8） Allgemeine Literatur-Zeitung, Jena (1800) Nr. 247, Sp. 489.

9） Die Horen. Eine Monatschrift, hg. von F. Schiller, Tübingen Bd. 1. (1795), S. V f.

10） J. G. Fichte, Fichtes Leben und literarischer Briefwechsel, hg. von I. H. Fichte, Bd. 2, Leipzig 1862, S. 76.

11） Ch. G. Schütz, Verteidigung gegen Hn. Prof. Schellings sehr unlautere Erläuterungen über die ALZ, *in*: Intelligenzblatt der ALZ, Nr. 57, vom 30. April 1800, Sp. 479.

12） F. W. J. Schelling an J. G. Fichte, vom 18. August 1800, *in*: Fichte-Schelling-Briefwechsel, hg. von W. Schulz, Frankfurt a. M. 1968, S. 78.〔同上邦訳『フィヒテ―シェリング往復書簡』84ページ以下〕

13） A. W. Schlegel an F. D. Schleiermacher, vom 21, April 1800, *in*: Aus Schleiermachers Leben in Briefen, hg. von L. Jonas. W. Dilthey, Bd. 3, Berlin 1861, S. 169. ―ところで雑誌のこのような計画のためにフィヒテは（1800年2月8日に）協力を願い出た。「いかにフィヒテがこともあろうにラインホルト，彼の哲学的試みは当時すでにシェリングによって軽蔑をこめて扱われていたのだが，このラインホルトに要請できたのかは，この計画倒れ全体の，たくさんあるなぞのひとつでありつづけている」（H. Buchner, Hegel und das Kritische Journal der Philosophie, *in*: Hegel-Studien, Bd. 3, 1965, S. 102.）。ラインホルトはもちろん拒否した，かれはこのころ自身で定期刊行物『一九世紀初頭における哲学情況のさらに容易な概観のための論集』（1801-1803年，六冊）を計画していた。

14） A. W. Schlegel an F. D. Schleiermacher, vom 9. Juni 1800, *in*: Aus Schleiermachers Leben, Bd. 3, a. a. O., S. 183. ―この雑誌にたいする草案のなかでA. W. シュレーゲルは同時代の書評機関誌の主要な誤りを要約している。「公平なまた仮借ない批判が有する鋭さの欠如，批判基準での大きなばらつき……凡庸なものや悪いものにあまりにも長くとどまっていること，また重要なものや卓越したものをあまりにもそっけなく扱うあるいは無視すること。……たしかに学術新聞の形式は上述の欠点の一部に責任を有するが，この形式は，やみくもにまた無目的に，政治新聞から借りてこられたのだ」（A. W. Schlegel, Entwurf zu einem kritischen Institute, *in*: A. W. Schlegel, Sämtliche Werke, hg. von E. Böcking, Bd. 8, Leipzig 1846, S. 50.）。

15） J. G. Fichte an F. W. J. Schelling, vom 4. Oktober 1800, *in*: Fichte-Schelling-Briefwechsel, a. a. O., S. 96.〔同上邦訳，109ページ〕

16） F. W. J. Schelling an J. G. Fichte, vom 19. November 1800, *in*: Ebenda, S. 107f.〔同上邦訳，126ページ〕―これについてはフィヒテの覚え書き『シェリングの超越論的観念論の体系を読んで』をも参照，abgedruckt *in*: F. W. J. Schelling, System des transzendentalen Idealismus, hg. von St. Dietzsch, Leipzig 1979, S. 296ff. フィヒテとシェリングとの差異について要約的なのは，R. Lauth, Die erste philosophische Auseinandersetzung zwischen Fichte und Schelling (1795-1797), *in*: Zeitschrift für philosophische Forschung 21 (1967) S. 341 ff.〔邦訳『フィヒテからシェリングへ』隈元訳，以文社，9ページ以降〕

R. Lauth, Die zweite philosophische Auseinandersetzung zwischen Fichte und Schelling (1800-1801), *in*: Kant-Studien 65 (1974) S. 397 ff.〔同上邦訳，50 ページ以降〕

17） G. W. F. Hegel an W. F. Hufngel, vom 30. Dezember 1801, *in*: Briefe von und an Hegel, hg. von J. Hoffmeister, Bd. 1, Berlin 1970, S. 65.〔邦訳『ヘーゲル書簡集』43ページ以下（８）〕―参照，X. Tilliette, Hegel in Jena als Mitarbeiter Schellings, *in*: Hegel-Studien. Beiheft 20, S. 11-24.

18） L. Noack, Schelling und die Philosophie der Romantik, Bd. 1, Berlin 1859, S. 429. ―最近では参照，D. Henrich, Andersheit und Absolutheit des Geistes. Sieben Schritte auf dem Wege von Schelling zu Hegel, *in*: D. Henrich, Selbstverhältnisse, Stuttgart 1982, S. 142-172.

19） G. W. F. Hegel an F. W. J. Schelling, vom Ende Januar 1795, *in*: Briefe von und an Hegel, Bd. 1, a. a. O, S. 16.〔同上邦訳，18ページ（３）〕

20） F. W. J. Schelling an G. W. F. Hegel, vom 4. Februar 1795, *in*: Ebenda, S. 20.

21） M. Buhr, Vernunft-Mensch-Geschichte, Berlin 1977, S. 196 f. 参照，H. -J. Werner, Spekulative und transzendentale Dialektik. Zur Entwicklung des dialektischen Denkens im deutschen Idealismus, *in*: Philosophisches Jahrbuch 81 (1974) 1. Halbbd., S. 77-87.

22） Ebenda, S. 196. ―参照，J. d'Hondt, Verborgene Quellen des Hegelschen Denkens, Berlin 1972.

23） G. W. F. Hegel an F. W. J. Schelling, vom 2. November 1800, *in*: Briefe von und an Hegel, Bd. 1, a. a. O, S. 59 f.〔同上邦訳，39ページ（７）〕―1804年のある経歴書において―教授としての招聘と関連して―ヘーゲルは書いた。「教職を探す機会と同様に，僕が自分のために研究してきたこと，もっとも素晴らしいことをさらに発展させる機会を僕が見つけられるような場所にかんして，イェーナの名声は何ら選択の余地を与えなかった」（*in*: Ebenda, Bd. 4/1, S. 89.）。

24） W. Hartkopf, Kontinuität und Diskontinuität in Hegels Jenaer Anfängen. Studien zur Entwicklung der modernen Dialektik IV, Königsstein/Taunus 1979, S. 49. ― Vgl. W. C. Zimmerli, Die Frage nach der Philosophie. Interpretationen zu Hegels Differenzschrift, Bonn 1974.〔邦訳『哲学への問い：ヘーゲルとともに』（山口祐弘訳），晢書房，1993年〕

25） [W. T. Krug,] Wie der ungemeine Menschenverstand die Philosophie nehme; an dem neuen kritisch-philosophischen Journale der Herren Schelling und Hegel dargestellt von Zettel und Squenz, Buxtehude [d. i. Meißen] 1802, S. 3. ― F. H. ヤコービも「猛烈な怒りが支配しているという，シェリングと，わたしのまったく知らないヘーゲル氏とかいう人によって編集された新しい哲学批判雑誌」出版を驚きながら確認した。F. H. Jacoki an F. Bouterwek, von 22, März 1802, *in*: Hegel in Berichten seiner Zeitgenossen, hg. von. G. Nicolin, Berlin 1971, S. 45.）

26） G. W. F. Hegel, Glauben und Wissen, *in*: Kritisches Journal der Philosophie, Bd. 2 (1803) 1. Stück, S. 30.〔邦訳『信仰と知』（上妻精訳），岩波書店　1993年，28ページ〕

27) [W. T. Krug,] Wie der ungemeine Menschenverstand die Philosophie nehme, a. a. O., S. 11. ―参照, D. Henrich, Kant und Hegel, *in*: D. Henrich, Selbstverhältnisse, a. a. O., S. 173-208.

28) I. Kant, Nachlaß zur Metaphysik, *in*: I. Kant, Gesammelte Schriften, hg. von der Preuß. Aka. d. Wiss., Bd. 18, Berlin 1928, Refl. -Nr. 4970.

29) A. Klingemann, An Julius (als Einleitung), *in*: Memnon, hg. von A. Klingemann, Leipzig 1800, S. 6.

### 第8章　道具としての芸術作品

1) I. Kant, Gesammelte Schriften, hg. von der Preußischen Akademie der Wissenschaften, Bd. 18, Berlin 1928, Nr. 5022.

2) Schelling im Spiegel seiner Zeitgenossen, hg. von X. Tilliette, Turin, 1974, Nr. 7.

3) C. L. Reinhold, Über den gegenwärtigen Zustand der Metaphysik und der transzendentalen Philosophie überhaupt, *in*: C. L. Reinhold, Auswahl vermischter Schriften, Teil 2, Jena 1797, S. 339.

4) I. Kant, Gesammelte Schriften, Bd. 18, a. a. O., Nr. 4873.

5) I. Kant, Gesammelte Schriften, Bd. 19, a. a. O., Nr. 7921.

6) F. W. J. Schelling, Briefe und Dokumente, hg. von H. Fuhrmans, Bd. 2, Bonn 1973, S. 57.

7) KrV B XIII.

8) F. Baader, Beiträge zur dinamischen Philosophie im Gegensaze zur mechanischen, Berlin 1809, S. 45.

9) KrV, B 150.

10) KrV, B 146.

11) KrV, B 177.

12) KrV, B 181.

13) S. Maimon, Versuch über die Transzendentalphilosophie. Mit einem Anhang über die symbolische Erkenntnis, Berlin 1790, S. 302.

14) J. G. Sulzer, Allgemeine Theorie der schönen Künste, 1. Teil, Biel 1777, S. 389 f. ―19世紀のはじめにおけるシェリング批判はまだ，超越論哲学によって新しく捉えられたこの「構想力」という問題点にたいして理解を欠いたままだった。人は「構想力という飛行船操縦士のゴンドラにのって，目もくらむような高さにいる」(K. Weiller, Der Geist der allerneuesten Philosophie der HH. Schelling, Hegel und Compagnie, Bd. 1, München 1804, S. 1)。

15) J. W. v. Goethe, Kunst und Handwerk, *in*: J. W. v. Goethe, Werke, hg. im Auftrag der Großherzogin Sophie von Sachsen, Abt. I. Bd. 47, Weimar 1896, S. 56.

16) A. W. Schlegel, Die Kunstlehre, *in*: A. W. Schlegel, Kritische Schriften und Briefe, hg. von E. Lohner, Bd. 2, Stuttgart 1963, S. 80.

17） I. Kant, Kritik der Urteilskraft, hg. von K. Vorländer, Hamburg 1951, S. 168.

18） Ebenda, S. 116.

19） Ebenda, S. 134.

20） W. von Humboldt, Ästhetische Versuche (1799), zitiert nach dem deutschsprachigen Erstdruck, *in*: K. Müller-Vollmer, Poesie und Einbildungskraft, Stuttgart 1967, Anhang, S. 143.

21） W. v. Humboldt an F. Schiller, von 12. Juli 1798, *in*: Briefwechsel zwischen F. Schiller und W. von Humboldt, hg. von S. Seidel, Bd. 2, Berlin 1962, S. 166.

22） W. von Humboldt, Ästhetische Versuche, a. a. O., S. 139 ff.

23） F. W. J. Schelling, Sämmtliche Werke, hg. von K. F. A. Schelling, Bd. 1, Stuttgart-Augsburg 1856, S. 431.

24） C. L. Reinhold, Beiträge zur leichtern Übersicht des Zustandes der Philosophie beim Anfang des 19. Jahrhunderts, 2. Heft, Hamburg 1801, S. 62.

25） G. W. F. Hegel, Vorlesungen über die Philosophie der Weltgeschichte, hg. von G. Lasson, Bd. 4, Leipzig 1923, S. 926.

26） F. W. J. Schelling, Sämmtliche Werke, Bd. 10, a. a. O., S. 91.

27） Aus Schellings Leben. In Briefen, hg. von G. L. Plitt, Bd. 1, Leipzig 1869, S. 162.

28） KrV B 51. ――一方で「外的感官〔直観形式「空間」―ディーチュ〕によってはたんなる関係表象以外の何ものも与えられない」（KrV B 67）。参照，R. Brandt, Eine neu aufgefundene Reflexion Kants „Vom inneren Sinn", *in*: R. Brandt/W. Stark, Neue Autographen und Dokumente zu Kants Leben, Schriften und Vorlesungen, Hamburg 1987, S. 1-30 も参照せよ。

29） I. Kant, Gesammelte Schriften, Bd. 18, a. a. O., Nr. 5317.

30） I. Kant, Prolegomena, hg. von St. Dietzsch, Leipzig 1979, S. 67.

31） F. W. J. Schelling, Sämmtliche Werke, Bd. 3, a. a. O., S. 371.〔同上邦訳「体系」51ページ〕

32） Ebenda, S. 370.〔同上邦訳『体系』，49ページ〕―「この……直観的悟性という理念は……超越論的構想力という同一の理念以外の何ものでもまったくない」ことを，ヘーゲルも明らかにできた。（G. W. F. Hegel, Glauben und Wissen, *in*: F. W. J. Schelling und G. W. F. Hegel (Hg.), Kritisches Journal der Philosophie, Tübingen, Bd. 2 (1803) 1. Stück, S. 51.）

33） G. W. F. Hegel, Vorlesungen über die Geschichte der Philosophie, hg. von G. Irrlitz, Bd. 3, Leipzig 1971, S. 597.

34） F. W. J. Schelling, Sämmtliche Werke, Bd. 3, a. a. O., S. 351.〔同上邦訳『体系』19ページ〕

35） F. W. J. Schelling, Sämmtliche Werke, Bd. 1, a. a. O., S. 403.

36） F. W. J. Schelling, Sämmtliche Werke, Bd. 3, a. a. O., S. 556 f.〔同上邦訳『体系』342ページ〕

37） Ebenda, S. 549 f.〔同上邦訳『体系』331ページ以下〕

38） Ebenda, S. 594.〔同上邦訳『体系』401ページ以下〕

39） Ebenda, S. 596.〔同上邦訳『体系』404ページ〕

40） Ebenda, S. 608.〔同上邦訳『体系』425ページ〕

41） Ebenda, S. 610 f.〔同上邦訳『体系』428ページ〕

42） Ebenda, S. 626.〔同上邦訳『体系』451ページ〕

43） Ebenda, S. 625.〔同上邦訳『体系』450ページ〕

44） J. A. Wendel, Grundzüge und Kritik der Philosophie Kants, Fichtes und Schellings, Coburg 1810, S. 193.

45） F. Schiller, Werke. Nationalausgabe, hg. von L. Blumenthal und B. von Wiese, Bd. 20, Weimar 1962, S. 353.

46） F. W. J. Schelling, Sämmtliche Werke, Bd. 3, a. a. O., S. 627 f.〔同上邦訳『体系』454ページ〕

47） Das Älteste Systemprogramm des deutschen Idealismus, *in*: Schellingiana rariora, hg. von L. Pareyson, Turin 1977, S. 53.〔邦訳「ドイツ観念論最古の体系プログラム」，『初期ヘーゲル哲学の軌跡，断片：講義・書評』寄川路編訳，ナカニシヤ出版，2006年，6ページ〕

48） K. A. Eschenmayer an F. W. J. Schelling, vom 20. Oktober 1800, *in*: F. W. J. Schelling, Briefe und Dokumente, Bd. 2, a. a. O., S. 281.

49） G. W. F. Hegel, System der Sittlichkeit, *in*: G. W. F. Hegel, Frühe politische Systeme, hg. von G. Göhler, Frankfurt a. M. 1974, S. 28.（強調は筆者による）〔邦訳『人倫の体系』（上妻精訳），以文社，1996年，35ページ以下〕

50） Ebenda, S. 27.〔同上邦訳，35ページ〕

51） F. W. J. Schelling, Briefe und Dokumente, Bd. 2 a. a. O., S. 222.

52） Ebenda, S. 259.

53） Oberdeutsche Allgemeine Zeitung, Salzburg Jg. 14 (1801) Nr. 11, vom 4. Januar 1801, Sp. 166.

54） F. W. J. Schelling an J. G. Fichte, vom 19. November 1800. W, *in*: F. W. J. Schelling, Briefe und Dokumente, Bd. 2, a. a. O., S. 295.〔邦訳『フィヒテ—シェリング往復書簡』126ページ〕

55） J. G. Fichte an F. W. J. Schelling, vom 31. Mai 1801, *in*: Ebenda, S. 339.〔同上邦訳，146ページ〕

56） J. G, Fichte an J. B. Schad, vom 29. Dezember 1801, *in*: Schelling im Spiegel seiner Zeitgenossen, hg. von X. Tilliette, a. a. O., S. 64. —この判断はすぐ後ですでに知られていた。シャートはこの時代にフィヒテから疎遠になった。「もっともシャートが思っていたのは」，とカロリーネは1802年1月18日にA. W. シュレーゲルに宛てて報告した，「反対に，今度はフィヒテがシェリングを理解していないことでした」（Caroline. Briefe aus der Frühromantik, hg. von E. Schmidt, Bd. 2, Leipzig 1913, S. 277.）

57） 1800年６月27日付 F. H. ヤコービ宛ジャン・パウルの手紙，*in*: Schelling im Spiegel seiner Zeitgenossen, a. a. O. Nr. 82.

58） [Ch. Kapp,] F. W. J. Schelling. Ein Beitrag zur Geschichte des Tages. Von einem vieljährigen Beobachter, Leipzig 1843, S. 201.

59） 1837年11月10日付父宛 K. マルクスの手紙，*in*: K. Marx / F. Engels, Werke, Erg. bd. I, Berlin 1968, S. 9.〔邦訳『マルクス・エンゲルス全集』第40巻，真下訳，９ページ〕

**第９章　同一性哲学における神話問題について**

１） この記録は，最近にいたるまでその著者をめぐって激しく議論されてきた。X. ティリエットなどとともに，わたしたちは，これから先もこの文章のもっともらしい作者としてシェリングを選択することにこだわるが，そうすると「シェリングの原作者論にたいする最大の，またほとんど唯一の反論は，筆跡がかれに由来していないという事実である。それ以外，テキストの分析は確固とした根拠を提供しており，この根拠によってわたしたちは，シェリングに体系プログラムを帰するようにさせられうる」(X. Tilliette, Schelling als Verfasser des Systemprogramm?, *in*: Das Älteste Systemprogramm. Studien zur Frühgeschichte des deutschen Idealismus, hg. von R. Bubner, Bonn 1973, S. 45 (Hegel-Studien Bd. 9.))。―ヘーゲル研究別冊第９巻には体系プログラムにかんする受容史と研究状況とが詳細に記録されており，また付録には綿密に編集された原典テキストがついている。現在の議論状況については，参照，B. Dinkel, Neuere Diskussionen und das sogenannte „Älteste Systemprogramm“, *in*: Philosophisches Jahrbuch 94 (1987) 2. Halbbd., S. 342-361.

２） F. Strich, Die Mythologie in der deutschen Literatur von Klopstock bis Wagner, Bd. 1, Halle 1910, S. 375 f.

３） F. W. J. Schelling, Sämmtliche Werke, hg. von K. F. A. Schelling, Bd. 5, Stuttgart-Augsburg 1856, S. 412.

４） Ebenda, Bd. 10, S. 93 f. und 115 f.

５） Ebenda, Bd. 1, S. 472.

６） Ebenda, Bd. 5, S. 415.

７） W. Benjamin, Ursprung des deutschen Trauerspiels, *in*: W. Benjamin, Gesammelte Schriften, hg. von R. Tiedemann und H. Schweppenhäuser, Bd. 1. 1, Frankfurt a. M. 1974, S. 353.〔邦訳『ドイツ悲劇の根源』川村・三城訳，法政大学出版局，214ページ〕

８） F. W. J. Schelling, Sämmtliche Werke, Bd. 5, a. a. O., S. 415.

９） W. Benjamin, Goethes Wahlverwandtschaften, *in*: W. Benjamin, Gesammelte Schriften, a. a. O., S. 132.〔邦訳『ゲーテ親和力』ヴァルター・ベンヤミン著作集５，高木訳，晶文社，20ページ〕

10） W. Jaeschke, Die Religionsphilosophie Hegels, Darmstadt 1983, S. 140 f.〔邦訳『ヘーゲルの宗教哲学』岩波訳，早稲田大学出版部，194ページ〕

11） J. G. Fichte, Verantwortungsschrift gegen die Anklage des Atheismus, *in*: J. G.

Fichte, Werke, hg. von I. H. Fichte, Bd. 5, Berlin 1845, S. 265.

12) G. W. F. Hegel, Enzyklopädie (1830), hg. von F. Nicolin und O. Pöggeler, Berlin 1966, S. 440.〔邦訳『ヘーゲル全集』第3巻，500ページ以下〕

13) W. Pannenberg, Grundzüge der Christologie, Gütersloh 1964, S. 329.〔邦訳『キリスト論要綱』麻生・池永訳，新教出版社，393ページ以下〕

14) E. Jüngel, Gott als Geheimnis der Welt, Tübingen 1978, S. 51.

15) G. W. F. Hegel, Phänomenologie des Geistes, hg. von J. Hoffmeister, Berlin 1964, S. 471.〔邦訳『ヘーゲル全集』第5巻，996ページ〕

16) W. Pannenberg, Person und Subjekt, *in*: Identität, hg. von O. Marquard und K. Stierle, München 1979, S. 412. —このような主観主義的誤解にたいして，とくに参照，W. Jaeschke, Objektives Denken, *in*: Independent Journal of Philosophy 3 (1979), とくに S. 31f.; W. Jaeschke, Absolute Idee — absolute Subjektivität, *in*: Zeitschrift für philosophische Forschung 35 (1981) S. 385ff., とくに S. 398f.

17) G. W. F. Hegel, Vorlesungen über die Geschichte der Philosophie, hg. von G. Irrlitz, Bd 3, Leipzig 1971, S. 502. 次も参照，R. -P. Horstmann, Der geheime Kantianismus in Hegels Geschichtsphilosophie, *in*: Hegels Philosophie des Rechts, hg. von D. Henrich und R. -P. Horstmann, Stuttgart 1982, S. 56-71.

18) G. W. F. Hegel, Glauben und Wissen, *in*: Kritisches Journal der Philosopie, hg. von St. Dietzsch, Leipzig 1981, S. 227f.〔同上邦訳『信仰と知』28ページ〕

19) KrV B XIII.

20) F. Hölderlin, Über Religion, *in*: F. Hölderlin, Sämtliche Werke und Briefe, hg. von G. Mieth, Bd. 2, Berlin 1970, S. 387.

21) F. W. J. Schelling, Ist eine Philosophie der Geschichte möglich?, *in*: F. W. J. Schelling, Sämtliche Werke, Bd. 1, Stuttgart 1856, S. 472.

22) Ebenda.〔強調は筆者〕—神話の現象は今日の問題理解にも対応する場合には「歴史哲学の……地平においてのみ適切に展開されうる」(Handwörterbuch philosophischer Grundbegriffe, hg. von H. Krings, H. M. Baumgartner und Ch. Wild, Bd. 2, München 1973, S. 950.)。神話についてはさらに見よ。W. Knevels, Wesen und Sinn des Mythos, *in*: Studium Generale 15 (1962) Heft 10 und 11; A. Horstmann, Der Mythosbegriff vom frühen Christentum bis zur Gegenwart, *in*: Archiv für Begriffsgeschichte 23 (1979) Heft 1 und 2; H. Gockel, Mythos und Poesie. Zum Mythosbegriff in Aufklärung und Frühromantik, Frankfurt a. M. 1981.

23) シェリングは，ここでデカルト以来のこれまでのあらゆる論理主義に対立する歴史的哲学を体系的に展開しようとした。『世代』(しかもそれはさらに積極哲学に非合理性という烙印を押すことになる)がおそらくそこで挫折したであろう，その問題は，神の顕示の，世界としての神の生成の必然性あるいは自由の問題であった。すなわちこの過程の必然性には一面でその神性が矛盾するだろう，しかし他面で，神の自由に直面すると，先の過程の歴史的—弁証法的展開が有する固有の価値は相対化されざるをえないだ

ろう。とりわけヘーゲルはここでも絶対的神と歴史的世界との弁証法的な「均衡化」の試みにたいする証人として呼び出されえた。「わたしたちは，神的なものを歴史的なもののなかへと定立するならば，つねに動揺するものと不安定なものへと陥るが，こういうものはすべて歴史的なものに固有である」（G. W. F. Hegel, Religionsphilosophie, Bd. 1. Die Vorlesungen von 1821, hg. von K. -H. Ilting, Neapel 1978, S. 184.）。

24） F. Strich, Die Mythologie in der deutschen Literatur von Klopstock bis Wagner, Bd. 1, a. a. O., S. 357. ―最近の神話論についてはとくに参照，M. Frank, Der kommende Gott. Vorlesungen über die Neue Mythologie, Frankfurt a. M. 1982.

25） K. Marx, Einleitung zur Kritik der Politischen Ökonomie, *in*: K. Marx/F. Engels, Werke, Bd. 13, Berlin 1961, S. 641 f.〔邦訳『マルクス・エンゲルス全集』第13巻，岡崎訳，637ページ以下〕

26） E. Jüngel, Gott als Geheimnis der Welt, a. a. O., S. 110.

27） K. Barth, Kirchliche Dogmatik, Bd. I. 1, Zollikon-Zürich 1947, S. 346.〔邦訳『神の言葉，I／２，神の啓示〈上〉三位一体の神』吉永訳，新教出版社，63ページ以下〕

28） F. W. J. Schelling, Philosophie der Kunst, *in*: F. W. J. Schelling, Sämmtliche Werke, Bd. 5, a. a. O., S. 408.

29） Ebenda, S. 406.

30） 参照，Mythos und Moderne, hg. von K. H. Bohrer, Frankfurt a. M. 1983, とくに Frank と Taube との論文。

**第９章付論　いわゆる「最古の体系プログラム」**

１） F. Rosenzweig, Das älteste Systemprogramm des deutschen Idealismus. Ein handschriftlicher Fund, Heidelberg 1917 (Sitzungsberichte der Heidelberger Akademie der Wissenschaften, Jg. 1917, 5. Abhandlung).

２） F. -P. Hansen, „Das Älteste Systemprogramm des deutschen Idealismus“. Rezeptionsgeschichte und Interpretation, Berlin-New York 1989, S. 2.

３） Systemprogramm. Kritische Edition, *in*: Mythologie der Vernunft. Hegels „Ältestes Systemprogramm“ des deutschen Idealismus, hg. von Ch. Jamme und H. Schneider, Frankfurt a. M. 1984, S. 11-14.〔同上邦訳『軌跡』４-７ページ〕

４） D. Henrich, Systemprogramm? Vorfragen zum Zurechnungsproblem, *in*: Das älteste Systemprogramm. Studien zur Frühgeschichte des deutschen Idealismus, hg. von R. Buchner, Bonn 1973, S. 12 (Hegel-Studien, Beiheft 9).

５） 1795年４月16日付 F. W. J. シェリング宛 G. W. F. ヘーゲルの手紙，*in*: Briefe von und an Hegel, hg. von J. Hoffmeister, Bd. 14, Hamburg 1969, S. 23.〔同上邦訳『ヘーゲル書簡集』23ページ〕―同様にたとえば I. ジンクレールは，超越論哲学派の新しい哲学者に，「理性の深みから生じてくる，彼らの議論が……人類の権利を返還要求し，王座を転覆するだろう」ことを望んでいた。（1794年６月29日付ブリュール宛 I. ジンクレールの手紙，abgedruckt bei B. Dirnfellner, Issac von Sinclair. Zur Edition seiner Jugendbriefe

1792/94, *in*: Le pauvre Holterling, Heft 4/5-1980, S. 138.)

6） D. Henrich, Systemprogramm?, a. a. O., S. 11. —体系プログラムは，会話の情勢からの産物としてのみ理解されるべきである。たとえば，この状況からシェリングはかつて1796年６月中旬にヘーゲルに宛てて書いている。「現在，きみは，決心のつかない状態に，—ぼくに宛てたきみのこの前の手紙によると—それどころか意気消沈した状態にいるようだね，そんな状態は，きみにまったくふさわしくないけれど。おい，きみのような力を持っている人がこんな決心のつかない状態を生じさせたら絶対にだめだ。できるだけ早く抜け出さなけりゃだめだ」(Schelling an Hegel, vom 20. 6. 1796, *in*: Briefe von und an Hegel, a. a. O., S. 37)。シェリングは，友人のこのような危機状態を克服する手助けをするように努めた，それで彼はさらに書いている。「だからきみをきみの今の状態から引き出す，ある計画を，ぼくがきみと取り決めることにさせてもらいたい。きみにとって手段は至る所に十分存在するはずだ。分かるだろう，ぼくはぼくたちの友情をとても当てにしているんだ」(ibid.)。それゆえこれによると夏にはそのような大いに見込みのある計画が取り決められていた可能性があるだろう，そのさいシェリングは，共同して果たすべき将来の哲学的課題について，問題の見取り図を通知した，あるいは伝達した可能性があるのだろう，あるいはきっかけを与えた可能性があるのだろう，すなわち将来のプログラムにたいするキーワードを与えたのだろう，それがさらにいつの間にかもっと大きなテキストへと拡張されたのである。こういったことがすべて手紙の形式で起きたことは驚くべきことではない。ヘルダリーンによってある注記がニートハンマーに宛てて1796年２月に伝えられているが，そこでヘルダリーンはこのことに関連してシェリングについてこのように報告している。「わたしが出発前に見たシェリングは，きみの雑誌に寄稿でき，きみを通じて学者の世界へと紹介されたことを喜んでいる。ぼくたちはいつもお互いに折り合いをつけつつ話したわけではないが，しかし新しい理念は手紙の形式で最も明瞭に叙述されうることで，ぼくたちはお互いに一致した。シェリングは彼の新しい確信とともにもっとよい道を歩んだ，以前彼はもっと悪い道を通って目的地に着いていたのだが」(Hölderlin an Niethammer, vom 24. Fobr. 1796, *in*: Hölderlin, Sämtliche Werke und Briefe, hg. von G. Mieth, Bd. 4, Berlin-Weimar 1970, S. 230.)。私見によると，ディンケルがこのように書く時，彼に同意されるべきである。「けれどもわたしが見かけるのは，最近の論争のなかで，たとえば，シェリング説を採るシュトラウスとティリエットとによる文体上の比較や表がたいてい考慮されておらず，ヘーゲル・テーゼとヘルダリーン・テーゼとの支持者がシェリングの初期哲学について論破しうる像を描いているということである……またその限りで（これまでの）ヘーゲル・テーゼは，わたしには，どうしてもテキスト自身に合致していない」(B. Dinkel, Neuere Diskussion um das sog. Älteste Systemprogramm des deutschen Idealismus, *in*: Philosophisches Jahrbuch 94, 1987, Halbband 2, S. 360f.; Ch. ヤメの返答も参照，*in*: ebenda, 95, 1988, Halbband 2, S. 371-375.)。

7） Systemprogramm, a. a. O., S. 14.〔同上邦訳『軌跡』７ページ〕

8） Ebenda.〔同上邦訳，７ページ〕

9） Ebenda, S. 13.〔同上邦訳，6ページ以下〕

10） F. W. J. Schelling, Philosophie der Kunst, *in*: F. W. J. Schelling, Sämmtliche Werke, hg. von K. F. A. Schelling, Bd. 5, Stuttgart-Augsburg 1859, S. 412.

11） Vgl. O. Pöggeler, Hegel. Der Verfasser des ältesten Systemprogramms des deutschen Idealismus, *in*: Hegel-Studien, Beiheft 4 (Hegel-Tage Urbino 1965), Bonn 1969, S. 27.

12） F. W. J. Schelling, Philosophie der Kunst, a. a. O., S. 414f.

13） F. W. J. Schelling, System der gesamten Philosophie und der Naturphilosophie insbesonders, *in*: F. W. J. Schelling, Sämmtliche Werke, Bd. 6, a. a. O., S. 572.

14） O. Pöggeler, Zwischen Philosophie und Philologie, *in*: Jahrbuch der Ruhr-Universität Bochum 1970, S. 14f.

**第10章　ロマン主義的時代批判**

1） Briefwechsel zwischen Clemens Brentano und Sophie Mereau, hg. von H. Amelung, Potsdam 1939, S. 439.

2） ヨーハン・フェルディナンド・ディーネマンの伝記については，その手書きの1805年4月15日付経歴書を参照せよ。これは Universitatsarchiv Jena, Dekanatsakten des Sommersemesters 1805, M 222 (Bestand Phil. Fak.), Bl. 18-20, ならびに Karl B. Dienemann, Geschichtserzählung der ihn betreffenden Unglücksfälle, Penig 1808.

3） Vgl. Universitätsarchiv Jena, a. a. O., M 222, Bl. 74.

4） Nachtwachen. Von Bonaventura, hg. u. mit einem Nachwort von St. Dietzsch, Leipzig 1980. ─研究状況については，J. L. Samons, In Seach of Bonaventura's NACHTWACHEN Riddle 1965-1985, *in*: German Review 2/1986, S. 50-56.

5） R. Dehmel an C. Seelig, vom 21. April 1918, *in*: R. Dehmel, Ausgewählte Briefe (1902-1920), Berlin 1923, S. 425.

6） Nachtwachen. Von Bonaventura, a. a. O., S. 57.

7） Ebd., S. 128.

8） Ebd., S. 17.

9） G. Büchner an Louise Wilhelmine (Minna) Jaegle, vom 6.-12. 3. 1834, *in*: G. Büchner, Werke und Briefe. Münchner Ausgabe, hg. Von K. Pörnbacher, G. Schaub, H-J. Simm u. E. Ziegler, München 1988, S. 288.

10） J. W. Ritter an H. C. Ørsted, vom 2. Februar 1806, *in*: Corespondance de Ørsted, hg. von M. C. Harding, Bd. 2, Kopenhagen 1920, S. 154.

11） F. Schlegel, Charakteristiken und Kritiken I (1796-1801), *in*: Kritische Friedrich-Schlegel-Ausgabe, hr. v. E. Behler, J. -J. Ansett u. H. Eichner, Bd. 2, München-Wien-Zürich 1967, S. 160.

12） F. Schlegel, Entwicklung der Philosophie, *in*: Ebd., Bd. 12, S. 393. ─「笑うことは，期待に満ちたその期待が無へと突如として転換することから触発されることである」(I.

Kant, Kritik der Urteilskraft, hg. von K. Vorländer, Hamburg 1959, S. 190）。

13） R. Varnhagen an A. Varnhagen von Ense, von 19. Februar 1809, *in*: Briefwechsel zwischen Varnhagen und Rahel, hg. v. L. Assing, Bd. 1, Leipzig 1874, S. 296.

14） Nachtwachen. Von Bonaventura, a. a. O., S. 36.

15） Ebd., S. 125.

16） Ebd., S. 60.

17） Bonaventura, Das Teufels Taschenbuch, *in*: Zeitung für die elegante Welt, Leipzig, vom 26. März 1805.

18） Nachtwachen. Von Bonaventura, a. a. O., S. 32.

19） W. Kohlschmidt, Form und Innerlichkeit, Stuttgart 1955, S. 172.

20） Nachtwachen. Von Bonaventura, a. a. O., S. 119.

21） I. Kant, Beantwortung der Frage: Was ist Aufklärung?, *in*: I. Kant, Werke, hg. von E. Cassirer, Bd. 4, Berlin 1922, S. 169.〔前掲「啓蒙とは何か」〕

22） A. Breton, Anthologie des schwarzen Humors, München 1972, S. 13.

23） ［匿名］Psychologische und physiologische Untersuchungen über das Lachen [Paris 1768]. フランス語からの翻訳。カントが笑いの説明を解明し，笑いにかんするプラトナー氏の理論が検証される論文とならんで。Von W. F. A. Mackensen. Zweite dt. Ausg., Wolfenbüttel 1794, S. 66. [Erste dt. Ausg. : Frankfurt a. M. 1769]

24） Nachtwachen. Von Bonaventura, a. a. O., S. 100.

25） A. Klingemann（かれが長い間捜し求められた著者だったとすれば）は，自分自身をいつも近代文学のこの傾向の上に立てた。なぜなら，「アリストテレスが詩的領域を囲んだ壁が引き倒され，想像力がもっとも完全な尺度で妥当する」から。（A. Klingemann, Über die romantische Tragödie, *in*: A. Klingemann, Theater, Bd. 1, Tübingen 1808, S. VI.）

26） W. Paulsen, Bonaventuras „Nachtwachen im literarischen Raum“, *in*: Jahrbuch der deutschen Schiller-Gesellschaft, Bd. 9 (1965) S. 458. —ゲーテのような文学上の偉人あるいは哲学上の偉人にたいする現実に息を飲むような敬意のなさも端的に，わたしの見解ではまったくこのボナヴェントゥーラをシェリングと同一視することをありそうもないものにする。A. Mielke, Zeitgenosse Bonaventura, Stuttgart 1984 も参照。

27） 最近ふたたび，シェリングが著者であるという見解が挙げられる。A. Gulyga, Wer ist der Autor des Romans „Nachtwachen“?, *in*: Voprosy literatury 9/82 (russ.); dt. In: Philosophisches Jahrbuch 91 (1984) 1. Halbbd., S. 47-61. ならびに ders., Schelling als Verfasser der Nachtwachen von Bonaventura, *in*: DZZfPh 11/84, S. 1027ff. それについての批判は，St. Dietzsch, Schelling als Verfasser der „Nachtwachen“ des Bonaventura? Eine Replik, *in*: DZfPh 4/85, S. 352ff.; ders., Penigs romantisches Rätsel oder wer schrieb die Nachtwachen der Bonaventura?, *in*: Karl-Marx-Städter Almanach 4/85. を参照せよ。

28） E. Eckertz, *in*: Zeitschrift für Bücherfreunde 9 (1905/06), S. 234-249.

29） 最近ふたたび挙げられる。R. Hunter-Lougheed, *in*: Germanisch-Romanische

Monatsschrift 63 (1982) Heft 3, S. 345-363; E. Hunter-Lougheed, Die Nachtwachen von Bonaventura Ein Frühwerk E. T. A. Hoffmanns?, Heidelberg 1985.

30） F. Schulz, Der Verfasser der Nachtwachen von Bonaventura, Berlin 1909.

31） E. Frank, *in*: Germanisch-Romantische Monatsschrift 4 (1912) S. 417-440; そして Clemens Brentano, Nachtwachen von Bonaventura, hg. von E. Frank, Heidelberg 1912.

32） J. Schillemeit, Bonaventura. Der Verfasser der „Nachtwachen", München 1973; vgl. auch I. A. Chiusano, Lirismo e teatralità [Vorwort] , *in*: I Notturni di Bonaventura, hg. von I. A. Chiusano, Milano 1984, S. VII-XXV.

33） H. Fleig, Literarischer Vampirismus. Klingemanns „Nachtwachen von Bonaventura", Tübingen 1985.

34） W. Paulsen, *in*: The German Review 3/1974, S. 240.

35） M. Scherzer, *in*: Aurora 37 (1977) S. 115-133.

36） E. Metzner, *in*: Aurora 34 (1974) S. 96-100.

37） W. Proß, *in*: Aurora 34 (1974) S. 65-74; A. Mielke, Bonaventuras ‚Nachtwachen' als „treffliche Nachahmung"Richters, *in*: Zeitschrift für deutsche Philologie 104 (1982) S. 520-543.

38） F. Heiduk, *in*: Aurora 42 (1982) S. 143-165.

39） K. -H. Habersetzer, *in*: Euphorion 77 (1983) Heft 4, S. 470-482.

40） K. -H. Meyer, *in*: Neues aus der Wetzel-Forschung 1984, Heft 2, S. 62-86.

41） L. Katritzky, Goethe in den „Nachtwachen. Von Bonaventura" und in den Schriften Lichtenbergs, *in*: Goethe-Jahrbuch 104 (1987) S. 157-168.

42） K. Wolfskehl, Der platonische Epikureer [C. G. v. Maassen zum 60. Geburtstag], *in*: Zeitschrift für Bücherfreunde, N. F. 23 (1931) Heft 2, S. 33.

43） R. Haag, Noch einmal: Der Verfasser der „Nachtwachen von Bonaventura", *in*: Euphorion 81 (1987) Heft 3, S. 286-297. —この遺稿の発見のさいに，問題は1830年の A. クリンゲマン自筆の自伝的なスケッチである。このスケッチはおそらく参考書類として組み入れられていたはずである。ところで，かれの全集目録において，かれは『夜警』をかれの作品であると証明した（vgl. この記事のファクシミリ295ページを参照せよ）。このクリンゲマンの解明にたいする重要な論文を『夜警』の１章の分離した印刷の発見が（第11の夜警）あった。これを発見したのは H. Sembdner であった（vgl. H. Sembdner, *in*: Jahrbuch der deutschen Schiller-Gesellschaft, Bd. 25, 1981, S. 61)。

**第11章　「思弁の全体系が，私の見解では歴史に——精神と世界の歴史にならなければならない」***

* Georg Friedrich Daumer an Ludwig Feuerbach, vom 12. 2. 1828, *in*: Ludwig Feuerbach, Gesammelte Werke, hg. von W. Schuffenhauer, Bd. 17 (Briefwechsel I), Berlin 1984, S. 100.

1） Oberdeutsche allgemeine Literaturzeitung, Jg. 16 (1803) Nr. 6, vom 13. 1. 1803, Sp.

85. —著者は，カヤータン・ヴァイラー（Kajetan Weiller）であった。かれは，ミュンヘン全教授会長にしてバイエルン・科学アカデミーの事務総長をつとめた。かれはカトリックの，いわゆる啓蒙主義的な神学者の反対党に属した（オーバーチュール，ベルク，ザーラトと並んで）。このグループは，バイエルンにおけるシェリングの学問的存在を，とりわけ最初の10年間（1803年以来）非常に強くぐらつかせようとした。

2） とりわけ本書第七章を参照せよ。

3） F. W. J. Schelling, Immanuel Kant (1804), *in*: F. W. J. Schelling, Sämmtliche Werke, hg. von K. F. A. Schelling, Bd. 6, Stuttgart Augsburg 1856, S. 4. —「しばしば驚かされたのは，わたしたちの場合に，カント以来の哲学的諸体系がしばしば変化したことである。しかしながら，フランス人の場合には政治的に異なっていたのだろうか。わたしたちはフランス人が政治的体系を持っていたよりもいっそう哲学的体系を持っていたのだろうか。わたしたちの生活は，ただかれらのものの裏面にほかならない。シェリングの体系は，この革命において成長してきた唯一の体系ではない。しかし，他の諸体系は，消滅してしまい，シェリングの体系だけが残っている」（A. K. Glaser, Differenz der Schellingschen und Hegelschen Philosophie, Leipzig 1842, S. 181）。

4） Morgenblatt für gebildete Stände, Nr. 46, vom 23. 2. 1912, S. 184. —ヤコービもまた，かれが，1802年 8 月21日付のフリードリヒ・ケッペン宛の書簡で，「カントの批判からシェリング哲学がそれがシェリング哲学だということを知らずに，生じてきている」（*In*: Anhang zu F. Köppen, Schellings Lehre oder das Ganze der Philosophie des absoluten Nichts, Hamburg 1803, S. 259）と書くときに，すでに早くからシェリングのこの根をカントのうちに見た。『哲学と宗教』というシェリングの論文のある書評者も「ここにカント哲学のかつての追従者を誰が見ないだろうか。そこでは個人的であると同時に普遍的である諸直観が現れる」（Neue allgemeine deutsche Bibliothek, Bd. 97, 1805, S. 379）。

5） Vgl. St. Dietzsch, F. W. J. Schelling, Leipzig-Jena-Berlin 1978, S. 26-33; M. Brecht, Die Anfänge der idealistischen Philosophie und die Rezeption Kants in Tübingen (1788-1795), *in*: Beiträge zur Geschichte der Universität Tübingen 1477-1977, Tübingen 1977, S. 381-428.

6） Schelling an Hegel, vom 21. 7. 1795, *in*: F. W. J. Schelling, Briefe und Dokumente, hg. von H. Fuhrmans, Bd. 2, Bonn 1973, S. 68f. —半年早くシェリングはすでにこう書いた。「わたしたちはいっさいを哲学に期待し，哲学がまたテュービンゲンの精神に吹き込んだ衝撃がそうすぐにまた輝きを失ったと考えた。……本来，……かれらはカント体系の若干の構成要素を（表面から，と理解される）引き出した。そこから，今や……力強い哲学的なごったにが作られ，その結果，すでに消耗的になり始めた神学が今やまもなくかつてよりもより健全でより強く登場してくるだろう。あらゆる可能的なドグマはすでに実践理性の要請としてスタンプが押されている……」（Schelling an Hegel, vom 6. 1. 1795, *in*: Ebenda, S. 56f.）。テュービンゲン神学校のこの批判的な態度の更なるイデオロギー的な環境については，最近では W. G. Jacobs, Offenbarung und Vernunft. Über F. I.

Niethammers Religionskritik, *in*: Philosophisches Jahrbuch 88 (1981) 1, Halbbd., S. 50–69.

7） J. W. v. Goethe, Zu brüderlichem Andenken Wielands (1813), *in*: J. W. v. Goethe, Werke, hg. im Auftr. D. Großherzogin Sophie von Sachsen, Bd. 36, Weimar 1893, S. 339.

8） こうして，シェリングの『独断論と批判主義にかんする哲学書簡』にかんするシェリングのテュービンゲンの教師，J. F. フラットの対応する評判は，高まった。「そこに含まれた体系が真の無神論であることは，わたしにはあらかじめあまりによりありうることである。というのも，わたしはすでにかれのより早い時期の論文（自我論文）のうちに，……完全な（ある側面から見れば，スピノザ的なものに類似した）無神論の概略を非常にはっきりと認めたから」（M. Leube, Die geistige Lage im Stift in den Tagen der Französischen Revolution, *in*: Blätter für würtembergische Kirchengeschichte, N. F. 39, 1935, S. 166, Anm.)。なおいっそう遅くコンラート・マルティン（パーダーボルンの司教）は，こう回想した。「シェリングが仕事をし，……かれの古い汎神論的諸言明を洗い流そうと格闘しようとしても，かれにとってうまく行かなかった。かれはかれの初期の汎神論的な同一性—哲学をキリストの名前で，また演説の様式で，欲するように，覆い隠そうとした。言葉とのたんなる精神豊かな遊びこそがこれだった。新しいシェリングはたんに皮をはがれたに過ぎなかった。根本的にはかれはいつも古いシェリングだった」（Schelling im Spiegel seiner Zeitgenossen, hg. von X Tilliette, Turin 1974, Nr. 431)。

9） Schiller an Goethe, vom 28. 10. 1794.

10） Schelling an Hegel, vom 6. 1. 1795, *in*: F. W. J. Schelling, Briefe und Dokumente, Bd. 2, a. a. O., S. 57.

11） Vgl. ebenda.

12） F. W. J. Schelling, Abhandlungen zur Erläuterung des Idealismus der Wissenschaftslehre, *in*: F. W. J. Schelling, Sämmtliche Werke, Bd. 1, a. a. O., S. 403.

13） Heidelberger Jahrbücher der Literatur, Jg. 3 (1810) Heft 4, S. 145. —その書評者は，カール・フリードリヒ・バッハマンであった（後にそのとき，1841年にイェーナ大学の哲学部の学部長としてカール・マルクスが学位を提出するだろう)。

14） F. W. J. Schelling, Darstellung meines Systems der Philosophie, *in*: F. W. J. Schelling, Sämmtliche Werke, Bd. 4, a. a. O., S. 107.

15） F. W. J. Schelling, Abhandlungen zur Erläuterung des Idealismus der Wissenschaftslehre, *in*: Ebenda, Bd. 1, S. 383. —「そのためにいっさいの真の哲学，すなわち唯一の—真なるものにして積極的なものの認識であるいっさいは，事実上自然哲学である」（F. W. J. Schelling, Darlegung des wahren Verhältnisses der Naturphilosophie zu der verbesserten Fichteschen Lehre, *in*: Ebenda, Bd. 7, S. 30f.)。

16） Oberdeutsche allgemeine Literaturzeitung, Jg. 16 (1803) Nr. 28, vom 5. 3. 1803, Sp. 439 u. Nr. 29, vom 8. 3. 1803, Sp. 451. —あるいは，シェリングのほかの作品を機縁として判断はこうである。「新しい観念論が古い唯物論と和解するだろうという予言は，したがって，的中している」（Göttingische Anzeigen von gelehrten Sachen, vom 14. 8. 1802, S. 1293.)。

17） J. G. Hamann an J. G.. Herder, vom 3. 6. 1781, *in*: Hamanns Schriften, hg. von F. Roth, Bd. 6, Berlin 1824, S. 194.

18） それについては，K. -H. Hahn, Im Schatten der Revolution-Goethe und Jena im letzten Jahrzehnt des achtzehnten Jahrhundert, *in*: Jahrbuch der Wiener Goethevereins, Bd. 81-83 (1977-1979) S. 37-58; H. Tümmler, Goethe in Staat und Politik, Köln-Graz 1964, S. 167-209.

19） マーテルン・ロイス（Matern Reuß）は，本来医者であるが，1782年にヴュルツブルクで哲学の教授になった。かれはここで1788年から1798年のかれの早い死までカント哲学を教えた。1792年秋に，かれはケーニヒスベルクでカントを訪ね，そのさいカントの好意を獲得した。カントは次の年の早い時期にかれの論文「たんなる理性の限界内の宗教」をマーテルン・ロイスに送りそのさいかれらの好意的な出会いを想起した。

20） バイエルンの大学は—1472年に創建された—1802年に現実の戦争の混乱からインゴルシュタットからランヅフートに置き換えられた。それはここでその新しい名前を獲得した。すなわち，ルートヴィヒ・マクシミリアン大学である。自由な考えと率直な大臣モンテゲラス伯の指導のもとで，ランヅフートは今や改革大学として新しく組織された。すなわち，研究計画と研究時間には几帳面な秩序があった。そして大学は専門大臣の監視下に置かれた。新しく招聘された学者には，とりわけ法学者のアンセルム・フォイエルバッハ（ルートヴィヒ・フォイエルバッハの父），歴史家 F. W. ブライアー（シェリングの縁者），激烈なシェリング主義者であるカトリックの神学者パトリッツ・B・ツィンマー，—かれはかれの同僚のなかでは例外であり続けた—文献学者のF．アストそして1808年に有名な K. F. ザヴィニーが数えられた。イデオロギー的な権力闘争で，モンテゲラスをめぐる啓蒙主義的な勢力が後のルートヴィヒⅠ世王に屈服し，それによって，大学は10年間田舎に追放されたままであった。1826年にはじめてバイエルン大学はランヅフートから首都ミュンヘンに置き換えられた。

21） それについては，K. F. Kahnis, Der innere Gang des deutschen Protestantismus seit Mitte des vorigen Jahrhunderts, Leipzig 1854, S. 205f. : C. Schwarz, Zur Geschichte der neuesten Theologie, Leipzig 1864. : F. Ch. Baur, Kirchgeschichte des 19. Jahrhunderts, hg. von E. Zeller, Leipzig 1877, S. 84; G. Thomasius, Das Wiedererwachen des evangelischen Lebens in der lutherischen Kirche Bayerns, Erlangen 1867 を参照せよ。最近では非常に知識豊かで詳細な次のものを参照せよ。E. W. Kantzenbach, Die Rezeption der Philosophie Schellings in Bayern, *in*: Zeitschrift für bayerische Landesgeschichte 35 (1972) Heft 2, S. 691-727.

22） Schelling im Spiegel seiner Zeitgenossen, hg. von X. Tilliette, Turin 1974, Nr. 269. —シェリングはこの決定をこう評している。「そこで王は，あるいはかれにこの思想を吹き込んだ人は完全にわたしの哲学がテュービンゲンの神学者たちとけっして調停されなかったことを正当だと考えている。その根本的な誤謬はかれらがその哲学的諸原理にかんしては完全な Socinianer であり，……それにもかかわらずかれらが頭のなかのこれらの諸原理でもって正統的教説を守ろうとしたことである」（Schelling an Georgii, vom

14. 1. 1812, *in*: Aus Schellings Leben. In Briefen, hg. von G. L. Plitt, Bd. 2., Leipzig 1870, S. 279)。

23) Schelling im Spiegel seiner Zeitgenossen, a. a. O., Nr. 513.

24) ドイツでは，パウル・ティリッヒの二つの学位論文で始まった。Die religionsgeschichtliche Konstruktion in Schellings positiver Philosophie, ihre Voraussetzungen und Prinzipien, Phil. Diss., Breslau 1910; Mystik und Schuldbewußtsein in Schellings philosophischer Entwicklung, Theol. Diss., Halle 1912.

25) Schelling an Windischmann, vom 16. 1. 1806, *in*: F. W. J. Schelling, Briefe und Dokumente, Bd. 3, a. a. O., S. 294.

26) Schelling im Spiegel seiner Zeitgenossen, a. a. O., Nr. 185.

27) Schelling an Eschenmayer, vom April 1812, *in*: F. W. J. Schelling, Sämmtliche Werke, Bd. 8, a. a. O., S. 167.

28) F. W. J. Schelling, Philosophische Untersuchungen über das Wesen der menschlichen Freiheit, in: Ebenda, Bd. 7, S. 358f.

29) Schellingiana rariora, gesammelt u. eingel. Von L. Pareyson, Turin 1977, S. 200.

30) J. W. Ritter an H. C. Ørsted, vom 13. 12. 1807, *in*: Schelling im Spiegel seiner Zeitgenossen, hg. v on X. Tilliette, Erg. -bd., Turin 1981, Nr. 110.

31) Goethe an Jacobi, vom 11. 1. 1808, *in*: Schelling im Spiegel seiner Zeitgenossen, hr. von. X. Tilliette, Turin 1974, S. 236.

32) F. W. J. Schelling, Über das Verhältnis der bildenden Künste zu der Natur, *in*: F. W. J. Schelling, Sämmtliche Werke, Bd. 7, a. a. O., S. 293.

33) Schelling an Hegel, vom 2. 11. 1807, *in*: Briefe von und an Hegel, hg. von J. Hoffmeister, Bd. 1, Berlin 1970, S. 194.

34) Schellingiana rariora, a. a. O., S. 354［強調は筆者］

35) F. W. J. Schelling, Über die Natur der Philosophie als Wissenschaft, *in*: F. W. J. Schelling, Sämmtliche Werke, Bd. 9, a. a. O., S. 217.

36) Oberdeutsche allgemeine Literaturzeitung, Jg. 16 (1803) Nr. 29, vom 8. 3. 1803, Sp. 449. ―こうして神学史的に評価されるのがいっそう遅れることになった。例えば，シェリングは「物理的な仕方の汎神論を乗り越えることができなかった。したがって，かれにたいしてヤコービは人格神の要請でもって宗教的に権限を持って対立していた。それだけいっそうシェリングは科学的課題の認識に関連して，また方法に関連して，ヤコービを凌駕していた」（J. A. Dorner, Geschichte der protestantischen Theologie, besonders in Deutschland, München 1867, S. 780.）。

37) F. W. J. Schelling, Philosophische Untersuchungen über das Wesen der menschlichen Freiheit, *in*: F. W. J. Schelling, Sämmtliche Werke, Bd. 7, a. a. O., S. 403 ―シェリングの反ヤコービ論のある書評者は，それに応じて「唯一神なる神は生きている神である。それにたいして，有神論の神はただ味気のない偶像でしかなく，理性を欠く亡霊にほかならない」（Heidelbergische Jahrbücher der Literatur, Nr. 22, 1812, S. 339.）。

38) Goethes Unterhaltungen mit dem Kanzler von Müller, hg. von C. A. H. Burkhardt, Stuttgart-Berlin 1904, S. 67. —シェリングのこの「二枚舌的な表現」はしかし，そのときはるかに重みがある他の傾向にたいして責任がある。かれは教会の反啓蒙主義者たちによっても受け取られ，また政治的にあらゆるそのより早い時期の諸意図によって機能転換が図られることができたし，図られた。そしてまさしく「そのために特徴づけられ，かれの思想が……キリスト教的な啓示哲学にまで様式の転換が図られた。次のことを望みつつ。すなわち，それが啓蒙主義から導くことを」(K. Bosl, Aufklärung und Romantik an der Reformuniversität Landshut, *in*: Zeitschrift für Bayerische Landesgeschichte 35 (1972) Heft 3, S. 887)。

39) Goethe an S. Boisseree, vom 2. 3. 1828, *in*: Schelling im Spiegel seiner Zeitgenossen, a. a. O., Nr. 379. —1812年に，ゲーテはパウリーネ・ゴッター（シェリングの後の妻）が1812年１月16日にシェリングに報告したように，テーブル座談でこう表明した。「あなたの（シェリングの）神をかれ〔ヤコービ—訳者〕はなるほど概念的に把握しないが，老ヤコービとかれの二人の姉妹と楽しむことができるような神は，やはり哀れな神でなければならないでしょう」(Aus Schellings Leben. In Briefen, Bd. 2, a. a. O., S. 309)。論争家としてのシェリングの成果にかんして，K. ローゼンクランツは，次のように書いたとき一つの印象を与えた。「瞬間の威力によって火をつけられ，かれはロケットのようにかれの諸論文を青空のなかに歩み込ませた。当該者の肉を骨までなめて取り去るコングリーブのようなものがそのもとにあった」(K. Rosenkranz, Studien, Bd. 1, Berlin 1839, S. 239f.)。ヤコービとの論争の時期に若いブンゼンがシェリングをミュンヘンに訪れたとき，かれは自分の観察から哲学者の一般的な疎遠な固有のあり方を確証することができた。「かれの論争は荒々しく，鋭い。かれの調子はかれの額のようにきかん気にあふれ，かれの逆説は豊かだ。……かれが自分の本来の意見をよりよく表現し，いっそうよく，あるいはむしろ理性的に行うことができることをわたしは知っている。しかしながら，それは対話におけるかれの様式について語ることでしかない」(Schelling im Spiegel seiner Zeitgenossen, a. a. O., Nr. 293)。

40) Schelling im Spiegel seiner Zeitgenossen, a. a. O., Nr. 528.

41) F. Engels, Schelling und die Offenbarung, *in*: K. Marx / F. Engels, Werke, Erg. bd. II, Berlin 1967, S. 208.〔前掲『マルクス・エンゲルス全集』第41巻，243ページ〕

# 訳　注

## 序論　超越論的なものの概念について

Depotenzierungという言葉がここでは使用されている。この言葉はシェリングの言葉で有名であり，訳者はこれを通例「脱ポテンツ化」と訳している。意味は「最高のポテンツ」において到達している「超越論的自我」がそこから自分の次元を落としながら，自分の発生根拠にさかのぼることを意味している。この概念は自然哲学から同一性体系への移行期に登場する方法的な概念である。この用語が初めて出てくるのは，「自然哲学の真の概念について」（1801年）である（息子版全集１，IV 85）。ディーチュがここでこの言葉を使用しているのは，次のような意味である。「超越論的思考様式」と「学校哲学」の落差を前提として，「学校哲学」をこの超越論的思考様式に基づいて再建しようとする試みをさしている。したがって，その展開はさまざまに生じたわけである。

簡単にこの「脱ポテンツ化」について研究史的にフォローしておきたい。シェリング研究では，これを大きく取り扱ったのは，① Odo Marquard, *Transzendentaler Idealismus, Romantische Naturphilosophie, Psychanalyse*, Köln, 1987であり，マルクヴァルトが指摘しているように，② Walter Schulz, *Die Vollendung des Deutschen Idealismus in der Spätphilosophie Schellings*, Pfullingen, 1957の理解に問題は発している。

そして最近では③ Thomas Buchheim, Das objektive Denken in Schellings Naturphilosophie, in: *Kant-Studien* 81 (1991), S. 321-338. がある。なお，日本では，ほとんど設されないけれども，④長島隆，「シェリングの自然哲学―ドイツ観念論における自然哲学の伝統」，『哲学を使いこなす　東洋大学哲学講座　２』知泉書館，2004年，33-70ページがある。なお私は，これについては，すでに「近代的自我と絶対者―フィヒテとシェリング，あるいはシェリング自然哲学の理論的前提」，『物象化と近代主体』創風社，1991年で言及している。

## 第６章　ロマン主義的自然哲学―ヨーハン・ヴィルヘルム・リッター

訳注１　「ランヅフート大学」

今日のミュンヘン大学の前身となる大学。ヴュルツブルク，ランヅフート大学そしてミュンヘン科学アカデミー，この点にかんしては，本書第11章の注20で簡単に説明されている。

バイエルンは，当時ヴィッテルスバッハ家の支配のもとにあった。いわゆるバイエルン公国（1185年-1806年）である。フランス革命からナポレオンのドイツ進出により，いわゆる神聖ローマ帝国が解体し（1806年），ナポレオンの支援の下で，バイエルン公国は独立し，王国となった〔バイエルンはビスマルクの第２帝国下でもやはり王政を維持し，第１次世界大戦の敗北により王国は廃止されドイツの一州になった〕。それに伴い，1814年にヴュルツブルクは，バイエルン王国に吸収され，その一都市になった。

したがって，今日のバイエルン州，当時のバイエルン王国にはすでにヴュルツブルク大学（Julius-Maximilian-Universität Würzburg）があったことになる。この大学は1402年に創設され，今日まで続いている。だが，新しく王国になったバイエルン王国では，この時期の国王マクシミリアン１世（1756-1825年，1806年から国王）によって，その中心的な大学として創設されたのが，ランヅフート大学であった。ただしこの大学は，インゴルシュタットにあった大学（1472年設立）をランヅフートに移したものである。本書11章で示されるように，シェリングはイェーナからヴュルツブルクに移った。このヴュルツブルク時代（1803秋-1806年５月）に，シェリングはランヅフート大学から「医学博士」号を授与されているが，この事情もまた，政治的なものがあったと言われている。特にシェリング派にたいする分裂策動の一環だといわれる。

ランヅフート大学医学部には，当時シェリングと極めて親しかったアダルベルト・マルクス（Adalbert Friedrich Marcus, 1753-1816），アンドレアス・レシュラウブ（Andreas Röschlaub, 1768-1835）などがいた。とりわけ，レシュラウブとシェリングの対立がこの時期から生じてきている。元来，シェリングは，ブラウン説をレシュラウブの「刺激反応理論（Erregungstheorie）」を踏まえて，受容している。この点は，シェリングが1799年の「自然哲学体系への第１草案（Erster Entwurf zu dem System der Naturphilosophie）」において，注として長い論評を行っていることからもわかる。そして，シェリングの「学としての医学年鑑（Jahrbücher der Medizin als Wissenschaft）」には，シェリングの弟，エーベルハルト（Karl Eberhard Schelling, 1788-1854）やエッシェンマイヤー（Adam Karl August Eschenmayer, 1768-1852）は執筆しているが，レシュラウブは執筆していないことからもわかる。これにくわえて，シェリング自身が執筆した「自然哲学の諸原則からみた医学の見地の暫定的指標（Vorläufige Bezeichnung des Standpunktes der Medicin nach Grundsätzen der Naturphilosophie）」（Schellings sämmtliche Werke, 1, 7, 260-288）が直接的にはレシュラウブを射程に入れ，そこからブラウン説そのものを批判する論文であることが，シェリングのブラウン説からの離脱を示している。

参考文献

Alfons Beckenbauer, Die Universität in Landshuts Manuern (1800-1826), in: *Weitberühmt und vornehm... Landshut 1204-2004. Beiträge zu 800 Jahren Stadtgeschichte*, hrsg. Von Stadt Landshut, Landshut: Arcos Verlag, 2004

ders., *Landshuter Universitätsprofessoren 1800-1826. Porträtstiche, Biographien und Würdigungen ihrer wissenschaftlichen Arbeit zusammen mit einem Verzeichnis der von ihnen veröffentlichten Werke*, Landshut 1970.

Gerhard Tausche & Werner Ebermeier, *Geschichte Landshuts*, München: C. H. Beck Verlag, 2003.

Wagner, Ulrich (Hrsg.), *Geschichte der Stadt Würzburg, Bd. 2: Von Bauernkrieg 1525 bis zum Übergang an das Königreich Bayern 1814,* 2004

Ders., *Geschichte der Stadt Würzburg, Bd. 3, Vom Übergang Bayern 1814 bis zum 21.*

*Jahrhundert*, Würzburg: Konrad Thesis Verlag 2007.
Nelly Toyopoulos, *Andreas Roeschlaub und Romantische Medizin*, 1982

［訳注２］
「アカデミー論争」
1830年にパリ・アカデミーでジョルジュ・キュビエ（Cuvier, Georges, 1769-1832）とエチエンヌ・ジョフロワ・サン-ヒラール（Saint-Hillaire, Etienne Geoffroy, 1772-1844）の間で行われた生物学における論争である。脊椎動物と軟体動物を解剖学的に比較した二人の若い研究者を称揚したサン-ヒラールに対して，キュビエが異論を呈して論争になった。

今日ではチャールズ・ダーウィン（Charles Darwin, 1809-1882）の進化論以前の重要な論争として評価されている。自然の多様性をめぐり，リンネとビュフォンの「分類学」が支配的であった時代に，自然の発展がさまざまの化石の発見やさまざまな自然現象などが研究され，自然の発展が視野に入ってきていた。1829年に軟体動物についての論文が科学アカデミーに送られ，この論文の評価が論争の始まりであった。自然の類似性，相同性が争いの対象となった。

この論争は注目をひき，当時ドイツのゲーテやアレクサンダー・フォン・フンボルトも応答することになった。

トビー・A・アペル『アカデミー論争―革命前後のパリを揺るがせたナチュラリストたち』（西村顕治訳）時空出版，1990年。

石原あえか，「パリ・アカデミー論争（1830）――ゲーテ『動物哲学の原理』をめぐる一考察」，『モルフォロギア』（特集 形態学と進化論），第22号（2000年），２-11ページ

ゲーテ，形成衝動，『ゲーテ全集』第12巻，潮出版社，

なお，フンボルトにかんしては，Hin: *Internationale Zeitschrift für Humboldt Studien*, 17 (2008) が „Darwin und Humboldt“ の特集を組んでいる。とくに，本訳注との関連では Ilse Jahn の論文を参照されたい。

**第７章　哲学の至福の時**

〔訳注〕ここで，ディーチュが述べている「『知識学の観念論の解明についての諸論』（1796/97），そして重要な文献報告と書評（1797/98）などであった」について整理を兼ねて，若干文献的な訳注をつけておく。これらがニートハンマーとフィヒテの共同編集になる *Philosophisches Journal einer Gesellschaft Teutscher Gelehrten* に「最新哲学文献概観」Allgemeine Übersicht der neuesten philosophischen Literatur として掲載されたことは，よく知られている。

この雑誌に掲載されたのは，シェリングの論文について，書誌的事項を以下に記しておく。なお，『哲学雑誌』は，今日 OLMS 社から復刻されている。

1．「独断論と批判主義にかんする哲学書簡」。1795年『哲学雑誌』第２巻第３冊（第１書簡から第４書簡まで，177-203ページ）及び第３巻第３冊（第５書簡から終わりまで 173-239ページ）に収録。のち息子版全集に収録。さらに，Otto Braun 編集により，

1914年 PhB に収録。その後，ジャンケレヴィッチによりフランス語訳（1950年）

2．「自然法の新演繹」，『哲学雑誌』第 4 巻第 4 冊（S. 277-301）及び第 5 巻第 4 冊（S. 277-305）。後者の一部はフリードリヒ・ニコライによって論争目的で自分の論文に再録した。

3．「知識学という観念論解明のための諸論」第 5 巻第 1 冊収録（S. 50-66），第 5 巻第 2 冊（S. 161-182），第 5 巻第 3 冊（S. 241-260），第 5 巻第 4 冊（S. 306-318），第 6 巻第 1 冊（S. 91-106），第 6 巻第 2 冊（S. 182-214），第 7 巻第 2 冊（S. 105-186），第 8 巻第 2 冊（S. 128-148）。第 7 巻から1798年刊行，それ以前が1797年に刊行された。

これは，この雑誌では，前述のように Allgemeine Übersicht der neuersten philosophischen Literatur という題目で発表された。この時には，「諸論」に加えて，二つの論文①懸賞論文への回答の論文，および，②「歴史の哲学は可能かという問いにかんする論文」が「概観」に含まれており，かつ本文で指摘されているように，いくつかの「書評」と文献報告を含んでいた。したがって，「諸論」というのは，1809年にシェリング自身によってつけられた名前であり，シェリング自身の書評者としての理論を指すものである。この『哲学雑誌』版が，「諸論」の初版であり，2）『シェリング著作集』に掲載されたのが第 2 版（1809年）版となる。

「最新哲学文献概観」という題名がつけられたのは初版であり，そのあとは，これを現在の編集の水準に合わせて復元された新しいアカデミー版である。その後は，1809年の「哲学著作集」版にあわせて，題目はつけられてきた。

このうち，文字どおり，「最新哲学文献概観」と呼ばれたのは，初版だけであり，後は，その内容から論文内容に分けて独立のものとして収録されている。

さらに，予告に反して 1 巻しか刊行されなかった1809年の『シェリング哲学著作集』には，先の 1，3 に加えて，4．自我論文（「哲学の原理としての自我について，あるいは人間知における無制約者について），テュービンゲンの Jacob Friedrich Heerbrandt 社から1795年に刊行された。5．「造形芸術の自然にたいする関係について」（1807年）バイエルン国王を前にしたミュンヘン-アカデミーでの講演である。および，6「人間的自由の本質そしてそれと関連する諸対象についての哲学的研究」（いわゆる「自由論」）が収録されていた。収録順は，前書き，4，1，3，5，6 である。「自由論」はこの著作集が初出である。

**第 8 章　道具としての芸術作品**

通例，ヘーゲル『精神現象学』におけるこのシェリング批判とされる文章と類似の文章をシェリングが「自然哲学へのアフォリスメン」で使用していることには注意されたい。「自然哲学へのアフォリスメン」は，1806/07年の『学としての医学年鑑（Jahrbücher der Medicin als Wissenschaft）』第 1 巻第 2 冊（S. 3-36），第 2 巻第 2 冊（S. 121-158）で発表された。シェリングはここで，「個別性の位置は，永遠の闇夜であり，即自かつ対自的に啓示されないものとしてのそれである……個別者は，無限者にそくして，また無限者とともに存在しており，そして無限者の前にも後にも存在しないものも何か把握されるも

のも真に実在的なものではなく，……」と述べている。シェリングの同一性哲学において，絶対者と有限者の本質における同一性が前提され，有限者すなわち，個別者が絶対者との量的差別において成立するとされるが故に，個別者がその存在根拠を自らのうちに持たず，絶対者のうちに吸収されてしまうことにならざるを得ない。この点を克服し，「個別者」把握の転換を行うことが，シェリングの課題となった。この引用文はまさにその試みの文脈で捉えられるべきものである。「永遠の闇夜」という，現在の我々にとってヘーゲルを想起させる言葉がここで現れていることは留意すべきであろう。この点については，長島隆「『現実的なもの（das Wirkliche)』，あるいは『現実性（Wirklichkeit)』について―後期シェリングにおける神話と自然哲学」『白山哲学』第37号（2003年３月），43-74ページも参照。

**第９章付論　いわゆる「最古の体系プログラム」**

著者問題について―この問題は最近では「ヘーゲル」が著者であることに落ち着いている。この問題は，ローゼンツヴァイクによって，1913年に発見され，1917年に「ドイツ観念論最古の体系プログラム」（Franz Rosenzweig, Das älteste Systemprogramm des deutschen Idealismus. Ein handschriftlicher Fund, Sitzungsberichte der Heidelberger Akademie der Wissenschaften, Philosophisch-historische Klasse, Jg. 1917, 5. Abh.）という名前で発表された。この紙片がヘーゲルの手で筆記されていたが，当時のヘーゲルの思想とただちに一致しないように見えるために，その後執筆者をめぐって，シェリング説，ヘーゲル説，ヘルダリーン説が提起され論争が繰り返された。ローゼンツヴァイクは，シェリング説を唱えたが，ヘルダリーン説をはじめて唱えたのは，ヴィルヘルム・ベーム（Wilhelm Böhm, Hölderlin als Verfasser des〈ältesten Systemprogramms des deutschen Idealismus〉, *in*: Deutsche Vierteljahrsschriftfür Literaturwissenschaft und Geistesgeschichte 4 (1926), S. 339-426）である。本書の著者ステフェン・ディーチュやディーター・ヘンリッヒのように疑いを向けている研究者もまだいるけれども，ペゲラーの提起に基づく論争以後ヘーゲル説に落ちついている。この論争の経緯については，最近では次の文献に詳しい。原注でも言及されている Jamme/Schneider, *Mythologie der Vernunft*, F. a. M., 1984.また日本語文献では，寄川条路『体系への道　ヘーゲル研究』創土社，2000年。

**第10章　ロマン主義的時代批判**

シェリングがボナヴェントゥーラの名前を用いたことがあり，この名前で書いた詩には，つぎのものがある。

①「シュラン島のドロッテニングにて，司祭の最後の言葉」Die letzte Worte des Pfarrers zu Drottning auf Seeland, 1802

②「動物と植物」Thier und Pflanze, 1802

③「歌」Lied, 1802

④「大地の運命」Das Schicksal der Erde, 1802

である。これらはすべて，シュレーゲル兄とルートヴィヒ・ティークのふたりが編集した

雑誌「文芸年鑑（Musen-Almanach)」に掲載された。①，②，③はオリジナル版全集に収められている（SW. 1, 10, 432-)。また第10章原注27でも言及されるアルセニイ・グリガの異論は，グリガ自身がやはり本文で言われる（本文214ページ）シレマイト・ファイグによるアウグスト・クリンゲマンのこの「遺稿の発見」によって，撤回した。この経緯は，グリガの『シェリング伝』（Arseny Gulyga, Schelling Leben und Werke, DVA, 1989）の「哲学と芸術」章（ドイツ語版）で正式に「本書のロシア語版で私はシェリングが『夜警』を書いたという意見を発表した。現在，『エウフォリオン』における発表後，私はもはやそう確信していない。事実は手に負えない事柄である。しかし，この本がまたシェリングが生きて仕事をしていた雰囲気によって支配されており，この本がシェリングの精神的な世界を再現し，その思想と関心を再現するということもまた一つの事実である。シェリングの伝記から〔彼の著作に〕小説はないと考えられるべきではない」と述べている。

### 第11章　「思弁の全体系が，私の見解では歴史に――精神と世界の歴史にならなければならない」

ヤコービの問題について

フリードリヒ・ハインリヒ・ヤコービとシェリングの論争がシェリング思想形成史の文脈で取り上げられている。ヤコービは，その学派（フリードリヒ・ケッペンとハインリヒ・フリードリヒ・フリースを含む）を視野に入れて考えると，ドイツ観念論の背景を形成する流れを形成していることに留意されたい。ヤコービ自身もまたドイツ観念論の形成史の節目のときに，必ず批判をおこなっている。

① 汎神論論争（1785-6年）。有名なレッシングのスピノザへの共感をめぐって，モーゼス・メンデルスゾーンと論争した。それは有名な「スピノザ書簡」である。「スピノザ書簡」は現在フェリークス・マイナー社の哲学叢書（PhB）から刊行されている。また田中光氏による邦訳が「ゲーテ自然科学の集い」の機関紙『モルフォロギア』ナカニシヤ書店で連載されている。*Die Hauptschriften zum Pantheisumsstreit zwischen Jacobi und Mendelssohn,* hrsg. und mit einer historisch-kritischen Einleitung versehen von Heinrich Scholz, Berlin: Reuter & Reichard, 1916. なお本書は最近復刊されている。

② 無神論論争（1799年）。これはフィヒテがニートハンマーと共同編集していた「哲学雑誌」にフォアベルクの論文をフィヒテが序文をつけて掲載したことを起因としておこなわれたものである。この論争の結果，フィヒテはイェーナから去ることになる。この論争にかんしては，邦訳が出ている。ハインリヒ・リッケルト『フィヒテの無神論論争とカント哲学』（真下真一訳），岩波書店，1930年
フィヒテ『無神論論争』（磯部忠正訳），創元社，1948年.
*Appellation an das Publikum...: Dokumente zum Atheismusstreit um Fichte, Forberg, Niethammer Jena 1798/99,* Leipzig: Reclam, 1987.

③ 有神論論争（1811-2年）。これは，本文で扱われている論争である。だが，これはシェリングのヤコービ批判が当事者間でおこなわれたものであり，むしろシェリン

グ批判を展開したのは，フリースである。*Der Streit um die Göttlichen Dinge (1799-1812),* hrsg. von Walter Jaeschke, Frankfurt a. M: Felix Meiner Verlag 1999.

なお最近この三つの論争を扱った書が刊行されている。Essen, Georg/Pauz, Christian (Hrsg.), *Philosophisch-theologische Streitsachen. Pantheismusstreit-Atheismusstreit-Theismusstreit,* Darmstadt, 2012

フリードリヒ・ケッペンは，ヤコービ著作集の編集者として有名であるが，彼は先に1802年にシェリング批判 *Schellings Lehre oder das Ganze für Philosophie des absoluten Nichts. Nebst drey Briefen verwandten Inhalts von Friedr. Heinr. Jacobi, Hamburg: Friedrich Perthes Verlag,* 1803 を発表している。ケッペンの批判は，すでにヤコービがフィヒテ宛書簡（Jacobi an Fichte）で，「ニヒリスムス」と断罪したこと，ある意味で，ドイツ観念論全体に貫通する批判をおこなったことを受けている。ケッペンはまた前年にはカント及びフィヒテの批判を発表している。*Ueber Offenbarung in Beziehung auf Kantische und Fichtische Philosophie, Lübeck und Leipzig: Friedrich Bohn,* 1802. このケッペンは，日本でも注目されることが少なく，私自身（長島）注で言及した程度であるが（長島隆「シェリングにおける無限者の問題」『シェリング年報』1998年），最近大橋良介氏がまとまった言及をおこなっていることは重要である。大橋良介「ドイツ観念論とは何であったか／ありうるか」『ドイツ観念論を学ぶ人のために』世界思想社，2006年１月

フリースは，今日ヘーゲルの『法（権利）の哲学』で，序文，および第15節できわめて強く批判的に言及しているので，名前は知られているが，その思想内容はほとんど知られていないのではないかと思われる。だが，彼の宗教論的な側面では，ルドルフ・オットーが継承し，オットーの作品は，日本でも翻訳されている（ルドルフ・オットー『聖なるもの』岩波文庫）。また彼の自然哲学的な側面は，すでには約20世紀への変わり目にネルソンによって，Fries'schen Naturwissenschaften として２巻本で，フリース派の自然科学研究がまとめられている。また日本では，私自身ある論文の中で言及したことがあるが，速川治郎『科学理論におけるヘーゲル大論理学批判』青山社，1996，そして，Bonsiepen, Wolfgang *Die Begrüudung einer Naturphilosophie bei Kant, Schelling, Fries und Hegel,* Klostermaun, 1997 で紹介されており，注目すべきだろうと考える。だが，両者とも現代自然科学を前提にして，そこから見てヘーゲルやシェリングの自然哲学が今日では有効性を失っているという見方をとっている。私自身はおそらく両者と共通の土台に立っているが，反対の見地をとることになるだろうと考えている。

なおフリースもまたヤコービ同様，ラインホルト，フィヒテ，シェリングに対する批判の書を表している。

Fries, Jakob Friedrich, *Reinhold, Fichte und Schelling,* Leipzig: August Hebnecht Reinicke, 1803.

**解　説**

1） Janke, Wolfgang, *Die dreifache Vollendung des Deutschen Idealismus. Schelling, Hegel und Fichtes ungeschriebene Lehre* (Fichte-Studien Supplementa), Amsterdam-

New York： Editions Rodopi, 2009. ただし，この仕事には，Schulz, Walter, Die Vollendung des deutschen Idealismus in der späten Schelling, 1955/1973 が先行する。

2）この点にかんしては，滝口清栄『ヘーゲル『法（権利）の哲学　形成と展開』』御茶ノ水書房，2007年，および加藤尚武・滝口清栄（編）『ヘーゲルの国家論』理想社，2006年が詳しい。また筆記録研究では，加藤尚武編『ヘーゲル哲学研究への新視角』創文社が先鞭をつけている。

3）Henrich, Dieter, *Konstellationen. Probleme und Debatten am Ursprung der idealistischen Philosophie (1789-1795)*, Stuttgart: Klett- Cotta, 1991. また Martin Muslow& Marcelo Stamm (Hrsg.), *Konstellationeforschung*, Berlin: Suhrkamp Verlag, 2005.

4）シェリング研究にかんしては，現在，これだけではなく，Schellingiana が刊行されており，また Berliner Schelling-Studien がある。加えて，Schelling-Forschungen などが企画されている。また，カント，ヘーゲルにかんしても Kant-Studien, Hegel-Studien のほか，やはり-Forschung が刊行されている。またこれらの研究者を包括した形で，ドイツ観念論にかんする雑誌が単行本の形で刊行されている。以上のような出版状況は国際的に，カントとドイツ観念論の分野が再び興隆し始めていることを示すと言えよう。